西藏自治区教育厅、西藏民族大学资助出版

宋代民族法制
相关问题研究

陈武强 ◎ 著

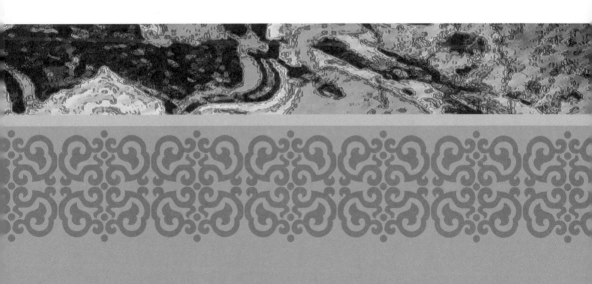

中国社会科学出版社

图书在版编目(CIP)数据

宋代民族法制相关问题研究/陈武强著.—北京：中国社会科学出版社，
2016. 1

ISBN 978 - 7 - 5161 - 7902 - 4

Ⅰ.①宋…　Ⅱ.①陈…　Ⅲ.①民族事务 – 法制史 – 研究 – 中国 – 宋代
Ⅳ.①D922.152

中国版本图书馆 CIP 数据核字(2016)第 063124 号

出 版 人	赵剑英	
责任编辑	任　明	
责任校对	王佳玉	
责任印制	何　艳	

出　　版	中国社会科学出版社	
社　　址	北京鼓楼西大街甲 158 号	
邮　　编	100720	
网　　址	http：//www. csspw. cn	
发 行 部	010 – 84083685	
门 市 部	010 – 84029450	
经　　销	新华书店及其他书店	

印刷装订	北京市兴怀印刷厂	
版　　次	2016 年 1 月第 1 版	
印　　次	2016 年 1 月第 1 次印刷	

开　　本	710×1000　1/16	
印　　张	15. 25	
插　　页	2	
字　　数	254 千字	
定　　价	68. 00 元	

凡购买中国社会科学出版社图书，如有质量问题请与本社营销中心联系调换
电话：010 – 84083683

目　　录

第一编　宋代民族及民族政策专题研究

第二编　宋代"蕃法"及蕃汉关系立法专题研究

第三编　宋代民族法制与社会控制相关问题研究

第一编

宋代民族及民族政策专题研究

第一章　北宋前中期吐蕃内附族帐考

北宋前中期，受政府大力招诱政策之影响，河湟陇右地区许多吐蕃部落族帐相继自愿内附于宋而成为熟户，接受其统治。也有一部分吐蕃部落族帐，因北宋军事征服而归顺政府，纳入赵宋王朝管辖之下。本书试就此问题作一探讨。

吐蕃内附是宋蕃关系史上一个极为重要的内容，许多学者都进行了研究。汤开建先生的《宋金时期安多藏族人口的数据与统计》①，引证大量史料，分析得出北宋时期安多藏族人口，包括熟户和生户在内约210万；李清凌《北宋的西北人口》② 一文认为，北宋西北吐蕃人口和吐蕃化人口达到170万；陈守忠《北宋时期秦陇地区吐蕃各部族及其居地考》（上、下）③，就北宋秦陇吐蕃各部落及居地进行考证；刘建丽《宋代吐蕃研究》④ 的第二章，详细阐述了宋代河陇地区吐蕃各部族分布情况。另有其他一些论文⑤，也涉及吐蕃内附的某些方面问题。

然而，由于研究角度的不同，上述论著对吐蕃内附问题的研究还有待进一步探讨。本文以北宋前中期（960—1067）这一历史时期为研究时限，试就此期吐蕃部落族帐归顺北宋的基本情况、内附原因和方式，内附

---

① 汤开建：《宋金时期安多藏族人口的数据与统计》，《西北民族研究》2007 年第 3 期。

② 李清凌：《北宋的西北人口》，《河西学院学报》2002 年第 4 期。

③ 陈守忠《北宋时期秦陇地区吐蕃各部族及其居地考》（上、下），《西北师范大学学报》1996 年第 2、3 期。

④ 刘建丽：《宋代吐蕃研究》，甘肃文化出版社 1998 年版。

⑤ 李埏：《北宋西北少数民族地区的生熟户》（《思想战线》1992 年第 2 期）认为，宋王朝把西北地区吐蕃、党项等少数民族蕃落分为生户、熟户，实行不同的统治政策；佟建荣：《宋夏缘边叛服蕃部考》（《固原师专学报》2006 年第 2 期），考证了宋夏缘边党项、吐蕃族帐；刘建丽：《金朝对陇南吐蕃的招抚》（《西藏研究》2007 年 第 4 期）认为，金朝对河洮岷叠宕等地区的吐蕃部族实行招抚政策，鲁黎、范俄、突门等族首领纷纷率族归附，等等。

后之居地以及政府对待之政策等问题作一较为全面的探讨。

第一节　吐蕃部落族帐之内附

唐末五代以来，散居于河陇地区的吐蕃诸部，"族种分散，大者数千家，小者百十家，无复统一"，他们主要分布于今青海、甘肃、宁夏以及四川西北部一带，"自仪、渭、泾、原、环、庆及镇戎、秦州暨于灵、夏皆有之，各有首领，不相统属。"① 这些吐蕃部落族帐，在北宋王朝大力招抚的民族政策诱导下，许多部族"向化"中原先进文化，相继自愿内附于宋朝成为熟户；也有一部分吐蕃部落，因受到宋朝兵戈威胁而降附于宋。何谓熟户，《宋史·吐蕃传》云："内属者谓之熟户，余谓之生户。"② 据此，熟户指臣属于宋、接受北宋统治的蕃落，反之，就是生户。

北宋前中期，第一个内附的吐蕃部落是宋太祖建隆三年（962）归附的尚波于部族，此后一直有许多吐蕃部落族帐投诚宋朝。其基本情况如下。

宋太祖时期：

尚波于部族。《续资治通鉴长编》（以下简称《长编》）卷三建隆三年九月庚午条："秦州言，尚波于献伏羌县地"③ 而内附。这是北宋第一个内附的吐蕃部族，其居地伏羌县为今甘肃甘谷县地④。

宋太宗时期：

大、小马家族。《宋史》卷四百九十二《吐蕃传》：淳化元年，"秦州大、小马家族献地内附"。⑤

宋真宗时期：

1. 大卢、小卢十族。《长编》卷四十七咸平三年十月丙寅条："延州言，钤辖张崇贵等破蕃贼大卢、小卢等十族，禽获人口、羊马二十万。"⑥

---

① 《宋史》卷492《吐蕃传》，中华书局1979年版，第14151页。

② 同上。

③ 《续资治通鉴长编》卷3，建隆三年九月庚午，中华书局1992年版，第71页。

④ 参见陈守忠《北宋时期秦陇地区吐蕃各部族及其居地考》上，《西北师范大学学报》1996年第2期，第88页。

⑤ 《宋史》卷492《吐蕃传》，第14154页。

⑥ 《续资治通鉴长编》卷47，咸平三年十月丙寅，第1030页。

大卢、小卢等十族，为渭州内附的较大吐蕃部族。

2. 原、渭蕃部三十二族。《宋史》卷四百九十二《吐蕃传》：咸平六年，"原、渭蕃部三十二族纳质来归"。①

3. 西延家族。《宋史》四百九十二《吐蕃传》：咸平六年六月，"知渭州曹玮言，陇山西延家族首领秃逋等纳马立誓，乞随王师讨贼，以汉法治蕃部，且称其忠。诏授本族军主"。②

4. 西蕃八部二十五族。《宋史》卷七《真宗本纪》：咸平六年八月，"原、渭等州言，西蕃八部二十五族纳质来归"。③据学者研究，此西蕃八部即指"延家八部"，居住在仪州（今甘肃华亭县），并非党项部族。④

5. 王、狸、延三族。《宋史》卷四百九十二《吐蕃传》：景德元年六月，"泾原路言，陇山县王、狸、延三族归顺"⑤。又见《长编》卷五十六⑥。

6. 龛谷、懒家族。《宋史》卷四百九十二《吐蕃传》：景德元年六月，"渭州言，龛谷、懒家族首领尊毡磨壁余龙及便嘱等献名马"而内附，并愿率所部"助讨不附者……诏赐马直，以便嘱等为郎将"。⑦

7. 罗尼天王族。《长编》卷五十六景德元年六月丁丑条："环州洪德寨言，蕃部罗尼天王本族诸首领各率其属归顺。"⑧

8. 茄罗、兀贼、成王三族。《长编》卷五十七景德元年九月丁亥条："镇戎军言，先叛去蕃官茄罗、兀贼、成王等三族及者多移军主率属归顺。"⑨又见《宋史》卷四百九十二《吐蕃传》⑩。

9. 伊普、才迭三族。《长编》卷六十四景德三年九月庚戌条："知镇

---

① 《宋史》卷492《吐蕃传》，第14156页。

② 同上。

③ 《宋史》卷7《真宗本纪》，第122页。

④ 参见刘建丽《宋代吐蕃研究》，甘肃文化出版社1998年版，第74页。

⑤ 《宋史》卷492《吐蕃传》，第14157页。

⑥ 《续资治通鉴长编》卷56，景德元年正月辛卯条："泾原路言，陇山外至王家、狸家、延家三族归顺，诏授其首领官"，第1225页。

⑦ 《宋史》卷492《吐蕃传》，第14157页。

⑧ 《续资治通鉴长编》卷56，景德元年六月丁丑，第1242页。

⑨ 《续资治通鉴长编》卷57，景德元年九月丁亥，第1255页。

⑩ 《宋史》卷492《吐蕃传》：其年，镇戎军上言，"先叛去蕃官茄罗、兀贼、成王等三族及睹移军主率属归顺，请献马赎罪，特诏宥之"，第14157页。

戎军曹玮言，伊普、才迭三族首领率其属来归。"①

10. 妙娥、延家、熟嵬族。《宋史》卷四百九十二《吐蕃传》：景德三年五月，"渭州言，妙娥、延家、熟嵬等族率三千余帐、万七千余口及羊马数万款塞内附。诏遣使抚劳之，赐以袍带茶彩，仍以折平族首领撒逋渴为顺州刺史，充本族都军主"。② 又见《宋史》卷七《真宗本纪》③。

11. 移逋、撍父族。《宋史》卷四百九十二《吐蕃传》：景德三年，"宗家、当宗、章迷族来贡，移逋、撍父族归附"。④

12. 旺家族。《长编》卷八十一大中祥符六年九月丙申条："环庆言，熟户旺家族首领春州刺史都子，先为夏州蕃部所略，今复来归，又有三族随至，诏遣使劳赐之。"⑤

13. 唃厮啰族。《长编》卷八十二大中祥符七年五月己酉条："时唃厮啰帅其帐下来归，给以土田。"⑥

14. 郭厮敦部。《长编》卷九十天禧元年六月壬申条："曹玮言，南市归顺蕃部都首领郭厮敦举家居冶坊寨，管勾一带蕃部，望就命为本族巡检，月给钱五千、米面五石"⑦，从之。

15. 末星族。《长编》卷九十天禧元年十月辛卯条："秦州部署曹玮等言，本州所修大、小洛门两寨元献地人蕃官军主末星族郢城斯纳等望补本族都军主……从之。"⑧

16. 樊家族。《长编》卷九十一天禧二年二月丙戌条："权泾原路都钤辖郝荣言，樊家族九门都首领客厮铎并其族来归。诏补客厮铎为都军主，余署职有差。"⑨

17. 河州诸族。《长编》卷九十一天禧二年四月己卯条：曹玮言，"河州诸族亦破宗哥族所立文法来归，望令充熟户，依旧出入。诏奖玮，仍从

① 《续资治通鉴长编》卷64，景德三年九月庚戌，第1425页。

② 《宋史》卷492《吐蕃传》，第14158页。

③ 《宋史》卷7《真宗本纪》：景德三年五月，"渭川妙娥族三千余帐内附"，第131页。

④ 《宋史》卷492《吐蕃传》，第14158页。

⑤ 《续资治通鉴长编》卷81，大中祥符六年九月丙申，第1847页。

⑥ 《续资治通鉴长编》卷82，大中祥符七年五月己酉，第1877页。

⑦ 《续资治通鉴长编》卷90，天禧元年六月壬申，第2069页。

⑧ 《续资治通鉴长编》卷90，天禧元年十月辛卯，第2084页。

⑨ 《续资治通鉴长编》卷91，天禧二年二月丙戌，第2102页。

其请"。① 又见《宋史》卷四百九十二《吐蕃传》②。

18. 空俞、厮鸡波族。《长编》卷九十一天禧二年闰四月庚子条："曹玮言，缘边诸寨蕃部纳质者七百五十六帐。自吹麻城文法破散之后，其空俞、厮鸡波等族先投赏样丹者悉来归。"③ 又见《宋史》卷四百九十二《吐蕃传》④。据学者研究，空俞、厮鸡波两族，当在哑儿峡以北，今甘肃陇西县文峰镇以南⑤。

19. 委乞、骨咩、大门族。《长编》卷九十三天禧三年三月壬申条："委乞、骨咩、大门等族闻玮至，归附者千余落。"⑥ 又见《宋史》卷二百五十八《曹玮传》⑦。

20. 阿厮铎部。《长编》卷九十五天禧四年三月壬申条："秦州言，蕃部阿厮铎纳质归顺。"⑧

宋仁宗时期：

1. 咩迷、卡杏家族。《长编》卷一百一天圣元年十二月辛巳条："泾原路副都部署王谦言，咩迷、卡杏家族都指挥使杏友信、都监吹济鄂罗克等三百九十八人纳质子内附，诏补杏友信为军主，吹济鄂罗克为副军主。"⑨ 又见《宋史》卷九《仁宗本纪》⑩。

2. 生户六族。《长编》卷一百三天圣三年十月乙卯条："泾原路钤辖司言，生户六族首领潘征等二千余帐内附，诏补征本族军主。"⑪

---

① 《续资治通鉴长编》卷91，天禧二年四月己卯，第2108页。

② 《宋史》卷492《吐蕃传》：天禧二年，秦州部署又言，"吹麻城及河州诸族皆破宗哥文法来附"，第14160页。

③ 《续资治通鉴长编》卷91，天禧二年闰四月庚子，第2110页。

④ 《宋史》卷492《吐蕃传》：天禧二年，秦州部署又言，"诸砦羌族及空俞、厮鸡波等纳质者凡七百五十六帐"，第14160页。

⑤ 参见陈守忠《北宋时期秦陇地区吐蕃各部族及其居地考》上，《西北师范大学学报》1996年第2期，第90页。

⑥ 《续资治通鉴长编》卷93，天禧三年三月壬申，第2139页。

⑦ 《宋史》卷258《曹玮传》：天禧三年，"委乞、骨咩、大门等族闻玮至，归附者甚众"，第8987页。

⑧ 《续资治通鉴长编》卷95，天禧四年三月壬申，第2185页。

⑨ 《续资治通鉴长编》卷101，天圣元年十二月辛巳，第2344页。

⑩ 《宋史》卷9《仁宗本纪》：是岁，"泾原咩迷、卡杏家族纳质内附"，第179页。

⑪ 《续资治通鉴长编》卷103，天圣三年十月乙卯，第2390页。

3. 裴永昌部。《长编》一百二十三宝元二年二月癸酉条："庆州言，柔远寨蕃部巡检珪威，招诱白豹寨都指挥使裴永昌以族内附。诏补永昌三班借职，本族巡检。"①

4. 唃厮波部。《长编》卷一百二十四宝元二年八月戊辰条："秦凤部署司言，筜篥城蕃部唃厮波等内附，请补本族军主，从之。"②

5. 青鸡川蕃部。《长编》卷一百三十二庆历元年七月辛酉条："陕西经略安抚招讨副使曹琮言，近招诱堪坡界青鸡川等处戎人内属，请下秦凤路部署司常加存抚，其酋长能立劳效者，优与补官。又请三都谷至渭州静边堡路置堡寨，控扼贼马，并从之。"③

6. 阿斯鼎部。《长编》卷一百六十八皇祐二年四月戊辰条："泾原经略司言，生户都首领纳隆男阿斯鼎举族内附。"④ 纳隆男阿斯鼎又作那龙男阿日丁，又见《宋史》卷十二《仁宗本纪》⑤。

7. 樊家族。《长编》卷一百七十一皇祐三年十月庚辰条："泾原经略司言，樊家族蕃密斯噶内附。"⑥

8. 樊诸族。《长编》卷一百七十一皇祐三年十一月壬申条："秦凤经略司言，樊诸族首领阿裕尔等二十六人内附，并补本族指挥使。"⑦

9. 李宫八族。《长编》卷一百四十一庆历三年六月壬寅条："知秦州文彦博言：本州西路蕃部李宫等八族寇永宁、来远寨……贼计窘，于是入献甲器，愿纳质内附"⑧，诏从之。

宋英宗时期：

1. 九寨蕃族。《宋史》卷一百九十一《兵志》：治平四年闰三月，"收原州九寨蕃官三百八十一人，总二百二十九族，七千七百三十六

---

① 《续资治通鉴长编》卷 123，宝元二年二月癸酉，第 2896 页。

② 《续资治通鉴长编》卷 124，宝元二年八月戊辰，第 2920 页。

③ 《续资治通鉴长编》卷 132，庆历元年七月辛酉，第 3151 页。

④ 《续资治通鉴长编》卷 168，皇祐二年四月戊辰，第 4039 页。

⑤ 《宋史》卷 12《仁宗本纪》：皇祐二年，"泾原路生户都首领那龙男阿日丁内附"，第 230 页。

⑥ 《续资治通鉴长编》卷 171，皇祐三年十月庚辰，第 4111 页。

⑦ 《续资治通鉴长编》卷 171，皇祐三年十一月壬申，第 4118 页。

⑧ 《续资治通鉴长编》卷 141，庆历三年六月壬寅，第 3387 页。

帐"。①

2. 青鸡川蕃部。《宋史》卷一百九十一《兵志》：治平四年，"郭逵言，秦州青鸡川蕃部原献地"② 内附。又见《宋会要辑稿·蕃夷》六之六：治平四年闰三月，"陕西路缘边宣抚使郭逵言，秦州青鸡川蕃官首领药厮哥愿献青鸡川地土"③ 而内附。

根据以上史料，北宋前中期内附吐蕃族帐人数为：

第一，宋真宗朝：招附妙娥、延家、熟嵬等吐蕃1.7万，大卢、小卢十族19万④，空俞、厮鸡波等族七百五十六帐（一帐以5口计，3800人）以及王、狸、延三族等约1万人，共计约22万。

第二，宋英宗朝：收复九寨蕃部7736帐（一帐以5口计）等约4万人。

第三，由于史料缺乏确切记载，宋仁宗时期的内附吐蕃族帐以及宋太祖、宋太宗时期内属吐蕃人数，无法得到较为准确的计算，但从文献资料：秦州近边丁家、马家二族"人马颇众，倚依朝廷"⑤，生户六族首领潘征等"二千余帐内附"可以得知（一帐以5口计，约1万人），三朝内属吐蕃不少于（2）3万人。

宋真宗朝	约22万
宋英宗朝	约4万
宋太祖、太宗、仁宗三朝	约3万

综上，考虑到还有被遗漏统计在内的吐蕃人数，我们可以得到北宋前中期内附吐蕃总人数约为：30万。（一帐以5口计，约6万帐）

① 《宋史》卷191《兵志》5，第4755页。

② 同上。

③ 《宋会要辑稿》第199册《蕃夷》6之6，中华书局1957年版，第7821页。

④ 根据汤开建先生和李清凌先生的研究，大、小卢十族"人口、羊马二十万"，此处人口、羊马为复指，并不单指人口数，对此笔者十分赞同。但20万总数中，人口与羊马的比例究竟为多少？按：妙娥、延家、熟嵬等族率三千余帐，"万七千余口及羊马数万"款塞内附，以此计算，人口与羊马比例为1.7：1，因此大、小卢十族"人口、羊马二十万"中，蕃人人数约为19万。

⑤ 《续资治通鉴长编》卷85，大中祥符八年十二月丁亥，第1958页。

第二节　吐蕃内附原因及内附后待遇

考察吐蕃内附的原因及方式，与北宋时期朝廷对吐蕃的民族政策密切相关。作为一支重要力量，吐蕃部落族帐横旦于西北缘边，对于西北各部政治势力均关系甚大，但宋初对西北吐蕃却实行"无意疆理"的民族政策。宋太祖强调"敦信保境"①，宋太宗甚至是"置之度外，存而勿论"的态度，太平兴国八年（983）九月，吐蕃诸部以马来献，太宗召其酋长，在崇政殿相见，赐以束帛、厚加抚慰，并对宰相说："以国家兵力雄盛，聊举偏师，便可驱逐数千里外。但念其种类蕃息，安土重迁，倘因攘除，必致杀戮，所以置于度外，存而勿论也。"② 然而这种政策却因后来政治形势的急剧变化显得完全不合时宜。

宋真宗咸平四年（1001），李继迁兵围北宋西北军事重镇——灵州，朝野震动，张齐贤提出联合西凉六谷潘罗支蕃部，以解灵州之围。他说："以今日西鄙事势言之，穷讨则不足，防遏则有余，其计无他，在激励自来与继迁有仇蕃部，招诱远处大族首领，啖之以官爵，诱之以货财，推恩信以导其诚，述利害以激其志。若山西蕃部响应，远处族帐倾心，则凶丑之势减矣。"③ 尤其是西夏李元昊公开称帝建国后（1038），北宋西北边疆政治军事形势骤变，宋夏矛盾白热化，河湟吐蕃战略地位愈加重要，如果散处于河陇的吐蕃部族倒向西夏，则将使北宋三面受敌，统治危亦。北宋统治者此时才真正意识到西北吐蕃诸族举足轻重的历史作用，并开始"结其欢心"，使其"掎角以攻元昊"④，此所谓"联蕃制夏"之策。而实现"联蕃制夏"策略，最重要的就是要在政治和经济上采取种种笼络、绥怀蕃族的措施，恩信招抚，以之为用。故，宋真宋时期是北宋前中期招纳吐蕃最多的一个时期，且招抚方式以和平为主、胁从为辅。

吐蕃内附后，主要居于秦凤、泾原路等西北边区。上文所述，北宋前中期归顺的尚波于部族、大马家族、小马家族、大卢小卢十族、延家族和

---

① 《续资治通鉴长编》卷2，建隆二年十月丙申，第54页。

② 《宋史》卷492《吐蕃传》，第14154页。

③ 《续资治通鉴长编》卷49，咸平四年十月丁未，第1075页。

④ （宋）魏泰：《东轩笔录》卷3，中华书局1983年版，第33页。

王、狸、樊家等族，主要就是秦凤、泾原路内附的吐蕃部落族帐。

泾原路为宋仁宗康定二年（1041）始置，治渭州（今甘肃平凉），秦凤路是宋神宗熙宁五年（1072）始置，治秦州（今甘肃天水）。根据文献记载，在 11 世纪初叶时，西北缘边就有很多吐蕃部族居住，其主要分布于宋设泾原和秦凤二路地区，该地吐蕃"有生户、熟户，接连汉界，入州城者谓之熟户，居深山僻远、横过寇略者，谓之生户"。熟户受汉族影响较多，"向化"较深，但仍然保有吐蕃的民族特征，《宋史·宋琪传》如是云："其俗多有世仇，不相来往，遇有战斗，则同恶相济，传箭相率，其从如流。虽各有鞍甲，而无魁首统摄，并皆散漫山川，居常不以为患。"

由于西夏建国后向南武力扩张，泾、渭二水上游地区便成为西夏王朝侵掠的前沿地带，为了防御西夏南侵，宋朝征调各族部人力筑壕修砦，极力招诱秦凤、泾原路地区的吐蕃部落。另外，秦凤、泾原路等甘青藏边吐蕃生户、熟户之间经常处于一种不稳定的客观状态，内附后之逃叛现象又常会发生。因此，安置已内附之熟户蕃人，确保他们真心"向化"、生活安定，是摆在北宋统治者面前一项棘手的任务。为了确保内属熟户蕃人的生产生活安定，北宋王朝在政策上，对秦凤、泾原、环庆等路内附吐蕃诸部，采取安抚优待政策。

第一，任选吐蕃各部首领，担任大小不等的地方官吏。

中国历代封建王朝，对于聚居于边疆地区的少数民族或部族，因其社会生活、经济文化习俗等方面与中原地区的汉民族存在差异，所以对这些民族或部族地区所采取的统治方式和政策，与内地汉区相比也有所区别，但基本上都以"恩威兼治""以夷制夷"为其传统经验。汉初，北伐匈奴失败，为制驭戎狄，便萌生了羌胡相攻、以夷伐夷的政治方略。唐时，统治者借用回纥之兵平息了吐蕃侵掠。

北宋立国后，面对边疆民族及其政权多元化格局，极其重视对民族边区的统治和管理，宋太祖赵匡胤，成功借鉴了五代之末以"任土豪为众所伏者，封以州邑，征赋所入，足以赡兵养士，由是无边鄙之虞"[①] 的宝贵经验妥善处理西北少数民族事务，终"制西戎为得之"。宋真宗时期，

---

① 《宋史》卷 325《刘平传》，第 10501 页。

政府因袭其策并明确提出"怀柔羁縻、以夷制夷"的民族统治思想。从真宗时期起，北宋政府经制西北民族地区，一贯强调"抚宁部落，务令安集"。因此，在政治上，北宋朝廷对归顺吐蕃诸部豪酋量其材力功绩，第其首领等级，进行频频敕封：

敕封时间	封授蕃酋	官名	史料出处
咸平六年六月	秃逋	本族军主	《宋史》卷492《吐蕃传》
景德元年六月	尊毡磨壁余龙、便嘱	郎将	《宋史》卷492《吐蕃传》
景德三年五月	撒逋渴	顺州刺史、本族都军主	《宋史》卷492《吐蕃传》
天禧元年六月	郭厮敦	本族巡检	《长编》卷90天禧元年六月壬申条
天禧元年十月	郢城斯纳	本族都军主	《长编》卷90天禧元年十月辛卯条
天禧二年二月	客厮铎	都军主	《长编》卷91天禧二年二月丙戌条
天圣元年十二月	杏友信、吹济鄂罗克	军主、副军主	《长编》卷101天圣元年十二月辛巳条
天圣三年十月	潘征	本族军主	《长编》卷103天圣三年十月乙卯条
宝元元年	唃厮啰	保顺军节度使，兼邈川大首领	《宋史》卷492《吐蕃传》
宝元二年二月	裴永昌	三班借职、本族巡检	《长编》卷123宝元二年二月癸酉条
宝元二年四月	瞎毡、磨毡角	团练使	《宋史》卷10《仁宗本纪》
宝元二年八月	唃厮波	本族军主	《长编》卷124宝元二年八月戊辰条
皇祐三年十一月	阿裕尔	本族指挥使	《长编》卷171皇祐三年十一月壬申条

对内附吐蕃豪酋封官授爵是北宋王朝贯彻"以夷制夷"民族政策的主要途径之一。就北宋而言，授予官职，既是对诸贵族当地统治权利的一种认可，也是对其辖地实施控制、监督和有效统治的一种方式。对吐蕃诸部上层统治者而言，这是一种乐于接受的互利互惠政策，同时更有利于得到中原王朝经济政治方面的合法援助。

对内附吐蕃下层民众，北宋政府也一再强调：经制西北蕃部务要稳定，使内附吐蕃熟户得以在相对安定的环境中生产和发展，以维护藏区社会稳定，对那些在司法诉讼中不能依法量刑，损害内属蕃民合法权益的行为，予以撤职查办。史载，淳化五年（994）三月，"环州民与吐蕃相贸易，多欺夺之，或至斗讼，官又弗直，故蕃情常怨。及崇仪使柳开知州事，乃命一其物价，平其权量，擒民之欺夺者置于法，部族翕然向化"。①景德元年（1004），西部缘边州军所管熟户蕃部"或有斗讼，官吏不能遵守条例，依理平决，或旁缘骚扰，致生边隙"，宋真宗下诏："自今转运副使常切按察，其不能绥边勤职者，具名以闻。"② 正是由于北宋绥怀政策的感化，秦凤、泾原路及其沿边各部吐蕃纷纷献地内附归宋。

第二，给田免税、保护内附蕃人利益。

在归附北宋统治的蕃族地带，北宋还命吐蕃各部首领招募蕃汉丁壮组成"弓箭手"的地方武装，拨给弓箭手一定数量的土地耕种，明确规定：凡选纳为弓箭手的熟户蕃民，除原有的耕地外，少地者由政府分给一定数量的土地耕种，如大中祥符七年（1014）五月，"时唃厮啰帅其帐下来归，给以土田。"③ 归明族帐分田标准是："应给官田者，三口以下一顷，每三口加一顷；不足，以户绝田充。"④

弓箭手是北宋军事体制中的民兵组织，始于景德二年（1005），首先由曹玮在镇戎军推行。景德二年（1005）五月，知镇戎军曹玮言："边民应募为弓箭手者，皆习障塞蹊隧，解羌人语，耐寒苦，有警可参正兵为前锋，而官未尝与器械资粮，难责其死力。请给以境内闲田，永蠲其租，春秋耕敛，出兵而护作之。诏：人给田二顷，出甲士一人，及三顷者出战马一匹"⑤，这就是弓箭手营田制度。其后，弓箭手营田制度扩大至鄜延、环庆、泾原等西北各路，政府还规定：熟户弓箭手可免输租赋。治平元年（1064）十二月，谏官吕诲上疏曰："臣尝见熟户耕佃官田，并无征徭，遇战斗方出一人一骑，兹外更无侵扰，熙熙安业。"⑥ 可见，熟户弓箭手是不纳租赋的。

为了确保内附熟户土地所有权，政府颁布《土地法》规定，蕃部土地"止绝买卖"，"诸典买租赁合种蕃部地土者，徒二年"⑦。宋仁宗天圣

---

① 《续资治通鉴长编》卷35，淳化五年三月丁丑，第776页。

② 《续资治通鉴长编》卷57，景德元年八月丁庚辰，第1254页。

③ 《续资治通鉴长编》卷82，大中祥符七年五月己酉，第1877页。

④ 《宋会要辑稿》第180册《兵》17之2，第7038页。

⑤ 《续资治通鉴长编》卷60，景德二年五月癸丑，第1338页。

⑥ 《续资治通鉴长编》卷203，治平元年十二月丙午，第4925页。

⑦ 《续资治通鉴长编》卷271，熙宁八年十二月甲寅，第6652页。

四年（1026）的土地条例是，"（陕西）汉户弓箭手，不得私典买、租赁、合种蕃部地土"，如有违犯，原"典买、租赁、合种百姓弓箭手并科违制之罪，仍刺面配向南远恶州军牢城"。① 边人购买蕃人田土，已购者勒令退还，并"科违制之罪"，刺面迁配其家于内地。蕃部土地之所以"止绝买卖"，原因是"若却令蕃汉合种，未免被弓箭手、百姓奸倖侵欺，引惹边上不宁"②，即若不确保熟户蕃人基本土地的占有，则蕃人会因无地而流离失所，从而引发边地骚乱。

另外，政府还制定和颁布了一些经济贸易法规，禁止在蕃汉经济贸易活动中，汉族欺诈和勒索蕃人的违法行为，违者将绳之以法。宋太宗时期，针对"诸色人于熟户蕃部处赊买羊马、借贷钱物"等现象，北宋政府于淳化三年（992）颁布《淳化法令》，规定：所有军人、百姓，不得赊贷、脱赚、欠负蕃人钱物，如果蕃人到汉地买卖，汉户牙人等不得侵欺蕃民、赊买和亏欠蕃民钱物，如果诸寨监押官员，不按以上条制执行，以致引惹蕃人不满，造成蕃部不宁者，由秦州"密具申奏，当行严断"。③ 景德四年（1007），北宋政府颁布《景德法令》，对蕃汉民经济贸易活动作了更明确的规定："秦州诸人自今或与蕃部买卖并各将钱物交相博买，不得立限赊买及取觅债负，致有交加。诸色人公然于蕃部取债及欠负钱物不还，即追领正身，以所欠钱物多少量罪区分。仍差人监催还足，如欠负蕃部钱物稍多，量情理诈欺者，其正身走避，即追禁亲的骨肉，及一面紧行追捉，候获日，依格法断遣。"④ 这些蕃汉贸易法制规范和保护了内附蕃人的利益，对维护合理合法的蕃汉贸易行为起到了积极作用。

总之，北宋前中期，政府通过不断大力招诱吐蕃内附，使西北缘边先后有约30万吐蕃部落族帐归顺于宋，接受其统治。吐蕃部落族帐的归附，对宋蕃经济文化交往和西北边疆地区开发提供了便利条件，在藏汉民族关系史上具有深远影响。

---

① 《宋会要辑稿》第185册《兵》27之23、24，第7258页。
② 《宋会要辑稿》第185册《兵》27之23，第7258页。
③ 同上。
④ 《宋会要辑稿》第185册《兵》27之23、24，第7258页。

第二章 北宋后期吐蕃内附族帐考

北宋后期，河湟陇右地区诸多吐蕃部落族帐，在北宋王朝大力招降政策影响下，不堪兵戈威胁而变为熟户，纳入北宋王朝管辖之下。还有一部分吐蕃部族因政府抚绥政策之感化，自愿归附于宋，接受其统治。本文试就此问题作一较为全面翔实的考证。

第一节 吐蕃部落族帐之内附

唐末五代以来，吐蕃散居于今青海、甘肃、宁夏以及四川西北部一带，"自仪、渭、泾、原、环、庆及镇戎、秦州暨于灵、夏皆有之"。[1] 这些吐蕃部落族帐大部，在北宋后期，由于受到武力征讨而逼近降附于宋，也有一部分在北宋王朝绥抚招诱政策影响下，相继内附于宋而成为熟户，接受北宋政府统治。总体来看，北宋后期吐蕃部落族帐的内附现象更加频繁，兹考证如下。

宋神宗时期：

1. 青唐族。《宋史》卷三百五十《苗授传》："王韶开边，青唐大酋俞龙珂归国。"[2] 又见《长编》卷二百二十八熙宁四年十二月戊辰条："朱史王韶本传，就韶作机宜时，便云：韶直抵俞龙珂帐中交诏，因留宿，示以不疑。于是俞龙珂感服，即遣首领纳款，其后率其属十二万口归附。"[3]

2. 结吴延征部。《长编》卷二百三十八熙宁五年九月丙午条："秦凤缘边安抚司言，木征自巩令城败走，结吴延征举其族二千余人并大首领李

---

① 《宋史》卷492《吐蕃传》，中华书局1979年版（下同），第14151页。

② 《宋史》卷350《苗授传》，第11069页。

③ 《续资治通鉴长编》卷228，熙宁四年十二月戊辰，第5558页。

楞占、讷芝等出降，已量补职名抚遣之。"①

3. 温布察克置部。《长编》卷二百四十熙宁五年十一月乙丑条："知熙州王韶言，招纳穆楞川东抹邦一带大首领温布察克置等及所部首领三百八十七人，各补副军主等职名，仍第支料钱。"②

4. 瞎药部。《长编》卷二百四十熙宁五年十一月癸丑条："河州首领瞎药等来降，诏以为内殿崇班、本州蕃部都监，仍赐姓包名约。约者，顺之兄，木征谋主也。"③

5. 瞎吴叱部。《长编》卷二百四十七熙宁六年九月壬戌条："王韶言，大首领瞎吴叱等以岷州来献，赐行营将士特支钱有差。瞎吴叱者，木征诸弟也，居岷州。壬戌，王韶入岷州，瞎吴叱及本令征来降。韶谕以不讨贼无所得食，两人各献大麦万石、牛五百头、羊二千口并甲五十领。"④

6. 本琳沁部。亦作"本令征"部。《长编》卷二百四十七熙宁六年冬十月庚辰条："王韶既城河州，通洮山路，岷州本令征以城降。"⑤

7. 巴毡角部。《长编》卷二百四十七熙宁六年十月庚辰："王韶既得河州，以景思立知州事，自率军穿露骨山南入洮州，巴毡角"亦以其族自归"⑥。

8. 钦令征部。《长编》卷二百四十七熙宁六年十月庚辰条：王韶率兵攻洮州，"叠州钦令征、洮州郭厮郭皆相继诣军中，以城听命"。⑦

9. 郭厮郭部。《长编》卷二百四十七熙宁六年十月庚辰条：王韶率兵攻洮州，"叠州钦令征、洮州郭厮郭皆相继诣军中，以城听命"。⑧

10. 冷鸡朴部。《宋史》卷三百五十《苗授传》："李宪讨生羌于露骨山，斩首万级，获其大酋冷鸡朴，羌族十万七千帐内附。"⑨

---

① 《续资治通鉴长编》卷238，熙宁五年九月丙午，第5786页。

② 《续资治通鉴长编》卷240，熙宁五年十一月乙丑，第5834页。

③ 《续资治通鉴长编》卷240，熙宁五年十一月癸丑，第5825页。

④ 《续资治通鉴长编》卷247，熙宁六年九月壬戌，第6015页。

⑤ 同上书，第6022页。

⑥ 同上。

⑦ 同上。

⑧ 《续资治通鉴长编》卷247，熙宁六年十月庚辰，第6022页。

⑨ 《宋史》卷350《苗授传》，第11068页。笔者注：此处10.7万内附蕃人，当为重复记载，应包括于上条30余万之内。

11. 木征部。《宋史》卷三百五十《苗授传》："王韶取镇洮，授为先锋，破香子城，拔河府……从燕达取银川，降木征。"① 又见《宋史》卷四百九十二《吐蕃传》②。

12. 结毵部。《长编》卷二百七十二熙宁九年正月丙寅条：熙河路经略使司奏，"结毵率本族首领百二十一人来降"，上批："可优与官资，庶山后诸羌，闻风相率内附，河州边备稍得解严。乃以结毵为内殿承制，其余首领补班行及蕃官有差。"③

13. 龛波、给家二十二族。《长编》卷三百十六元丰四年九月乙未条：李宪言，"降龛波、给家等二十二族首领，凡千九百余户，已剪发、刺手，给归顺旗及锦袍、银带赐物"④。据学者研究，龛波、给家等二十二族为西夏占领下居住在甘肃榆中龛谷川至夏官营一带的吐蕃部族，非党项族⑤。

14. 汪家族。《长编》卷三百十九元丰四年十一月丁亥条："熙河路都大经制司言，西界禹藏郢成四自贼寨遣人以蕃首乞发兵应接，分遣将士招纳，本人以汪家等族大首领六人并蕃部及母、妻、男三十余人来降，各资伪印并伪宣告数道。郢成四于西域一带世为酋豪，族望最大，今既内附，郢成四已授内殿崇班，其余六人与右班殿直及三班差使。"⑥

15. 禹藏、花麻族。《宋史》卷三百五十《苗授传》："元丰西讨，授出古渭取定西，荡禹藏花麻诸族，降户五万，城兰州。"⑦

宋哲宗时期：

1. 汪洛施族。《长编》卷三百八十元祐元年六月戊申条："熙河兰会路经略司言：汪洛施族蕃部斯多格等，探报西界信实，携老少前来归顺，

---

① 《宋史》卷350《苗授传》，第11068页。

② 《宋史》卷492《吐蕃传》：赵思忠即瞎毡之子木征也，"熙宁七年四月举洮、河二州来降，赐以姓名，拜荣州团练使"，第14168页。

③ 《续资治通鉴长编》卷272，熙宁九年正月丙寅，第6659页。

④ 《续资治通鉴长编》卷316，元丰四年九月乙未，第7641页。

⑤ 参见陈守忠《北宋时期秦陇地区吐蕃各部族及其居地考》下，《西北师范大学学报》1996年第3期，第53页。

⑥ 《续资治通鉴长编》卷319，元丰四年十一月丁亥，第7707页。

⑦ 《宋史》卷350《苗授传》，第11068页。

乞与推恩。诏：斯多格与副军主，鄂鄂尔，与都虞侯。"①

2. 结药部。《长编》卷四百二元祐二年六月丙午条："以邈川首领结药为三班奉职。结药位次温溪沁，统众五千，尝遣蕃部怯陵出汉，报鬼章筑洮州城事，为阿里骨所得，虑谋泄，领妻子归顺，故有是命。"②

3. 兀征声延部。《长编》卷四百七元祐二年十二月庚辰条："枢密院言，西蕃齐暖城首领兀征声延父母妻子内附。"青唐录云："邈川东界齐暖城等处大首领兀征声延闻鬼章已擒，部族震恐，以为汉兵朝夕及己也，遂请知兰州王文郁乞同父母妻子部落一万口内附。刘舜卿以闻，朝廷许之，徙于河州南境，授兀征声延供备库使。"③

4. 鬼章部。《长编》卷五百十一元符二年六月己亥条，元符二年六月，西蕃大酋鬼章孙边厮波结等，与鬼章妻桂摩及其妻挐并鬼章河南旧部族，"闻溪巴温起，河南诸部多归之，边厮波结不自安，故请内附"。④ 边厮波结者，鬼章孙也。

5. 彭布锡卜萨部。《长编》卷五百十六元符二年闰九月戊子条："秦凤路奏，叠、宕一带部族大首领彭布锡卜萨等乞纳土归顺，诏令抚存接纳。"⑤

宋徽宗时期：

1. 禄厮结族、聂农族。《续资治通鉴长编拾补》卷二十一崇宁二年四月己巳条：引《纪事本末》卷百三十九，"选委通判兰州事王端、将官李忠、王亨等勾当招纳，散遣亲信人深入说谕。有禄厮结族首领巴金城主遵巴，及聂农族首领羌贼用事者乩当多罗巴之副结令乾等大种名豪，相继出降"。⑥

2. 漆令族。《续资治通鉴长编拾补》卷二十一崇宁二年六月辛未条：王厚三年六月申密院状，大军入湟州，"前后招纳湟州境内漆令等族大首

① 《续资治通鉴长编》卷380，元祐元年六月戊申，第9238页。

② 《续资治通鉴长编》卷402，元祐二年六月丙午，第9789页。

③ 《续资治通鉴长编》卷407，元祐二年十二月庚辰，第9905页。

④ 《续资治通鉴长编》卷511，元符二年六月己亥，第12171页。

⑤ 《续资治通鉴长编》卷516，元符二年闰九月戊子，第12284页。

⑥ （清）黄以周等辑注，顾吉辰点校：《续资治通鉴长编拾补》卷21，崇宁二年四月己巳，中华书局2004年版（下同），第740页。

领潘罗豁兼篯七百五十人，管户十万。"① 又见《续资治通鉴长编拾补》卷二十一崇宁二年六月辛酉条②。

3. 宗哥族。《续资治通鉴长编拾补》卷二十三崇宁三年四月壬子条：是日，"宗哥城中伪公主前安化郡夫人瞎叱牟蔺毯兼率酋首以城归顺"。③

4. 胜宗族。《续资治通鉴长编拾补》卷二十三崇宁三年四月壬子条："翼日癸丑，胜宗首领钦斯鸡率众来降。"④

5. 六心族。《续资治通鉴长编拾补》卷二十三崇宁三年四月丁巳条："鄯州招降到六心等族大首领、青唐伪宰相青归兀耶等计千余人，管户口三十余万。"⑤

6. 洛施军令结部。《续资治通鉴长编拾补》卷二十三崇宁三年四月己未条："王厚等帅大军自鄯州趋保敦谷，过晒厮温厮岭南入廓州界，本州大首领洛施军令结率其众降。"⑥

7. 豁丁朴令骨部。《续资治通鉴长编拾补》卷二十三崇宁三年四月庚申条：引《青唐录》，"十三日，复林金城溪兰宗堡，越三日，大兵趋山南，山南大首领豁丁朴令骨及洛施军令结部领诸族诣军前降"。⑦

8. 葩俄、洗纳族。《续资治通鉴长编拾补》卷二十三崇宁三年四月辛酉条：引《青唐录》，"葩俄族大首领阿撒四率大小首领献酒军前，并洗纳等大首领阿厮结等悉来降"。⑧ 又青唐录功状云："廓州招降到大首领洛施军令结并葩俄族阿撒四等计一千余人，管户二十余万。"⑨

9. 青丹族。《续资治通鉴长编拾补》卷二十三崇宁三年四月辛酉条："大军驻于城之西，青丹大首领阿撒四率众诣军前降，河南部族日有至者，厚谕以朝廷抚存恩意。"⑩

---

① 《续资治通鉴长编拾补》卷21，崇宁二年六月辛未，第753页。

② 《续资治通鉴长编拾补》卷21，崇宁二年六月辛酉条：引青唐录，六月，"部族漆令等二十一族大首领钦奖等五十余人率小首领四百余人皆来降"，第747页。

③ 《续资治通鉴长编拾补》卷23，崇宁三年四月壬子，第801页。

④ 同上。

⑤ 《续资治通鉴长编拾补》卷23，崇宁三年四月丁巳，第802页。

⑥ 《续资治通鉴长编拾补》卷23，崇宁三年四月己未，第803页。

⑦ 《续资治通鉴长编拾补》卷23，崇宁三年四月庚申，第803页。

⑧ 《续资治通鉴长编拾补》卷23，崇宁三年四月辛酉，第803页。

⑨ 同上。

⑩ 《续资治通鉴长编拾补》卷23，崇宁三年四月辛酉，第803页。

第二节　吐蕃内附原因及内附后待遇

根据以上史料，北宋后期内附吐蕃族帐人数为：

第一，宋神宗朝：招降青唐吐蕃 12 万，熙河洮岷吐蕃 30 余万①，兰州吐蕃 5 万，及巟波、给家等族吐蕃共计约 48 万。

第二，宋哲宗朝：招降兀征声延部等约 2 万。

第三，宋徽宗朝：招降湟州吐蕃 10 万，鄯州吐蕃 30 万，廓州吐蕃 20 万，共计 70 余万②。

宋神宗朝	约 48 万
宋哲宗朝	约 2 万
宋徽宗朝	约 70 万

综上，我们可以得到北宋后期内附吐蕃总人数约为：120 万（一帐以 5 口计，约 24 万帐）。

这个数据与汤开建先生的《宋金时期安多藏族人口的数据与统计》一文中对安多藏族人口的统计数字 210 万是相吻合的，因为该文研究表明，北宋前中期大约有 30 万的吐蕃部落内附，而整个北宋时期，安多藏区尚有五六十万未归顺于宋朝的生户蕃落族帐，故北宋后期先后有约 120 万的吐蕃部落族帐内附于宋朝，应该说是基本符合史实的、可信的。

为什么会有如此众多的蕃人在北宋后期相继归顺于宋，接受北宋王朝的统治？下面对相关问题略作阐述。

（一）北宋后期吐蕃内附的原因、方式及居地

考察吐蕃内附的原因及方式，与北宋王朝对吐蕃的民族政策密切相关。

---

①　《续资治通鉴长编》卷 247 熙宁六年十月辛巳条：王韶收复熙、河、洮、岷、叠、宕等州蕃部，"幅员二千余里，斩获不顺蕃部万九千余人，招抚小大蕃族三十余万帐"，第 6023 页。据汤开建先生研究，此处三十万帐为夸大其词，应为三十余万口，因为若以三十余万帐（一帐以 5 口计），则内附蕃人为 150 万，这个数据太大，显然与事实不符。

②　根据《续资治通鉴长编拾补》卷 23，崇宁三年四月庚午条：王厚克复三州及河南地土，"开拓疆境，幅员三千余里……计招降到首领二千七百余人，户口七十余万"，第 806 页。这说明湟、鄯、廓三州内附吐蕃 70 余万是可信的。

北宋后期，王韶上《平戎三策》说，"欲取西夏，当先复河湟"①，在以王安石、王韶等为代表的改革派"蕃汉合一""以夷攻夷"思想影响下，宋神宗"慨然有取山后之志"②，志图河陇、向西北开拓。时河陇多为羌和吐蕃据有，王韶等经过几年对西北地区的经营，相继收复熙（今甘肃临洮县）、河（今甘肃临夏市）、洮（今甘肃临潭县）、岷（今甘肃岷县）、宕（今甘肃宕昌县）、叠（今甘肃迭部县）等州，"自洮、河、武胜军以西，至兰州、马衔山、洮、岷、宕、叠等州，凡补蕃官、首领九百三十二人。得正兵三万，族帐数千"③，开拓熙河"地千二百里"，招附"三十余万口"。王厚亦克复湟（今青海乐都县）、鄯（今青海西宁市）、廓（今青海尖扎县）三州及河南地土，"招降到首领二千七百余人，户口七十余万"。故，宋神宗和宋徽宗两朝是北宋后期招降吐蕃最多的一个历史时期，其中尤以徽宗时期招降的吐蕃族帐为最多，数量达到 70 余万，而且，两朝吐蕃内附的方式均是以武力征讨、胁迫归顺为主，和平招诱为辅。

吐蕃内附后，主要居于以下两大地区。

一是熙河兰岷会地区。熙州路，古之临洮郡，熙宁五年（1072）始置。熙河兰会路之名曾多次变化，《宋史》地理志如是云："初置熙河路经略、安抚使，熙州、河州、洮州、岷州、通远军五州属焉。后得兰州，因加'兰会'字。元祐改熙河兰会路为熙河兰岷路，元符复故。"④ 根据史料记载，在兰廓西宁、震武积石六州军蕃人相继归附后，崇宁时期（1102—1106）熙河路户口达到"户一千八百九十三，口五千二百五十四"，其中内附的吐蕃族帐主要有：洮、岷二州蕃族，河州山后蕃族，龛波、给家等二十二族，汪洛施族，叠、宕一带蕃部等，将近 50 万。

二是青唐地区。公元 11 世纪初，以今青海东部为中心的吐蕃赞普后人唃厮啰部逐渐兴起成为吐蕃最强大的部族，并在宗哥城（今青海西宁东南）建立起以吐蕃族为主体的地方封建政权——唃厮啰政权，辖有湟水流域及今青海、甘肃部分地区。唃厮啰政权所统治的区域主要在洮河、黄河南北上游和湟水流域一带，其中，湟水流域的辖地有今青海湟源、湟

---

① 《宋史》卷 328《王韶传》，第 10579 页。

② （宋）王銍：《默记》卷中，中华书局 1981 年版，第 20 页。

③ 《宋史》卷 191《兵》5，第 4757 页。

④ 《宋史》卷 87《地理志》3，第 2162 页。

中、平安及青唐（治今青海西宁市）。北宋后期青唐地区内属的吐蕃部落族帐主要有：唃厮啰、俞龙珂部、结吴延征部、禄厮结族、聂农族、漆令等二十一族、洗纳族、六心族等，约70万。除了上述两大地区，河西凉州也有汪家等族归顺宋朝。

（二）吐蕃内附后受到北宋政府之优待

基于吐蕃归附后之地域、自然条件、社会经济条件及生活方式等特殊环境，北宋王朝对西北缘边内属吐蕃熟户，实行了诸多抚绥怀柔的优待政策。

首先，任选吐蕃各部首领，担任本地长官。唐代在周边民族地区设置羁縻州府，任命各部族首领担任刺史、都督等职，管辖原来部落的领地。宋代沿袭唐朝的制度，在西北缘边开拓的熙、河、兰、岷诸州新边地区，对分布众多的内属吐蕃熟户，通过加封土著部族首领担任职名大小不等的本地长官，以达到"绥怀族帐，谨固疆界"目的。因此，西北边区投诚于北宋的熟户蕃族豪酋，许多被敕封为本族都监、军主、内殿承制等：

敕封时间	封授蕃酋	官名	史料来源
熙宁五年十一月	温布察克置	副军主	《长编》卷240熙宁五年十一月乙丑条
熙宁五年十一月	瞎药	内殿崇班、本州蕃部都监	《长编》卷240熙宁五年十一月癸丑条
熙宁七年四月	木征	荣州团练使	《宋史》卷492《吐蕃传》
熙宁九年正月	结毯	内殿承制	《长编》卷272熙宁九年正月丙寅条
元丰四年十一月	郢成四	内殿崇班	《长编》卷319元丰四年十一月丁亥条
元祐元年六月	斯多格、鄂鄂尔	副军主、都虞侯	《长编》卷380元祐元年六月戊申条
元祐二年六月	结药	三班奉职	《长编》卷402元祐二年六月丙午条
元祐二年十二月	兀征声延	供备库使	《长编》卷407元祐二年十二月庚辰条

其次，大力招抚内附熟户蕃人、弓箭手屯田自给。王韶开拓熙河地是宋神宗时期朝廷的一件大事，熙宁六年（1073）时，北宋基本收复熙、河、洮、岷、叠、宕等州。随着西北边面的继续扩大和归附蕃人的大量增加，新收复辖区土地未垦之现状更加突出。因为，吐蕃内附后，新归附区"居民未集，耕垦人牛之具皆强役之"① 的现象比较突出，大量良田未得

---

① 《宋会要辑稿》第94册《职官》58之14，第3708页。

耕种，极大地浪费了土地资源，这对于内属熟户的生产生活稳定和朝廷的统治极为不利；另外，如何使蕃民纳入屯兵营田制度，以加强当地的防卫力量也是一个非常重要的问题。于是，宋政府便在吐蕃内属边区，招募蕃汉丁壮、弓箭手大规模垦荒、给田兴种，并采取借具借籽、贷粮贷款的优待蕃人政策。熙宁七年（1074），王韶上奏说："河州近城川地招汉弓箭手外，其山坡地招蕃弓箭手，每寨（三）五指挥，以二百五十人为额，人给地一顷，蕃官两顷，大蕃官三顷。从之。"① 除此之外，西北缘边尚有大量闲田和逃亡弓箭手遗留田土，这些土地，或"召入请佃，令认租课"，允许蕃人、弓箭手耕种，"诏秦凤路经略司借支封桩钱三万贯，委王韶募人耕种，仍预行标拨荒闲地土，不得侵扰蕃部"。②

弓箭手是北宋从西北缘边汉族壮勇和内属熟户丁壮中招募的乡兵组织，他们亦耕亦战，对于北宋开发西部边疆起了非常重要的作用。为了鼓励蕃汉弓箭手垦田耕种，宋政府制定了弓箭手营田法制，熙宁三年（1070）的《置屯之法》明确规定："置屯之法，百人为屯，授田于旁塞堡，将校领农事，休即教武技，其牛具、农器、旗鼓之属并官予。"③ 同时规定，内附熟户蕃人、弓箭手耕种土地的牛具、籽种甚至款粮均由政府供给，熙宁七年（1074）三月，新提点秦凤等路刑狱郑民宪言："奉诏同熙河路经略司相度借助应募弓箭手、买种粮、牛具、造屋及今夏耕种，从之。"④ 熙宁八年（1075）三月，"诏都提举市易司遣官于麟府路博买耕牛给借环庆、熙河路蕃部弓箭手。"⑤ 元丰六年（1083）提举熙河营田蕃部司奏称，"兰州及定西城新招弓箭手，贫乏无种粮、牛具，乞贷钱十五万贯与之，俟垦地得谷偿纳"。从之，仍增赐 10 万贯。⑥ 元祐八年（1093）十一月，知定州苏轼说："臣窃谓陕西、河东弓箭手，官给良田，以备甲马。"⑦

另外，为了保护少地蕃人的基本生产资料，尽管在宋神宗时期已允许

① 《续资治通鉴长编》卷 251，熙宁七年三月壬戌，第 6133 页。

② 《宋会要辑稿》第 121 册《食货》1 之 29，第 4816 页。

③ 《宋史》卷 190《兵志》4，第 4713 页。

④ 《续资治通鉴长编》卷 251，熙宁七年三月乙巳，第 6112 页。

⑤ 《续资治通鉴长编》卷 261，熙宁八年三月丙辰，第 6364 页。

⑥ 《宋会要辑稿》第 173 册《兵》4 之 11，第 6825 页。

⑦ 《宋史》卷 190《兵志》4，第 4727 页。

蕃汉土地买卖①，但政府规定：西北边区地少蕃部土地仍"依旧例禁止"，违者依《陕西路敕》处罚。如果缘边诸色人典买、租赁、合种蕃部地土者，"徒二年，内人材少壮者配本州蕃落，余配近里州军近上本城"。② 原因是，内属熟户"以耕种为业，恐既卖尽田土，则无顾恋之心，以至逃背作过"③，如原州"熟户蕃部大半贫乏，所有地土数少，百姓以于法许典卖，多重叠放债，冀使充折，恐以故生边患"④，故依旧律禁止。

这些给田兴种、保护耕地的政策，使内附吐蕃熟户占有一定数量的自有土地有了保障，归附区蕃人及弓箭手等"耕耨其中以为生者，不知几千万人"，"属羌数万，已就耕锄"⑤，极大地促进了新附区经济的发展。

最后，茶马互市。历史上的"茶马互市"并非始自宋代，唐代时，回纥入朝，始以马市茶。宋朝发展了这一传统的蕃汉交换关系，利用周边少数民族对中原农耕经济的依赖性，以开放西北边贸流通为中原大国恩慰周边少数民族弱势群体的体现。同时，北宋也在与蕃部的茶马贸易中，得到了西北边防急缺的战马，达到了互惠双赢的目的。

在宋蕃经济贸易中，贸易物品包括少数民族所缺少且迫切需要的茶叶、纺织品和手工业品等，最主要的茶马贸易。针对蕃人嗜茶而又极为缺茶之现状，北宋政府在熙、河二州和雅州（今四川省雅安市）等地设立马市，让蕃民以马易茶，并设置专管茶马贸易的机构。《宋史·吐蕃传》云：吐蕃"喜啖生物，无蔬如醯酱，独知用盐为滋味，而嗜酒与茶"⑥，这主要是因为茶叶具有助消化、解油腻的特殊功能，故"蕃戎性嗜名山茶，日不可阙"。⑦ 熙宁七年（1074），熙河路经略使王韶收复河州后，上疏宋神宗说，"西人多以善马至边，其所市唯茶"，宋神宗采纳了王韶以茶易马招抚吐蕃的建议后，立即派李杞赴四川筹办以茶易蕃马事宜，并将

---

① 熙宁五年（1072），宋神宗下诏："陕西缘边蕃部地土许典卖租赁"，标志着北宋前中期以来一直实行的土地买卖禁令的解除，此后蕃汉土地买卖即为合法。参见《续资治通鉴长编》卷238，熙宁五年九月戊申条，第5793页。

② 《续资治通鉴长编》卷271，熙宁八年十二月甲寅，第6652页。

③ 《续资治通鉴长编》卷263，熙宁八年闰四月甲辰，第6436页。

④ 《续资治通鉴长编》卷271，熙宁八年十二月甲寅，第6652页。

⑤ 《续资治通鉴长编》卷331，元丰五年十二月癸丑，第7982页。

⑥ 《宋史》卷492《吐蕃传》，第14151页。

⑦ 《宋会要辑稿》第84册《职官》43之75，第3311页。

北宋初年西北茶马贸易的范围从原州（今固原）渭州（今平凉）秦州（今天水）德顺军（今静宁）等地扩大到熙河地区。

北宋管理茶马贸易的中枢机构是茶马司，它是在市易务的基础上建立起来的，其后发展为都大提举茶马司。关于都大提举茶马司的设置沿革，《宋史·兵志》如是云："市马之官，自嘉祐中，始以陕西转运使兼本路监牧买马事，后又以制置陕西解盐官同主之……元丰四年，群牧判官郭茂恂言：'承诏议专以茶市马，以物帛市谷，而并茶马为一司。'奏可。仍诏专以雅州名山茶为易马用。"① 可见，宋神宗元丰四年（1081），应群牧判官郭茂恂建议，北宋将茶司与马司合并，更名为都大提举茶马司，简称茶马司，统一主管茶马贸易，"凡市马于四夷，率以茶易之"。② 都大提举茶马司的设置，以及茶马司制定的诸多管理措施，对北宋与西北边疆蕃部的茶马贸易起到了规范和推动作用。史载，北宋每年可以从蕃部得到三万匹左右的马匹，"乾道间，秦、川买马额，岁万一千九百有奇，川司六千，秦司五千九百；庆元初，合川、秦两司为万一千十有六；嘉泰末，合两司为万二千九百九十四匹"。③

综上诸述，北宋后朝，政府采用各种措施和方式，不断大力招诱吐蕃内附，相继有约 120 万的吐蕃部落族帐归顺宋朝统治。对已投诚的吐蕃诸部，赵宋王朝还实行了许多优待政策，使得大多熟户蕃人时不时帮助北宋打击来犯之敌并长期拥戴宋廷，谱写了宋辽夏金时期藏汉民族和谐团结的新篇章。吐蕃部落族帐的归顺，保证了宋蕃通道的畅通，交往和信息沟通的便利，促进了藏汉民族交流和西北边疆地区开发。

---

① 《宋史》卷 198《兵志》12，第 4952 页。
② 《宋史》卷 167《职官》7，第 3969 页。
③ 《宋史》卷 198《兵志》12，第 4955 页。

第三章　论北宋对西北缘边吐蕃
熟户的优待政策

北宋建立后，吐蕃诸部散居于西北缘边，他们"族种分散，大者数千家，小者百十家"①，不相统属，各有首领，"自仪、渭、泾、原、环、庆及镇戎、秦州暨于灵、夏皆有之"。② 即今之青海、甘肃、宁夏以及四川西北部一带。这些吐蕃部落族帐，由于受到北宋王朝的大力招诱，许多吐蕃部族"向化"中原先进文化，相继自愿内附于宋朝而成为熟户；还有一部分吐蕃生户部落，因不堪北宋兵戈威胁而被逼迫归降，亦变为熟户。

何谓熟户，《宋史·吐蕃传》云："内属者谓之熟户，余谓之生户。"③ 据此，熟户即指臣属于宋、接受北宋统治的蕃落，反之，就是生户。生户吐蕃内属成为熟户的过程，始于宋初，从宋太祖时期第一个归顺的吐蕃部落——尚波于部族，到宋徽宗时期范俄、洗纳族投诚宋朝，终北宋一朝未曾间断，史载：建隆三年（962）九月，"秦州言，尚波于献伏羌县地"④ 而内附，此后不断有吐部落族帐归宋。天禧四年（1020）三月，"秦州言，蕃部阿厮铎纳质归顺。"⑤ 天圣元年（1023）十二月，"泾原路副都部署王谦言，咩迷、卡杏家族都指挥使杏友信、都监吹济鄂罗克等三百九十八人纳质子内附。"⑥ 天圣三年（1025）十月，"泾原路钤辖司

---

① （元）脱脱等：《宋史》卷492《吐蕃传》，中华书局1979年版（下同），第14151页。

② 《宋史》卷492《吐蕃传》，第14151页。

③ 同上。

④ （宋）李焘：《续资治通鉴长编》卷3，建隆三年九月庚午，中华书局1992年版（下同），第71页。

⑤ 《续资治通鉴长编》卷95，天禧四年三月壬申，第2185页。

⑥ 《续资治通鉴长编》卷101，天圣元年十二月辛巳，第2344页。

言，生户六族首领潘征等二千余帐内附"。① 宝元二年（1039）八月，"秦凤部署司言筚篥城蕃部唃厮波等内附"。② 皇祐二年（1050）四月，"泾原经略司言，生户都首领纳隆男阿斯鼎举族内附"。③ 治平四年（1067）闰三月，"陕西路缘边宣抚使郭逵言，秦州青鸡川蕃官首领药厮哥愿献青鸡川地土"④ 而内附。元丰四年（1081）十一月，"熙河路都大经制司言，西界禹藏郢成四自贼寨遣人以蕃首乞发兵应接，分遣将士招纳，本人以汪家等族大首领六人并蕃部及母、妻、男三十余人来降"。⑤ 崇宁三年（1104）四月，"葩俄族大首领阿撒四率大小首领献酒军前，并洗纳等大首领阿厮结等悉来降"。⑥

学者研究表明，整个北宋时期西北吐蕃总人数达 210 万⑦，其中约有75% 以上的吐蕃部族先后归顺宋朝统治，而宋真宗时期（998—1022）和宋神宗时期（1068—1085）则是吐蕃内附最为频繁的两个时期，宋真宗朝先后有妙娥、延家、空俞、厮鸡波等吐蕃部族归顺于宋，宋神宗朝有青唐吐蕃、熙河洮岷吐蕃和兰州吐蕃等相继被招降，接受北宋王朝管辖。

然而，吐蕃内属后，汉藏民族关系发生了新变化，由于吐蕃生熟户之间常处于一种不稳定状态，内附之后逃叛现象也经常发生，加之在西北缘边地带，党项西夏政权也在大力招纳吐蕃，尤其战争期间宋夏双方争夺蕃人内附的斗争更加激烈，正如谏官吕诲所说，"界外生户无背汉之心明矣，但为谅祚诱之以厚利，劫之以重兵……彼将逃死，岂得已也"。⑧ 因此，如何安置已归附的熟户蕃人，确保他们真心"向化"、生活安定是摆在北宋统治者面前一项棘手的任务。于是，宋政府根据边情和阶级统治的需要，因时度势，采取较为明智的政策和措施，对西北缘边吐蕃熟户实行

---

① 《续资治通鉴长编》卷 103，天圣三年十月乙卯，第 2390 页。

② 《续资治通鉴长编》卷 124，宝元二年八月戊辰，第 2920 页。

③ 《续资治通鉴长编》卷 168，皇祐二年四月戊辰，第 4039 页。

④ （清）徐松辑：《宋会要辑稿》第 199 册《蕃夷》6 之 6，中华书局 1957 年版（下同），第 7821 页。

⑤ 《续资治通鉴长编》卷 319，元丰四年十一月丁亥，第 7707 页。

⑥ （清）黄以周等辑注，顾吉辰点校：《续资治通鉴续资治通鉴长编拾补》卷 23，崇宁三年四月辛酉，中华书局 2004 年版（下同），第 803 页。

⑦ 参见汤开建《宋金时期安多藏族人口的数据与统计》，《西北民族研究》2007 年第 3 期，第 89 页。

⑧ 《续资治通鉴长编》卷 203，治平元年十二月丙午，第 4925 页。

了诸多优待政策，主要包括封爵、给田免租、通贸易和恤刑四个方面，取得了一定成效。

第一节　封爵

中原历史上的统治阶级对待沿边少数民族的政策，基本上都以"恩威兼治""以夷制夷"为其传统经验。汉初，北伐匈奴失败，为制驭戎狄，便萌生了羌胡相攻、以夷伐夷的政治方略。唐时，统治者借用回纥之兵平息了吐蕃侵略，北宋统一全国之后，沿袭其制，对西北边区各民族，赐以官俸，量其材力功绩，充任本族巡检，以达到"绥怀族帐，谨固疆界"的目的。

在这一民族政策思想的指导下，西北缘边投诚北宋的熟户蕃族豪酋，先后被频频敕封为本族军主、都军主、指挥使和巡检等爵位。兹附表说明如下：

敕封时间	封授蕃酋	官名	史料来源
咸平六年六月	秃逋	本族军主	《宋史》卷492《吐蕃传》
景德元年六月	尊毡磨壁余龙、便嘱	郎将	《宋史》卷492《吐蕃传》
景德三年五月	撒逋渴	顺州刺史、本族都军主	《宋史》卷492《吐蕃传》
天禧元年六月	郭厮敦	本族巡检	《长编》卷90 天禧元年六月壬申条
天禧元年十月	郢城斯纳	本族都军主	《长编》卷90 天禧元年十月辛卯条
天禧二年二月	客厮铎	都军主	《长编》卷91 天禧二年二月丙戌条
天圣元年十二月	杏友信、吹济鄂罗克	军主、副军主	《长编》卷101 天圣元年十二月辛巳条
天圣三年十月	潘征	本族军主	《长编》卷103 天圣三年十月乙卯条
宝元元年	唃厮啰	保顺军节度使，兼邈川大首领	《宋史》卷492《吐蕃传》
宝元二年二月	裴永昌	三班借职、本族巡检	《长编》卷123 宝元二年二月癸酉条
宝元二年四月	瞎毡、磨毡角	团练使	《宋史》卷10《仁宗本纪》
宝元二年八月	唃厮波	本族军主	《长编》卷124 宝元二年八月戊辰条
皇祐三年十一月	阿裕尔	本族指挥使	《长编》卷171 皇祐三年十一月壬申条

续表

敕封时间	封授蕃酋	官名	史料来源
熙宁五年十一月	温布察克置	副军主	《长编》卷240 熙宁五年十一月乙丑条
熙宁五年十一月	瞎药	内殿崇班、本州蕃部都监	《长编》卷240 熙宁五年十一月癸丑条
熙宁七年四月	木征	荣州团练使	《宋史》卷492《吐蕃传》
熙宁九年正月	结毡	内殿承制	《长编》卷272 熙宁九年正月丙寅条
元丰四年十一月	鄂成四	内殿崇班	《长编》卷319 元丰四年十一月丁亥条
元祐元年六月	斯多格、鄂鄂尔	副军主、都虞侯	《长编》卷380 元祐元年六月戊申条
元祐二年六月	结药	三班奉职	《长编》卷402 元祐二年六月丙午条
元祐二年十二月	兀征声延	供备库使	《长编》卷407 元祐二年十二月庚辰条

从上表可以看出，赵宋王朝对西北内属豪首所授予的官职大多是名誉衔，表示双方已经发生联系，宋在名义上对其进行统治，但所授的官职也有一方大员之官衔，官名多为其所统之地，这是其一；其二，被授官职的对象，不仅有吐蕃首领及其子孙，还有很多势力强大的蕃部豪族。

对北宋而言，授予官职，既是对诸贵族当地统治权利的一种认可，也是对其辖地实施控制、监督和有效统治的一种方式。对吐蕃诸部上层统治者而言，这是一种乐于接受的互利互惠政策，同时更有利于得到中原王朝经济政治方面的合法援助。

第二节　给田免租

从自然生态文化来讲，西北缘边蕃部居宋夏缓冲地带，这里的藏族部落处于游牧文化和农耕文化的交汇地，受蕃族传统生产方式的制约和宋夏战争的影响，耕地贫乏。吐蕃内附后，熟户蕃人少地的问题并没有得到立即解决，而且，新归附区"居民未集，耕垦人牛之具皆强役之"[1]的现象比较普遍。加之因资金问题，大量良田未得耕种，极大地浪费了土地资源，正如管勾秦凤路经略司机宜文字王韶上疏所说，"渭源城下至秦川沿河五六百里，良田不耕者何至万顷，但自来无钱作本，故不能致利"。[2]

---

① 《宋会要辑稿》第94册《职官》58之14，第3708页。

② 《宋会要辑稿》第121册《食货》1之29，第4816页。

北宋神宗时期，王韶开拓熙河地千二百里、招抚蕃族三十余万，到熙宁六年时，北宋基本收复熙州（今甘肃临洮）、河州（今甘肃临夏）、岷（今甘肃岷县）、叠（今甘肃迭部）、宕（今甘肃宕昌）等州，随着西北边面的继续扩大和归附蕃人的大量增加，新收复辖区土地未垦之现状更加突出。这种情况既不利于内附熟户的生产生活稳定，又不利于新附区土地资源的开发和利用。于是，宋政府便在吐蕃内附边区，组织蕃汉丁壮大规模垦荒、给田兴种，并采取给田免租的优待蕃人政策。

首先，对西北缘边少地的内附熟户蕃部，由政府分给土地，"诏秦凤路经略司借支封桩钱三万贯，委王韶募人耕种，仍预行标拨荒闲地土，不得侵扰蕃部"。① 归明族帐分田标准是："应给官田者，三口以下一顷，每三口加一顷；不足，以户绝田充。"② 大中祥符七年（1014）五月，"时唃厮啰帅其帐下来归，给以土田"。③ 其次，政府任选吐蕃各部首领，担任职位大小不等的各级地方官吏，命他们大力招抚其部属蕃人、弓箭手屯田自给，允许蕃人、弓箭手耕种西北缘边闲田以及逃亡蕃人的土地。熙宁七年（1075），王韶上奏说，"河州近城川地招汉弓箭手外，其山坡地招蕃弓箭手，每寨（三）五指挥，以二百五十人为额，人给地一顷，蕃官两顷，大蕃官三顷"。④ 从之。

弓箭手是北宋军事体制中的民兵组织，始于景德二年（1005），首先由曹玮在镇戎军推行。景德二年（1005）五月，知镇戎军曹玮言："边民应募为弓箭手者，皆习障塞蹊隧，解羌人语，耐寒苦，有警可参正兵为前锋，而官未尝与器械资粮，难责其死力。请给以境内闲田，永蠲其租，春秋耕敛，出兵而护作之。诏：人给田二顷，出甲士一人，及三顷者出战马一匹"⑤，这就是弓箭手营田制度。其后，弓箭手营田制度扩大至鄜延、环庆、泾原等西北各路。

弓箭手来源主要有两个：一是缘边汉族壮勇，二是内属熟户丁壮。他们亦耕亦战，对于北宋开发西部边疆起了非常重要的作用。为了鼓励蕃汉

① 《宋会要辑稿》第 121 册《食货》1 之 29，第 4816 页。
② 《宋会要辑稿》第 180 册《兵》17 之 2，第 7038 页。
③ 《续资治通鉴长编》卷 82，大中祥符七年五月己酉，第 1877 页。
④ 《续资治通鉴长编》卷 251，熙宁七年三月壬戌，第 6133 页。
⑤ 《续资治通鉴长编》卷 60，景德二年五月癸丑，第 1338 页。

弓箭手垦田耕种，宋政府多方招抚，"厚谕以朝廷抚存恩意"①，给予熟户蕃人种种优待，其耕种土地的牛具、籽种甚至款粮均由政府供给。史载：熙宁三年（1070），秦凤路经略使李师中上疏曰："置屯之法，百人为屯，授田于旁塞堡，将校领农事，休即教武技，其牛具、农器、旗鼓之属并官予。"② 熙宁七年（1074）三月，新提点秦凤等路刑狱郑民宪言："奉诏同熙河路经略司相度借助应募弓箭手、买种粮、牛具、造屋及今夏耕种"③，从之。熙宁八年（1075）三月，"诏都提举市易司遣官於麟府路博买耕牛，给借环庆、熙河路蕃部弓箭手"。④ 元丰六年（1083）提举熙河营田蕃部司奏称，"兰州及定西城新招弓箭手，贫乏无种粮、牛具，乞贷钱十五万贯与之，俟垦地得谷偿纳"。"从之，仍增赐10万贯。"⑤ 元祐八年（1093）十一月，知定州苏轼说，"臣窃谓陕西、河东弓箭手，官给良田，以备甲马"。⑥

与此同时，熟户还可享有免输租赋之待遇。治平元年（1064）十二月，谏官吕海上疏曰："臣尝见熟户耕佃官田，并无征徭，遇战斗方出一人一骑，兹外更无侵扰，熙熙安业。"⑦ 崇宁五年（1106）三月，赵挺之奏："弓箭手，官给以地而不出租，此中国法也。"⑧ 证明熟户弓箭手是不纳租赋的。但后来随着归附蕃部土地的开发和经济的恢复，北宋岁投入大量资金经营新收复地，而其利却"尽入蕃部"，故朝廷开始酝酿对熟户蕃人征租，却遭到许多大臣的反对，崇宁五年（1106）三月，知枢密院张康国觐见宋徽宗，极力劝阻说，"不可使新民出租，恐致扰动众情"。徽宋深表赞同，宣谕："新民不可动摇。"⑨

另外，由于宋真宗景德以来土地买卖现象日益普遍，"环庆边人多市

---

① 《续资治通鉴长编拾补》卷23，崇宁三年四月辛酉，第803页。

② 《宋史》卷190《兵志》4，第4713页。

③ 《续资治通鉴长编》卷251，熙宁七年三月乙巳，第6112页。

④ 《续资治通鉴长编》卷261，熙宁八年三月丙辰，第6364页。

⑤ 《宋会要辑稿》第173册《兵》4之11，第6825页。

⑥ 《宋史》卷190《兵志》4，第4727页。

⑦ 《续资治通鉴长编》卷203，治平元年十二月丙午，第4925页。

⑧ 《宋史》卷190《兵志》4，第4719页。

⑨ 同上书，第4718页。

属羌之田，致单弱不自给，即没敌中"①。宋仁宗继位之后，土地兼并现象更为严重，"势官富姓，占田无限，兼并冒伪，习以成俗，重禁莫能止焉"。② 如果这种情况恶性发展，必然将对蕃人基本生存构成严重威胁，进而影响赵宋王朝在西北边区的统治，因此，为了确保熟户土地所有权，政府颁行土地法规明确规定，蕃部土地"止绝买卖"，"诸典买租赁合种蕃部地土者，徒二年"③。宋仁宗天圣四年（1026）的土地条例是，"（陕西）汉户弓箭手，不得私典买、租赁、合种蕃部地土"，如有违犯，原"典买、租赁、合种百姓弓箭手并科违制之罪，仍刺面配向南远恶州军牢城"。④ 边人购买蕃人田土，已购者勒令退还，并"科违制之罪"，刺面迁配其家于内地。蕃部土地之所以"止绝买卖"，原因是"若却令蕃汉合种，未免被弓箭手、百姓奸倖侵欺，引惹边上不宁"⑤，即若不确保熟户蕃人基本土地的占有，则蕃人会因无地而流离失所，从而引发边地骚乱。

可见，在西北缘边汉、蕃杂居区，为安边辑远、避免纷争，熟户土地所有权得到宋国家法典的保护，因此，严禁蕃汉土地买卖成了北宋前中期一直奉行的边区基本土地政策。

不过，宋神宗之后，随着王安石变法的进行和熙河开拓，土地政策发生了根本性的改变。熙宁年间，在王安石"（蕃部）贱土贵货，汉人得以货与蕃部易田，蕃人得货，两得所欲，而田畴垦，货殖通，蕃汉为一"⑥，"变夷为汉"的改革派新思想指导下，宋神宗于熙宁五年（1072）下诏："陕西缘边蕃部地土许典卖租赁"⑦，打破了"素有旧例"的土地买卖禁令，允许蕃汉土地交易。

然而，在甘青藏边内附熟户蕃部，北宋政府为了保护少地蕃人的基本生产资料，土地仍"依旧例禁止"，违者依《陕西路敕》处罚。

上述给田免税、保护耕地的一系列政策，使内属吐蕃熟户占有一定数

---

① （宋）曾巩：《隆平集》卷9，影印《四库全书》本，台湾商务印书馆1986年版，第96页。

② 《宋史》卷173《食货》上1，第4164页。

③ 《续资治通鉴长编》卷271，熙宁八年十二月甲寅，第6652页。

④ 《宋会要辑稿》第185册《兵》27之23、24，第7258页。

⑤ 《宋会要辑稿》第185册《兵》27之23，第7258页。

⑥ 《宋史》卷191《兵志》5，第4758页。

⑦ 《续资治通鉴长编》卷238，熙宁五年九月戊申，第5793页。

量的自有土地有了保障，元祐三年（1088），兵部上奏称："泾原路陇山一带系官地，例为人侵冒，略无色役，非自朝廷置局招置摽拨，无以杜绝奸弊"①，以致出现了归附区蕃人及弓箭手等"耕耨其中以为生者，不知几千万人"，"属羌数万，已就耕锄"②的状况，极大地促进了新附区经济的发展。

第三节　通贸易

吐蕃各部落因其所处的自然地理环境以及传统畜牧业经济的影响，使其对中原农业经济有着强烈的依赖性。对西北蕃族而言，无论是满足某种生活必需品茶叶，或是其奢侈品丝绸等的大量需求，或是对其相对过剩畜牧产品的外销，都需要与北宋进行密切的经济交往才能得以实现。为此，北宋朝廷充分利用周边少数民族对中原农耕经济的依赖性，以开放西北边贸流通作为中原大国恩慰周边少数民族弱势群体的体现。

在宋蕃经济贸易中，贸易物品包括少数民族所缺少且迫切需要的茶叶、纺织品和手工业品等，最主要的茶马贸易。

茶马互市的兴起，始于唐代，时回纥入朝，始以马市茶。唐德宗建中二年（781），唐大臣出使吐蕃时，赞普就用各种各茶，其中包括舒州、泰州和蕲门等地产的名茶来款待唐朝贵客，唐之后尚茶之俗已蔚然成风。北宋时期，由于李继迁反宋，使宋朝失去了党项这一战马供给者，因而战马来源贫乏，所需马匹不得不依赖西北吐蕃诸部供给。咸平二年（999）六月，永兴军通判何亮上《安边书》说："冀之北土，马之所生，自匈奴猖狂之后，无马匹南来，备征带甲之骑，取足于西域。西戎既刮分为二，其右乃西戎之东偏，为夏贼之境，其左乃西戎之西偏，秦、泾、仪、渭之西北诸戎是也。夏贼之众，未尝以匹马货易于边郡，是则中国备征带甲之骑，独取于西戎之西偏，如舍灵武，复使西戎合二主车，夏贼桀黠，服从诸戎，俾秦、泾、仪、渭之西，戎人复不得贷马于边郡，则未知中国战马从何而来？"③可见，以茶易马扩充军备是关系北宋王朝安危的重要事情，

---

① 《宋史》卷190《兵志》4，第4716页。
② 《续资治通鉴长编》卷331，元丰五年十二月癸丑，第7982页。
③ 《续资治通鉴长编》卷44，咸平二年六月戊午，第947页。

而西北吐蕃马在北宋战马来源中占有相当重要的地位。

北宋以茶易马制度的形成经历了一个发展变化的过程。宋政府曾用银两、绢帛购买和换取蕃人马匹，但"银绢钱钞，非蕃部所欲"，蕃人饮食唯茶为要，次青稞、炒面、酥油、牛羊乳、牛羊肉等，食米面者颇少。《宋史·吐蕃传》云：吐蕃"喜啖生物，无蔬如齑酱，独知用盐为滋味，而嗜酒与茶"①，这主要是因为茶叶具有助消化、解油腻的特殊功能，故"蕃戎性嗜名山茶，日不可阙"。②

熙宁七年（1074），熙河路经略使王韶收复河州后，上疏宋神宗说，"西人多以善马至边，其所市唯茶"，宋神宗采纳了王韶以茶易马招抚吐蕃的建议后，立即派李杞赴四川筹办以茶易蕃马事宜，并将北宋初年西北茶马贸易的范围从原州（今宁夏固原）、渭州（今甘肃平凉）、秦州（今甘肃天水）、德顺军（今甘肃静宁）等地扩大到熙（今甘肃临洮）、河（今甘肃临夏）地区。随着西北边面的扩大和宋蕃交往的日益频繁和蕃族人口的日益增加，蕃人对茶的需求量越来越多，使茶马贸易逐渐代替了其他方面的贸易，而成为双方最重要的贸易物品，"凡市马于四夷，率以茶易之"。③

茶马贸易制度的形成，对北宋来说，完全是由于政治与军事的需要，是"以茶治边"这一国策的最直接体现，而对于甘青藏边蕃人来说，茶马互市贸易则是解决蕃人茶需的重要途径。故，茶马互市贸易便在宋蕃两相情愿、互惠互利的基础上，顺应形势发展需要而蓬勃开展起来，并成为藏汉民经济交流的重要形式。

北宋政府在管理茶马贸易的实践中，逐渐探索了一些较为合理的管理机制。北宋管理茶马贸易的中枢机构是茶马司，它是在市易务的基础上建立起来的，其后发展为都大提举茶马司。关于都大提举茶马司的设置沿革，《宋史·兵志》如是云："市马之官，自嘉祐中，始以陕西转运使兼本路监牧买马事，后又以制置陕西解盐官同主之。熙宁中，始置提举熙河路买马，命知熙州王韶为之，而以提点刑狱为同提举。八年，提举茶场李杞言：'卖茶买马，固为一事，乞同提举买马。'诏如其请。……元丰四

① 《宋史》卷492《吐蕃传》，第14151页。

② 《宋会要辑稿》第84册《职官》43之75，第3311页。

③ 《宋史》卷167《职官》7，第3969页。

年，群牧判官郭茂恂言：'承诏议专以茶市马，以物帛市谷，而并茶马为一司。'奏可。仍诏专以雅州名山茶为易马用。自是蕃马至者稍众。"①

这段资料表明，宋初，"市茶"和"市马"分属两个机构掌管，随着茶马互市的发展与繁荣，北宋朝廷深感茶马贸易分属两个机构管理，有害马政，贻误国事。因此，宋神宗元丰六年（1083），应群牧判官郭茂恂建议，北宋将茶司与马司合并，更名为都大提举茶马司，简称茶马司，统一主管茶马贸易，以便更快捷有效地经办以茶易马事务。

都大提举茶马司的设置，以及茶马司制定的诸多管理和奖惩措施，对北宋与西北缘边生、熟户蕃部的茶马贸易起到了推动作用，它不仅活跃了沿边蕃汉经济交流活动，使内属吐蕃政权受益匪浅，而且也使北宋王朝获得了所奇缺的战马。据史料记载，北宋每年大约可以从蕃部得到三万匹马，"乾道间，秦、川买马额，岁万一千九百有奇，川司六千，秦司五千九百；庆元初，合川、秦两司为万一千十有六；嘉泰末，合两司为万二千九百九十四匹"。②

第四节 恤刑

由于内属蕃部地处西北近边以及民族情状复杂等因素，北宋对蕃汉民众之间纠纷的法律处置比较慎重。北宋统治者曾多次颁布减释内属蕃部死罪、流配诏令，并要求甘青藏边诸州军寨，有犯法之蕃人应仔细鞫之，不得辄断，以免枉法杀人。因此，在司法实践中，北宋王朝对内属吐蕃居地法律事务的处理，不仅承认和保留蕃族固有习惯法，而且慎刑恤民、宽政施法，除"十恶"犯罪严惩不贷外，余则强调对蕃族内部矛盾问题的处理，依其习惯法"因其俗而治"。

在这种法制从俗及其恤刑宽政的惠民精神指导下，西北缘边内属蕃族之间杀伤致死者，可依蕃例"和断"——罚纳钱物，甚至宋初一段时间，

---

① 《宋史》卷 198《兵志》12，第 4952 页。

② 同上书，第 4955 页。

熟户蕃人杀边民者也可"以羊赎其死"①，所谓"黠羌杀人，辄以羊马自赎。"②

由于"蕃部之俗，既宗贵种，又附强国"，他们"视西夏与中国强弱为向背，若中国形势强，附中国为利，既不假杀伐，自当坚附"。为了"以恩信收蕃部"，笼络"所附蕃部自可制使"，以之为用，确保民族边区社会大局稳定，宋政府有时还对内属蕃人的侵边行为以及吐蕃贵族的叛附无常等违法犯罪行为既往不咎，或赦其罪，或给真心归顺者以改其过的机会。如太平兴国三年（978），秦州内属三簇戎人等屡寇边，"诏悉赦其罪"③。咸平五年（1002），泾原部署絷拿已内属复又叛逃的九十一名蕃人，并押送至京请求诛杀，宋真宗说，"戎心反复，贳之可矣"④。景德元年（1004），朝廷告谕灵、夏、绥、银、宥等州蕃族万山万遇、庞罗逝安等，能率部下归顺者则授予团练使等，赐银万两，"其自有朝廷叛去者并释罪甄录"⑤。同年九月，镇戎军上言，"先叛去蕃官茄罗、兀赃、成王等三族及者多移军主率属归顺，请献马赎罪"，特诏"宥之"⑥。

当然，在中国封建时期，赦免是体现皇权的重要标志。经常化、制度化地由皇帝下诏赦免各类犯罪行为，是中国古代司法制度的一大特色。而历代帝王颁布各种赦令，出于各种不同的原因，归根到底都是要达到笼络人心以期巩固统治地位之目的，所以赦免也是帝王们的一种政治手段，而一旦下层民众违犯了封建统治者的根本利益，那就要予以严惩，赵宋王朝亦不例外。因此，熟户蕃人犯罪获释免罚也并不是无原则、无条件的，如太平兴国三年（978），秦州内属三族吐蕃多次侵掠边境，宋廷诏"赦其罪"，但同时严申："自今敢复肆侵掠者，吏捕之寘于法，不须以闻"⑦，清楚地表明了赵宋王朝对那些屡教不改者的法律立场。

---

① （宋）曾巩：《隆平集》卷9，影印《四库全书》本，台湾商务印书馆1986年版，第96页。

② （宋）宋庠：《元宪集》卷34之5《曹玮墓志铭》，影印《四库全书》本，台湾商务印书馆1986年版，第665页。

③ 《续资治通鉴长编》卷19，太平兴国三年正月辛亥，第421页。

④ 《续资治通鉴长编》卷53，咸平五年十月辛巳，第1156页。

⑤ 《续资治通鉴长编》卷56，景德元年二月戊午，第1229页。

⑥ 《续资治通鉴长编》卷57，景德元年九月丁亥，第1255页。

⑦ 《续资治通鉴长编》卷19，太平兴国三年正月辛亥，第421页。

第五节　余　论

总之，北宋王朝对西北缘边内属吐蕃熟户，基于其归附后所处的地域、自然条件、社会经济条件及生活方式等特殊环境，实施了一系列抚绥怀柔的优待政策。史实证明，正是由于怀柔优待政策的感化，才使西北缘边内附吐蕃各部时不时帮助宋朝打击来犯之敌并长期拥戴宋廷，如凉州吐蕃在北宋的支持下，多次遣使约定出兵攻讨李继迁，终致其身亡①。

众所周知，中国自古以来就是一个多民族的国家，对于掌权的统治者来说，处理好各民族之间的关系问题，对于执政建设至关重要。同以前的历代封建王朝相比，北宋面临的民族问题更为突出和复杂，但赵宋王朝在对甘青藏边内属吐蕃诸族所采取的绥怀优待的民族政策，一定程度上解决了执政建设中一个至关重要的问题——民族矛盾和纠纷，其根本目的是通过施恩布惠，竭力争取地处西北的蕃部少数民族政治势力，构建宋蕃合作、共抗西夏的战略体制，使自己在宋夏角逐中处于一个有利地位，以维护赵宋王朝的根本利益。但从总体上看，优待熟户蕃部的民族政策实践，取得了一定成效，客观上对于促进西北边疆藏汉民族交往，开发西北蕃部具有积极意义。

---

① 《宋史》卷492《吐蕃传》云：咸平六年（1003）十一月，李继迁攻西凉吐蕃，潘罗支伪降。未几，潘罗支集六谷诸豪及者龙族兵数万人，合击党项军，李继迁大败，"中流矢遁死"，第14156页。

第四章　论北宋对西南边疆少数民族的羁縻政策

宋代西南各族泛称"蛮""獠"，主要分布在江南各省，相对集中在今天的湖南、湖北、四川、贵州、广西、广东等地，即宋所设的荆湖北路、南路，成都府路、夔州路、潼州府路和广南东西路等地。诸蛮"族类不一，大抵依阻山谷，并林木为居，椎髻跣足，走险如履平地。言语侏离，衣服诡斓。畏鬼神，喜淫祀，刻木为契，不能相君长，以财力雄强"。①

僮族。僮族，即今之壮族，源于唐代"西原蛮"（亦称"僚"），是古越人的后裔（壮族是秦汉时西瓯人的后裔）。早在唐朝以前，壮族人就聚居在今广西壮族自治区及广西、云南、越南交界的地方，一般称之为"西南蛮"或"广源蛮"，有时也泛称为"溪峒蛮"。宋代西南五溪地区一带已有僮人居住，元明以后，"僮"族名称已较多见于史书中。

壮族。壮族世代聚居岭南地区，北宋在岭南地区设广南东、西二路，壮族就聚居于广南西路。崇宁年间，宋开边拓土，朝廷便在广西招纳左、右江四百五十余峒，设置为羁縻州县峒，由壮族部落首领任知州、知县、知峒。宋代壮族以农业为主，多种植水稻，矿冶业和纺织业也有相当规模。11世纪50年代，广源州壮族酋长侬智高掀起反宋斗争，于皇祐四年（1052）攻占了今两广许多地区，并在邕州（今广西南宁）建立大南国，但皇祐五年（1053）宋将狄青率三万大军南下镇压了侬智高起义，大南国灭亡。此后，宋政府加强了对壮族地区的统治。

苗瑶畲族。苗族之称最早出现于唐宋时期，瑶、畲名称在北宋时也都已出现。瑶族先民是古代百越的一部分，是岭南地区分布最广的少数民族

---

① 《宋史》卷495《蛮夷列传三·抚水州》，中华书局1985年版，第14209页。

之一，畲族也与岭南古越族有着密切的渊源关系。北宋时期，苗、瑶、畲各民族的居地分布大致为：苗族散布在今湘西、贵州等地，瑶族散居于湖南、广西东部和广东的北部等地，畲族散居于福建和广东东部等地。其中，瑶族有三个较大聚居区：一是今湖南中部梅山地区。史载，梅山峒蛮"旧不与中国通。其地东接潭，南接邵，其西则辰，其北则鼎、澧，而梅山居其中"①。二是今湖南南部以及与之紧邻的广西、广东一带广大山区，主要有邓、黄、唐、房、盘诸姓。三是湖南的辰州（今沅陵县）、沅州（今芷江县）、靖州（今靖县）等地，《宋史·西南溪峒诸蛮下》云："辰、沅、靖三州之地，多接溪峒，其居内地者谓之省民，熟户、山徭、峒丁乃居外为捍蔽。"②说明该地区多为"熟户、山瑶、峒丁"聚居地，其中不仅有瑶族，也有现代土家族、苗族等少数民族。

白族。白族是我国西南边疆一个具有悠久历史和文化的少数民族。白族的先民，史称"滇焚""叟""白蛮""白人"等。纳西族称之为"那马"，傈僳族称之为"勒墨"，本族自称"焚子""白尼""白伙"，意为焚人或白人。白族主要分布在云南省大理白族自治州，在丽江、碧江、保山、南华、元江、昆明、安宁等地和贵州毕节、四川凉山、湖南桑植县等地亦有分布。后晋天福二年（937）段思平建立了一个以白族为主体的"大理国"政权。北宋建立后，宋太祖于965年派大将王全斌率军进入四川，打败了割据西南的后蜀政权，大理国开始有了与北宋通好的意愿。太平兴国元年（976），宋太宗册封大理王为"云南八国郡王"。熙宁九年（1076），宋神宗曾遣使到大理国，"贡金装碧玕山、刀剑、犀皮甲鞍辔"③，但后来双方并没有经常往来。到政和七年（1117）时，大理国向宋贡马及麝香等，"至京师，贡马三百八十匹及麝香、牛黄、细毯、碧玕山诸物"④，宋徽宗封大理王段和誉为金紫光禄大夫、检校司空、云南节度使、上柱国、大理国王。从此，北宋与大理国交往日渐增多，边境地区的官方贸易和民间贸易开始活跃起来，特别是大理国与北宋之间的马贸易极为频繁。南宋高宗绍兴年间，邕州（今广西南宁）的马贸易盛极一时。

---

① 《宋史》卷494《蛮夷列传二·梅山峒蛮》，中华书局1985年版，第14196页。

② 《宋史》卷494《蛮夷列传二·西南溪峒诸蛮下》，第14196页。

③ 《宋史》卷488《大理传》，中华书局1985年版，第14072页。

④ 同上书，第14073页。

蒙古宪宗三年（1253），忽必烈征云南灭大理，大理国主段氏投降。

　　黎族。黎族是秦汉时骆越族的后裔。唐昭宗年间（889—904），广州司马刘恂著《岭表录异》，最早使用"夷黎"之名称呼海南岛的黎族。宋代以后，"黎"正式成了海南黎族的族称，俗呼山岭为"黎"，居其间者号曰黎人，弓刀未尝去手，弓以竹为弦。① 黎族世居海南岛，"唐故琼管之地，在大海南，距雷州泛海一日而至。其地有黎母山，黎人居焉"。② 其黎州诸蛮，"凡十二种：曰山后两林蛮，在州南七日程；曰邛部川蛮，在州东南十二程；曰风琶蛮，在州西南一千一百里；曰保塞蛮，在州西南三百里；曰三王蛮，亦曰部落蛮，在州西百里；曰西箐蛮，有弥羌部落，在州西三百里；曰净浪蛮，在州南一百五十里；曰白蛮，在州东南一百里；曰乌蒙蛮，在州东南千里；曰阿宗蛮，在州西南二日程"。③ 宋代黎族分熟黎与生黎之别，"今儋崖、万安皆与黎为境，其服属州县者为熟黎，其居山洞无征徭者为生黎，时出与郡人互市"④，熟黎为归附宋统治、封建化程度较高的部落。据史料研究，宋朝是黎族封建化的发展期，从11世纪到12世纪，先后有许多黎族人归顺宋，加之由于战乱大批汉人南移，中原铁器由商人贸易带入海南岛，极大地促进了黎族社会经济发展。

　　对上述西南诸民族及其建立的割据政权，宋初太祖朝经过了多次征伐或招抚，先后吞并荆、湘，灭后蜀，至开宝八年（975）十一月，宋军基本平定江南，"自江南既平，两浙、福建纳土之后，诸州直隶京师"⑤，南方实现了统一。统一南方后，北宋在西南诸边族聚地设成都府路，夔州路，荆湖北路、南路，潼州府路和广南东西等路（即今天的四川、贵州、湖南、湖北、广西、广东等地）进行行政管理。在制度上，宋承唐制，设置羁縻州、县、峒，采取羁縻州统治形式进行统治，"受本朝官封而时有进贡者，本朝悉制为羁縻州"，"树其酋长，使自镇抚"。⑥

---

① 《宋史》卷495《蛮夷列传三·黎峒蛮》，第14219页。

② 同上。

③ 《宋史》卷496《蛮夷列传四·黎州诸蛮》，第13231页。

④ 《宋史》卷495《蛮夷列传三·黎峒蛮》，第14219页。

⑤ （宋）王栐：《燕翼诒谋录》卷5，中华书局1981年版，第51页。

⑥ 《宋史》卷493《蛮夷列传一·西南溪峒诸蛮上》，第14171页。

第一节　羁縻州设置

羁縻制度是历代封建王朝对少数民族实行的一种政治统治政策。这种政策，采取笼络和松散管理方式，有利于处理中央与土著民族的关系，使其不产生异心，各民族之间和平相处。北宋建立后承前代之策，于西南民族边区设置了大量羁縻州县峒，以控御四夷、确保边地安宁。因此，羁縻政策是宋代一项非常重要的民族政策。马大正、杨建新、王钟翰等先生的著作中都有一定的研究①。袁波澜、敏生兰、黄丽探讨了唐、宋时代羁縻政策的主要内容和基本特征，并从纵向和横向、宏观和微观比较两朝羁縻政策之异同，总结唐宋民族政策的经验、作用和影响②。郭声波认为，宋朝对周边少数民族的羁縻政策总体上趋向灵活和宽松③。姚兆余指出，北宋统治者虽出于自身安全的需要，制定和实施了招降纳顺、怀柔绥抚、羁縻远人、以夷制夷的民族政策，但歧视和怀疑边疆少数民族的民族观思想影响和制约着北宋王朝的边政策略④。胡建华对北宋政府"以夷制夷"政策形成的原因和实施效果作了较详尽的论述⑤。戴建国指出，宋朝出于统治的需要，对归明人给予种种优厚的待遇，一方面用各种优厚条件招徕归明人，但另一方面对归明人实行严格的控制监督政策。这种双重政策是宋朝开拓周边地区、巩固边防方针的重要组成部分，反映了宋统治阶级对少数民族的羁縻统治思想⑥。笔者拟在前人研究的基础上，对宋代羁縻政策的特点作一重新探讨。

北宋初期，西南边疆民族政权林立。宋太祖赵匡胤经过多次征伐或招

---

① 马大正：《中国古代边疆政策研究》（中国社会科学出版社 1990 年版）；龚荫：《中国民族政策史》（四川人民出版社 2006 年版）；杨建新：《中国西北少数民族史》（宁夏人民出版社 1988 年版）；王钟翰：《中国民族史》（社会科学出版社 1994 年版）；尤忠：《中国西南民族史》（云南人民出版社 1985 年版）。

② 袁波澜、敏生兰、黄丽：《唐、宋民族政策——羁縻问题之比较研究》，《西北民族大学学报》2004 年第 5 期。

③ 郭声波：《试论宋朝的羁縻州管理》，《中国历史地理论丛》2000 年第 1 期。

④ 姚兆余：《论北宋对西北地区少数民族的政策》，《甘肃社会科学》1993 年第 3 期。

⑤ 胡建华：《北宋前期"以夷制夷"政策初探》，《中州学刊》1988 年第 1 期。

⑥ 戴建国：《宋朝对西南少数民族归明人的政策》，《云南社会科学》2006 年第 2 期。

抚，先后吞并荆、湘，灭后蜀，至开宝八年（975）十一月，宋军基本平定江南，"自江南既平，两浙、福建纳土之后，诸州直隶京师"①，南方实现了统一。统一南方后，宋在西南诸边族聚地设成都府路，夔州路，荆湖北路、南路，潼州府路和广南东西等路（即今天的四川、贵州、湖南、湖北、广西、广东等地）进行行政管理。在制度上，宋承唐制，设置羁縻州、县、峒，采取羁縻州统治形式进行统治，"受本朝官封而时有进贡者，本朝悉制为羁縻州"，"树其酋长，使自镇抚"。②

何谓羁縻？羁，马络头也；縻，牛缰也。《尚书》云："周礼九服，此惟言六者，夷、镇、蕃三服，在九州之外，夷狄之地；王者之于夷狄，羁縻而已，不可同于华夏，故惟举六服。"《史记》亦云："盖闻天子之与夷狄也，其义羁縻勿绝而已。"唐朝时期，为了加强对少数民族地区的统治，在周边少数民族地区设置了大量带有自治性质的地方行政机构——羁縻州县，主要分羁縻都护府、都督府、州、县四级，"分析其种落，大者为州，小者为县，又小者为峒"，"以其首领为都督、刺史"③。这些羁縻州县，由中央任命少数民族首领充任刺史或都督，并允许世袭其职，但受都护府、边州都督府或节镇的统辖。羁縻府州户籍一般不上报户部，也不承担赋税，但需承担向唐朝贡献。

根据龚荫先生的研究，宋在西南少数民族地区设置的羁縻州共有263个，主要分布于黎州、雅州、茂州、威州和叙州等地，羁縻县22个、峒11个④，笔者对此赞同，现根据《宋史·地理志》对宋设羁縻州县做如下统计。

黎州，设羁縻州54个⑤，即：罗岩州、索古州、秦上州、合钦州、剧川州、辄荣州、蓬口州、柏坡州、博卢州、明川州、胣皮州、蓬矢州、大渡州、米川州、木属州、河东州、诺笮州、甫岚州、昌化州、归化州、粟川州、丛夏州、和良州、和都州、附木州、东川州、上贵州、滑川州、北川州、吉川州、甫萼州、北地州、苍荣州、野川州、邛陈州、贵林州、

①　（宋）王栐：《燕翼诒谋录》卷5，中华书局1981年版，第51页。

②　《宋史》卷493《蛮夷列传一·西南溪峒诸蛮上》，第14171页。

③　（宋）欧阳修、宋祁：《新唐书》卷43，《地理志七下》，中华书局1975年版，第903页。

④　参见龚荫《中国民族政策史》，四川人民出版社2006年版，第417页。

⑤　《宋史》卷89《地理志五》，中华书局1977年版，第2213页。

护川州、牒琮州、浪弥州、郎郭州、上钦州、时蓬州、俨马州、橛查州、邛川州、护邛州、脚川州、开望州、上蓬州、北蓬州、剥重州、久护州、瑶剑州、明昌州。

雅州，设羁縻州44个①，即：当马州、三井州、来峰州、名配州、钳泰州、隶恭州、画重州、罗林州、笼羊州、林波州、林烧州、龙蓬州、敢川州、惊川州、祸眉州、木烛州、百坡州、当品州、严城州、中川州、钳矣州、昌磊州、钳并州、百颇州、会野州、富仁州、推梅州、作重州、祸林州、金林州、诺祚州、三恭州、布岚州、欠马州、罗蓬州、论川州、让川州、远南州、皋卢州、夔龙州、辉川州、金川州、东嘉梁州、西嘉梁州。

茂州，设羁縻州10个②，即：珰州、直州、时州、涂州、远州、飞州、乾州、可州、向州、居州。

威州，设羁縻州2个③：保州、霸州。

叙州，设羁縻州30个④，即：建州、照州、献州、南州、洛州、盈州、德州、为州、移州、扶德州、播浪州、筠州、武昌州、志州，以上皆在南广溪峒；商州、驯州、浪川州、骋州，以上皆在马湖江；协州、切骑州、靖州、曲江州、哥陵州、品州、舸违州、碾卫州、滴州、从州、播陵州、钳州，以上皆在石门路。

泸川，领羁縻州18个⑤，即：纳州、薛州、晏州、巩州、奉州、悦州、思峨州、长宁州、能州、淯州、浙州、定州、宋州、顺州、蓝州、溱州、高州、姚州。长宁军，本羁縻州。熙宁八年，夷人得个详献长宁、晏、奉、高、薛、巩、淯、思峨等十州，因置淯井监隶泸州。政和四年，建为长宁军。

绍庆府，领羁縻州49个⑥，即：南宁州、远州、犍州、清州、蒋州、知州、蛮州、袭州、峨州、邦州、鹤州、劳州、义州、福州、儒州、令州、郝州、普宁州、缘州、那州、鸾州、丝州、邛州、敷州、晃州、侯

①　《宋史》卷89《地理志五》，中华书局1985年版，第2212页。
②　同上书，第2214页。
③　同上。
④　同上书，第2218页。
⑤　同上书，第2219页。
⑥　同上书，第2226—2227页。

州、焚州、添州、瑶州、双城州、训州、乡州、茂龙州、整州、乐善州、抚水州、思元州、逸州、思州、南平州、勋州、姜州、棱州、鸿州、和武州、晖州、亳州、鼓州、悬州。南宋时期，羁縻州增至 56 个。

重庆府，领羁縻州 1 个：溱州，领荣懿、扶欢二县。以酋首领之，后隶南平军①。

邕州，设羁縻州 44 个②，即：忠州、冻州、江州、万丞州、思陵州、左州、思诚州、谭州、渡州、龙州、七源州、思明州、西平州、上思州、禄州、石西州、思浪州、思同州、安平州、员州、广源州、勤州、南源州、西农州、万崖州、覆利州、温弄州及五黎县、罗阳、陀陵县、永康县、武盈洞、古甑洞、凭祥洞、镈峒、卓峒、龙英洞、龙耸洞、徊洞、武德洞、古佛洞、八洞：并属左江道。思恩洲、鹅州、思城州、勘州、归乐州、武峨州、伦州、万德州、蕃州、昆明州、娄凤州、侯唐州、归恩州、田州、功饶州、归城州、武笼州及龙川县：并属右江道。初，安平州曰波州，皇祐元年改。元祐三年，又改怀化洞为州。

融州，设羁縻州 1 个：乐善州③。

庆远府，领羁縻州 10 个④，即：温泉州、环州、镇宁州，领县二。蕃州、金城州、文州、兰州，领县三。安化州，领县四。迷昆州、智州，领县五。

以上列表说明如下：

州名	黎州	雅州	茂州	威州	叙州	泸川	绍庆府	重庆府	邕州	融州	庆远府	总计
数量	54	44	10	2	30	18	49	1	44	1	10	263

第二节 羁縻政策的特点

宋代羁縻政策基本沿袭唐代，但在唐朝基础上有一些调整和变化，并将唐代"以夷制夷"的羁縻政策发展为"录用酋长，以统其民"的土官

---

① 《宋史》卷 89《地理志五》，第 2228 页。

② 《宋史》卷 90《地理志五》，中华书局 1985 年版，第 2240—2241 页。

③ 同上书，第 2241 页。

④ 同上书，第 2243 页。

制度。从中央到地方，土官的封建隶属关系非常严密，由于土官为朝廷命官，直接对朝廷负责，所以它有严密的统治体系和衙门建制。这套土官制度，经元代的演变，逐渐形成了一套完善的土司制度，成为元明清时期在西南民族地区政治制度的重要组成部分。

首先，北宋羁縻政策的重点是生蛮地区，侧重于通过赏赐钱、物来昭示宋廷的仁恩，使蛮夷自愿前来臣服，以达到边疆安宁的目的。因此，北宋立国后，在朝廷统治力量较强的西南地区，通过建立州县、配赋征役等实施直接统治；而在朝廷统治力量较弱的地区则选任少数民族地方土著首领实行委托统治（即间接统治），实施前代羁縻之策，"以勇智可任者镇抚之"。史载，"太祖既下荆湖，思得通蛮慣、习险扼而勇智可任者，以镇抚之。有辰州猺人秦再雄者，长七尺，武健多谋。……除辰州刺史，终太祖一世，无蛮陌之患，而边境妥安"。① 像秦再雄一样被宋太祖任命的土著官吏还有很多：乾德元年（963）七月，平定湖湘后，宋太祖任命彭允林为"溪州刺史"、洪赟为"万州刺史"②，乾德五年（967）六月，诏授西南夷龙彦瑫"归德将军、南宁州刺史、蕃落使"，以顺化王子武才为"怀化将军"，武才弟若启为"归德司阶"，武龙州部落王子若溢等八人并为司戈③。

其次，羁縻州县官吏具有很大的自治权力。羁縻州县地大多数原为土官统治之制，"茂州旧领羁縻九州，皆蛮族也。蛮自推一人为州将，治其众"④，宋设羁縻州后，州刺史仍在管辖区内有任命下属土官、统治土民和世袭官职的自治权利。"州将承袭，都誓主率群酋合议，子孙若弟、侄、亲党之当立者，具州名移辰州为保证，申钤辖司以闻，乃赐敕告、印符，受命者隔江北望拜谢。州有押案副使及校吏，听自补置。"⑤ 与"即其部落列置州县"相适应，各州刺史及属下峒主、头角官等均由原部落首领担任，其职名依籍而授。元丰五年（1082）三月，宋神宗诏："荆湖、广南、川峡、陕西、河东经略安抚钤辖司，具化外羁縻归明蛮、猺、

① （宋）魏泰：《东轩笔录》卷一，中华书局1983年版，第1页。

② 《续资治通鉴长编》卷4，乾德元年七月癸亥，第98页。

③ 《续资治通鉴长编》卷8，乾德五年六月丁亥，第195页。

④ （宋）司马光：《涑水记闻》卷13，中华书局1989年版，第252页。

⑤ 《宋史》卷493《蛮夷列传一·西南溪峒诸蛮上》，第14178页。

夷、獠、熟户蕃部合补职名资级请授则例，及前后所补职名恩数异同以闻，按以置籍"①，且官职允其世袭、俸禄优厚，甚至给予"一州租赋"②；乾德元年（963），师裕长子彭允林袭任溪州刺史，治所迁至龙潭城（今麻岔乡弄塔），辖地无变动。

在各自管辖区内，州刺史甚至可拥有称为义军、土丁的土兵武装。羁縻州自己保留的部族军队，职责主要是守土守疆，是一种寓兵于农的组织，土兵平时为农，战时出征。土兵享有不纳赋税的待遇，所起作用很大，咸平年间"生蛮叛"，宋朝廷征调高州土兵讨伐，擒生蛮六百六十余人，夺回汉人被俘者四百余人。天圣年间（1023—1031），下溪州刺史叛，宋令高州刺史率土兵搜捕。类似这类对少数民族的征伐，不需调朝廷一兵一卒。

再次，羁縻州县的疆域不大。根据"即其部落列置州县"的原则，宋代羁縻州县的疆域往往以某一大姓所形成的自然区域来确定，这一区域既可以划为一州，也可立为数州，故地域比当时的边郡要小得多，如宋仅在土家族地区就设置了87个羁縻州。就鄂西而言，宋太祖乾德三年（965）施州归宋，曾设清江郡军事，以后置羁縻州郡于清江南境。施州初属江南西道，后属夔州路，辖清江（恩施）、建始二县，在施州南部，还设有安定州、高州、顺州、富州等小羁縻州。

最后，惠而不苛。由于宋朝廷对西南边族以"务在羁縻"为要，因此，政府官榷和贸易方面的规定也有所放松或解禁，允许施州蛮以粟易盐："咸平中，施州蛮入寇，诏以盐与之，且许其以粟易盐，蛮大悦。而后因饥，又以金银倍实直质于官易粟，官不能禁。"③ 鉴于此，熙宁七年（1074），北宋订立了《施州易粟法》规定："施州蛮以金银质米者，估实直，如七年不赎，则变易之。著为令。"④ 而且，北宋对各族首领的贡赋要求不苛，土地、户口均不入户部，但羁縻州县对中央王朝有上赋税、股徭役、入贡及供征调兵源的义务，作为朝廷命官的各州首领，则要定期向朝廷纳贡，贡品是主要是当地的土产品。但北宋并不通过收取蛮夷的贡纳

---

① 《续资治通鉴长编》卷324，元丰五年三月乙未，第7802页。
② 《宋史》卷493《蛮夷列传一·西南溪峒诸蛮上》，中华书局1985年版，第14172页。
③ 《宋史》卷496《蛮夷列传四·施州蛮》，第14242页。
④ 同上。

物品来获取经济利益，而是通过给前来朝贡的蛮夷首领以丰厚的钱帛赏赐，以笼络安抚蛮夷，正如北宋职方员外郎、秘阁校理的吴淑论道："蕃戎靡不贪慕财贿，国家诚不爱重币珍玩以啖之，爵赏荣耀以诱之。显示之以中国强盛，喻之以中国富厚，待之以至诚，临之以威重，夷落岂敢不从服哉。"① 蛮夷向北宋朝贡，北宋对朝贡首领加赐银两、给予重赏，如贡方物者每人赐彩帛三匹、盐二十斤；无方物者每人也赐彩帛二匹、盐十斤。因此，朝贡显然成为政治上一种臣服的标志，"以辰州溪峒彭师宝知上溪州，仍令乾元节贡献如旧。师宝，仕羲之子也。盖自咸平已来，始听溪峒二十州贡献，岁有常赐，蛮人以为利，有罪即绝之。庆历四年，仕羲以罪绝贡献。其后数自诉求知上溪州，至是始许焉"。② 宋朝以此为制约各羁縻州的手段，并对各羁縻州蛮夷的朝贡次数和人数也有明确的限制性规定。

　　为了减轻西南边疆少数民族的朝贡负担，宋朝廷也因时因地对进贡物品、年限、人数等做修改，以体现政府宽怀为民、羁縻远人的人道精神。天圣四年（1026）八月，宋仁宗根据转运使北海、王立的请求，"诏施州溪洞安远、天赐、保顺州、南州、顺州等蛮入贡京师，道路辽远，自今听以所贡物留施州，其当施物，就给之。愿自入贡者，每十人许三两人至京师，其首领听三年一至"。③ 明道元年（1032）三月，因黎州卯部川山前后百蛮都王黎每三年一人贡的请求，宋仁宗"诏谕以道路遐远，令五年一入贡"。④ 熙宁八年（1075），广南西路经略司上疏："西南蕃龙、罗、方、石、张姓五族蕃部，或四年，或五年、七年一人贡，五蕃共遣九百六十人，张蕃七十人出邕州路，龙、罗、方、石等蕃八百九十人出宜州路，所贡惟毡、马、朱砂，往来馆券供给，并到阙见辞赐钱、绢、衫常，为钱二万四千余缗，而他费不在此。体访五蕃往来万里，颇惮艰苦，若令止邕、宜州赐钱物，可免公私劳扰，且便远人。"宋神宗"诏西南蕃五姓蛮听五年一人贡，不愿至京，听就邕、宜州输贡物，给恩赏馆券，回赐钱物

---

① 《续资治通鉴长编》卷50，咸平四年十一月辛巳，第1088页。

② 《续资治通鉴长编》卷170，皇祐三年正月戊寅，第4078页。

③ 《续资治通鉴长编》卷104，天圣四年八月己丑，中华书局1992年版，第2420页。

④ 《续资治通鉴长编》卷111，明道元年三月丁酉，中华书局1992年版，第2579页。

等遣之。"①

第三节　余论

总之，北宋对西南边疆地区统治的首要目标是边地安宁。在北宋君臣看来，控御四夷之术，唯羁縻而已，只有外夷怀服，中国才能安宁。针对西南旧边过去统治无力、社会弊端经常滋生的现象，"茂州居群蛮之中，地不过数十里，旧无城，惟植鹿角。蛮人屡以昏夜入茂州，剽掠民家六畜及人，茂州辄取货于民家，遣州将往赎之，与之讲和而誓，习以为常。茂州民甚苦之"②，宋朝在西南边区选任土著首领统治当地、实行羁縻政策，置城邑、通道路、贸易，极力强化在西南民族地区的统治，把西南少数民族地区纳入封建统治之下，使其"奉正朔，修职贡"，"湖、广诸蛮近汉者无所统一，因其请吏，量置城邑以抚治之"③；"咸平中，施蛮尝入寇，诏以盐与之，且许其以粟转易，蛮大悦，自是不为边患"。④ 与此同时，北宋在西南边疆地区的一些重要城镇派军驻守进行武力控制，并对各种悖逆封建政府的行为予以严惩。太平兴国二年（977），北宋客省使翟守素调潭州兵镇压了苊汉阳、顿汉凌的叛乱。

宋代羁縻政策反映了中原汉族统治者对待周边少数民族的一种民族态度。宋初，鉴于西南诸族位居崇山峻岭之间，交通不便，所以朝廷认为，如果"揭上腴之征以取不毛之地，疲易使之众而得梗化之氓，诚何益哉"，故"树其酋长，使自镇抚，始终蛮夷遇之，斯计之得也"⑤，这种民族态度的根源在于宋代统治者"华夷有别"的大汉族主义思想，其实质仍然是中国古代王朝"以夷制夷"传统治边思想的继承，"昔先王疆理天下，制立五服，所谓蛮夷戎狄，其在要、荒之内，九州之中者，则被之声教，疆以戎索。唐、虞、三代之际，其详不可得而知矣，《春秋》所录，如蛮夷荆、舒之属也……载之经传，如齐桓之所攘，魏绛之所和，其种类

---

① 《续资治通鉴长编》卷263，熙宁八年闰四月乙卯，中华书局1992年版，第6451页。
② （宋）司马光：《涑水记闻》卷13，中华书局1989年版，第252—253页。
③ 《宋史》卷495《蛮夷列传三·抚水州蛮》，第14209页。
④ 《宋史》卷496《蛮夷列传四·施州蛮》，第14242页。
⑤ 《宋史》卷493《蛮夷列传三·抚水州蛮》，第14171页。

虽曰戎狄，而皆错处于华地，故不容不有以制服而羁縻之"①。但是，宋代羁縻政策中体现了政府宽怀为民、羁縻远人的人道精神，客观上的确收到了一定效果，"再雄感恩，誓死报效。终太祖世，边境无患"②，这是值得肯定的。

---

① （元）马端临：《文献通考·自序》考10，中华书局1986年版。
② 《宋史》卷493《蛮夷列传三·抚水州蛮》，第14172页。

第五章 从法制层面谈宋太祖对川贵、湖广边区的经略

宋太祖时期，经过对南方割据政权的多次征伐或招抚，川贵、湖广少数民族边区先后重新纳入北宋王朝的统治之下。统一南方后，宋太祖根据边区政治经济、民族情状和社会要求之变化等，及时损益制度，加强边区法制建设，诸多边区法令法规的先后制定和颁行，使宋在川贵、湖广民族边区的统治初步有了法治依据，并在制度上形成法律与民族政策互动统治的新格局。

宋太祖赵匡胤，早年应募从军于后汉的郭威部下，后周时屡立战功升为禁军高级将领，任殿前都点检。公元960年（后周显德七年），赵匡胤奉命出师抗辽南侵，次日清晨到达黄河南岸的陈桥驿（今河南封丘南）发动"陈桥兵变"，建立宋朝，都东京开封。开国伊始，宋太祖便总结唐末五代以来君弱臣强、政权屡更的教训，采取了一系列巩固统治的措施，并致力于后周世宗未竟的统一事业，先后吞并荆、湘，平江南、灭后蜀，消灭了南方割据政权。统一南方后，宋在西南诸边族聚地设成都府路，夔州路，荆湖北路、南路，潼州府路和广南东西等路（即今天的四川、贵州、湖南、湖北、广西、广东等地，本文泛称川贵、湖广边区）进行行政管理。

与此同时，南方的平定为新收复地"纪律已定、物有其常"奠定了基础，随着川贵、湖广等西南民族边区重新纳入宋朝统治之下，渐革轻法重俗之弊势在必行，故宋太祖"颁刑统、编敕于管内诸州"，陆续颁定川新的边区律法，为北宋王朝加强西南边疆地区的统治，开拓和发展西南诸夷之地提供法制保障。

第一节 西南边疆的统一

宋初，南方割据政权林立。南唐、吴越、泉漳、荆南、湖南在北宋建立时名义上表示臣附，而后蜀、南汉则各自称帝，与宋对立。为了不使北

宋成为后周之后的又一个短命王朝，"建国家长久之计"①，宋太祖采取一系列巩固统治的措施，在权、兵、钱、法等各个方面加强中央集权。与此同时，宋太祖着手进行统一全国的事业，从建隆元年（960）起至开宝八年（975），发动了统一南方的战争，情况如下。

建隆元年（960）九月，淮南节度使李重进反宋，宋太祖于十月亲征，十一月宋军攻占扬州（今江苏扬州市），迅速平定李重进叛乱，李重进自杀。建隆三年（962）十月，湖南张文表在衡州（今湖南衡阳）叛变，袭占潭州（今湖南长沙），乾德元年（963）正月，宋发荆南水兵三千人赴潭州讨伐。二月，宋朝收复荆南，攻克潭州，荆南节度使高继冲投降。三月，宋慕容延钊军破三江口，攻占岳州（今湖南岳阳），克复朗州（今湖南常德），平定湖南，"尽复湖南旧地"。②

乾德二年（964 年，后蜀广政二十七年）十一月，宋太祖在崇德殿展川峡地图，亲授攻取方略，命忠武军节度使王全斌为西川行营前军兵马都部署，以武信军节度崔彦进为副将，率步骑三万从陕西南下；命江宁军节度使刘光义为西川行营前军兵马副都部署，枢密承旨曹彬为副，率步骑二万沿长江西上，号六万大军分路进攻后蜀。十二月底，宋军主力西路军王全斌部连克兴州（今陕西略阳）、西县（今陕西勉县西）、三泉（今陕西宁强），东路军刘光义部也连败后蜀水军，攻占夔州（今四川奉节）。次年正月，宋军王全斌部克剑门，取利州（今四川广元），后蜀主孟昶被迫投降③。

开宝二年（969）六月，宋太祖任命王明为荆湖转运使，准备收复岭南。开宝三年（970 年，南汉大宝十三年）九月，宋派贺州道行营兵马都部署潘美、朗州团练使尹崇珂率湖南地方部队讨伐南汉。从十月到十二月，宋军连克昭州（今广西平乐）、桂州（今广西桂林）、连州（今广东连州市）和韶州（今广东韶关）。次年正月，宋军攻占英州（今广东英德）、雄州（今广东南雄）后长驱南下，直逼广州。开宝四年（971）二月，宋军攻克广州，俘南汉主刘鋹，平定广南。开宝七年（974）九月，宋太祖任命曹彬为主帅、潘美为副帅、曹翰为先锋都指挥使，领兵十万从荆南出发征伐江南（建隆二年六月，南唐后主李煜将国号唐改为江南，

---

① （宋）司马光：《涑水记闻》卷 1，中华书局 1989 年版，第 11 页。

② 《续资治通鉴长编》卷 4，乾德元年三月壬戌，中华书局 1992 年版，第 87 页。

③ 《宋史》卷 2《太祖本纪一》，中华书局 1979 年版，第 21 页。

都金陵——今江苏南京）。十月，曹彬等将舟师、步骑自江陵顺流而下，水陆并进，连克池州（今安徽贵池）、铜陵、芜湖、当涂、采石（今皆属安徽），大败江南军。同月，宋命吴越王钱俶为升州东南行营招抚制置使，派兵会攻南唐。开宝八年（975）十一月，宋军攻占金陵，南唐后主李煜被迫投降，江南平。

在进行南方统一战争的同时，宋太祖还在北方进行了征讨北汉的战争，以及收复燕、云地区的对辽战争，但因受诸多因素影响，或半途而废或无实质进展和结果，直到宋太宗继位后，于太平兴国四年（979）北宋才消灭了最后一个割据政权——北汉，基本上实现了全国统一。总之，宋太祖经过对南方割据政权的多次征伐或招抚，先后"下西川、平岭表，收江南"①，而吴越、荆、闽"纳籍归觐"，至开宝八年（975）十一月，宋军基本平定江南，"自江南既平，两浙、福建纳土之后，诸州直隶京师"②，今西南地区的四川南部、湖北西南、湖南西部、贵州东北和广西西部等地先后重新归入宋朝版图，南方实现了统一。

第二节　川贵、湖广边区的法制建设

宋太祖虽然以武力夺得政权，但却十分重视以法治国，他说："王者禁人为非，莫先于法令。"③ 在认真吸取、总结五代以来"州郡掌狱吏不明习律令，守牧多武人，率恣意用法"经验的基础之上，宋太祖大力加强法制建设。建隆四年（963），正式颁行《宋重详定刑统》（简称《宋刑统》），成为我国历史上第一部木板雕印的封建法典。《宋刑统》在体例上借鉴了唐末五代以来刑律统类的编纂方式，首列律条、律疏，以下按照时间顺序分列敕令格式，并新增加了"起请条"和"余条准此"；在内容上，它创制了"折杖法"，实质上变革了隋唐以来的五刑制度，并增加了许多民商事法律规范。宋太祖倡导官员学法知法，起用了一批懂法的文人任官，并且要求武臣也需读书学法，以提高自身的法律素养。

宋太祖的重法思想不仅体现在辖内广大汉区的法制建设上，在西南民

①　（宋）吴处厚：《青箱杂记》卷2，中华书局1985年版，第15页。
②　（宋）王林：《燕翼诒谋录》卷5，中华书局1981年版，第51页。
③　《宋大诏令集》卷200《刑法上》，中华书局1962年版，第739页。

族边区，宋太祖亦十分重视以法治边。在川贵、湖广边区收复后，太祖根据不同时期边区政治经济、民族情状和社会要求之变化，及时革损旧弊、增益制度，着手把法律与民族政策结合起来"以法治边"，用新的面貌、新的方式治理民族边区、巩固统治。

宋太祖朝在川贵、湖广边区的法制建设，分三个阶段进行，取得了重要成果，详述如下。

（一）建隆时期

建隆时期（960—963），川贵、湖广边区的法制建设处于起步阶段。原因有二：一是立国之初，统一南方的战争尚处于准备阶段，南方割据政权和宋朝廷之间的矛盾还未激化，双方或以朝贡方式维持名义上的臣属关系，或有蕃夷首领携族归顺宋[①]。因此，民族边区社会相对平静，违法犯罪活动也不甚频繁。二是西南民族边区实际上还处于自治独立的状况，并未纳入宋统治之下，宋国家法自然亦无法更多地影响民族边区，所以这个时期制定及颁行的边区律令条规较少，但也在经济和司法等方面有所反映。

关于经济。建隆时期，宋太祖下诏颁布了一部关于江南地区货币问题的法规，即《江南钱法》。该法初颁布于建隆三年（962）一月，内容为："禁江南所铸'唐国通宝'钱。民间有者悉送官，所在设棘围以受之，敢有藏隐，许人陈告，重置之法。"[②] 同年四月，针对北宋使臣有将江南钱带入江北者，造成了江北地区货币紊乱及不法之徒谋利之弊，宋太祖再次下诏：江南钱币只允许在本地通行，不得越地使用，"奉使江南者，毋得将其国所用钱过江北"[③]，否则视为违法。此钱法，为进一步规范江南货币的使用范围提供了法律根据。

关于司法。宋太祖多次强调法律的公正、公平问题，对于司法机关悖逆司法程序、徇私枉法的行为，他深恶痛绝。建隆三年（962）三月，宋太祖对宰相说，"五代诸侯跋扈，多枉法杀人，朝廷置而不问，刑部之职

---

① 《宋史》卷1《太祖本纪一》记载：建隆四年七月，"西南夷首领董暠等内附"；建隆五年九月，"西南蕃顺化王子部才等遣使献方物"。

② 《续资治通鉴长编》卷3，建隆三年正月丙子，第61页。

③ 《续资治通鉴长编》卷3，建隆三年四月乙未，第66页。

几废，且人命至重，姑息藩镇，当如此耶！"① 于是，乃令诸州自今决大辟讫，录案闻奏，委刑部详覆之。"人命至重"一语道出了宋太祖对生命的珍视及其公正处刑的法律思想。其实，在此之前（建隆二年八月），宋太祖已降诏："缘边诸寨，有犯大辟者，送所属州军鞫之，无得辄断"②，但非法断案者依然屡禁不止。为严肃法纪，规范司法程序，建隆三年十二月，宋太祖诏中书门下于县级机构中设专职法官——县尉一名，掌理每县的盗贼、讼狱事宜，并于县令一道审理诉讼刑狱，还规定县尉"俸禄与主簿同。凡盗贼、斗讼，先委镇将者，诏县令及尉复领其事"。③

（二）乾德时期

乾德时期（963—968），宋军发动了收复荆南和讨伐后蜀的两大战役并获得成功，但战争引发或激化的边区各种矛盾和纠纷剧增，战后诸多社会问题又亟待解决。因此，这段时间是宋太祖朝川贵、湖广边区法制发展的一个重要阶段，此期川贵、湖广边区的法制建设取得重大突破，诞生了许多边区新法规。

1. 行政法规。统一荆、湖之后，宋太祖在行政上实行羁縻政策，选任一些土著酋豪进行委托统治（即间接统治），所选任少数民族地方土著首领的一个基本条件就是能力，所谓以"树其酋长，以勇智可任者"镇抚之。史载，"太祖既下荆湖，思得通蛮惯、习险扼而勇智可任者，以镇抚之。有辰州徭人秦再雄者，长七尺，武健多谋。……除辰州刺史，终太祖一世，无蛮陌之患，而边境妥安"，④ 另外，宋太祖也选调部分习熟边事的内地官员到川广边区任职，如乾德元年，令枢密直学士、户部侍郎薛居正权知朗州。

为了规范边区新置官吏之间的职责、地位，避免诸州所置通判与长吏因关系不清造成矛盾争斗现象，宋太祖颁布了新的边官条例。《乾德三年法令》规定："川、峡诸州监军、巡检无得与州县事。"⑤ 《乾德四年法

---

① 《续资治通鉴长编》卷3，建隆三年三月丁卯，第63页。
② 《续资治通鉴长编》卷2，建隆二年八月辛亥，第52页。
③ 《续资治通鉴长编》卷3，建隆三年十二月癸巳，第76页。
④ （宋）魏泰：《东轩笔录》卷1，中华书局1983年版，第1页。
⑤ 《续资治通鉴长编》卷6，乾德三年十一月己亥，第161页。

令》规定：诸道州通判"无得怙权徇私，须与长吏连署，文移方许行下"，荆湖、西蜀官为郡国长史者，"事无大小，宜与通判或判官、录事同裁处之"。①并就边官的推恩迁职和违敕削官等问题也颁布了一些相关行政诏令，如乾德元年四月，诏荆南、潭朗州管内"文武官吏并依旧，仍加恩，立功者优其秩"②，八月，诏西川官"有怀敕不赴，侥幸近地员阙者，复与一月限，违者削官"③。

2. 经济法令。为了促进川贵、湖广边区经济的恢复和发展，保障少数民族地区社会稳定和经济的健康发展，防惩经济贸易、商品交换和流通中的不法行为，从乾德元年（963）至乾德六年（968），宋太祖下诏颁布了许多经济方面的法规，兹列表1说明如下。

表1　　　　　　　　乾德时期颁布的川贵、湖广边区经济法规

颁布时间	法规类型	法规内容	法适用地	出处
乾德元年十二月	税法	禁道州（今湖南道县）调民取朱砂，除衡、岳州二税外所赋米，并毋得发民烹铜锍及作炭	道州	《长编》卷4，乾德元年十二月条
乾德二年七月	贸易法	禁商旅过江	江南	《长编》卷5，乾德二年七月条
乾德二年八月	茶法	建安、汉阳、蕲口民茶折税外悉官买，民敢藏匿而不送官及私贩鬻者，没入之。计其直百钱以上者，杖七十，八贯加役流。主吏以官茶贸易者，计其直五百钱，流二千里，一贯五百及持杖贩易私茶为官司擒捕者，皆死	建安、汉阳、蕲口	《长编》卷5，乾德二年八月条
乾德四年四月	贸易法	以江南涝饥，许沿江百姓过江樵采贸易，独商旅禁之如故	江南	《长编》卷7，乾德四年四月条
乾德四年五月	贸易法	诏川、峡诸州，自今其勿复令部曲主掌事务，及于部内贸易，与民争利，违者论如律	川、峡诸州	《长编》卷7，乾德四年五月条
乾德四年七月	钱法	禁淮南道私铸钱	淮南	《长编》卷7，乾德四年七月条
乾德四年八月	债法	西川民欠伪蜀臣僚私债者，悉令除放	西川	《长编》卷7，乾德四年八月条
乾德四年十月	贸易法	诸州长吏，告谕蜀邑令尉，禁耆长、节级不得因徵科及巡警烦扰里民，规求财物；其镇将亦不得以巡察盐麹为名，辄扰民户	川蜀	《长编》卷7，乾德四年十月条

---

① 《续资治通鉴长编》卷7，乾德四年十一月戊戌，第182页。

② 《续资治通鉴长编》卷4，乾德元年四月甲申，第88页。

③ 《续资治通鉴长编》卷7，乾德四年闰八月己丑，第178页。

从表 1 可以看出，乾德时期的经济法令，以地方贸易法规为核心且面较广，其目的是通过严禁边区诸色人侵夺商旅、越地贸易及其阻滞商品流通等不法行为，保障西南边区经济秩序的正常运转。

3. 军事法规。

乾德时期，由于川贵、湖广边区战事不断，因此宋太祖对边防将士之生活给予较多关怀，这样的事例极多：乾德元年四月，遣中使赐湖南行营将士茶药，及立功将士钱帛有差；六月，赐湖南行营将校药；七月，又赐湖南行营将士药。乾德三年四月，赐西川行营将士姜茶；十一月，赐西川行营将士枣。乾德四年三月，赐沿边将士姜茶；七月，赐西川行营将士钱帛有差。

对战争中的死伤将士，朝廷以《伤亡优恤法》给予安置，或补职、或恤其家赐以钱帛。史载，乾德元年，"以湖南死事将校子弟三十人为殿直"；乾德三年，诏"蜀将卒死锋刃者，所在官为收瘗，行营战士被伤者，主帅给以缯帛"；又诏，"诸军小校以上，死者官给赙物，或嗣绝及孤幼不能申请者，令中使就赐之"。同时规定，战后士兵年老愿复员回家者"听自便"①，愿归农者，政府予以减免赋税等待遇，"官为葺舍，给赐耕牛、种食。"②

（三）开宝时期

开宝时期（968—976），宋太祖进行了讨伐南汉、收复岭南和征伐江南的两大战役，宋军攻克桂州、韶州（今韶关）、广州、金陵、池州（今安徽贵池）、铜陵、芜湖等广大地区。战争引发的边区各种矛盾对立问题依然严峻，已收复地之民族问题、社会问题更加棘手。因此，这段时间是宋太祖朝川贵、湖广边区法制发展的又一个至关重要阶段，此期的边区立法及其刑罚制度主要有：

1. 行政法规。开宝时期，川贵、湖广边区官吏的来源仍然主要是两个途径，首先是朝廷擢升。以开宝四年为例，宋太祖于四月任命南面行营都部署潘美，副部署尹崇珂同知广州。五月任命右补阙王明为秘书少监、领韶州刺史、广南诸州转运使。六月任命成都布衣罗居通为延长县主簿。

---

① 《续资治通鉴长编》卷 4，乾德元年五月丁卯，第 91 页。
② 《续资治通鉴长编》卷 4，乾德元年六月乙未，第 95 页。

其次是归附迁职。史载，开宝二年七月，西南夷顺化王子武才等一百四十二人来贡，"以武才为归德将军"。开宝四年三月，南宁州蕃落使龙彦瑫卒，"诏授彦瑫子汉瑭南宁州刺史兼蕃落使"；十一月，"以辰州都指挥使秦德崇为起复云麾将军，权知辰州、兼五溪巡检使"。

　　然而，北宋收复西南边区之后，一方面收复地广袤千里，需要管理的地域急剧扩大；另一方面"北人畏瘴疠，无敢往者，虽武臣亦惮之"。①以致造成西南边官大量阙员事实，因此，仅用上述两条途径无法从根本上解决问题。宋太祖因时变易，制定了与内地完全不同的西南边官任选法制：取消内地分季分时选官考核之制，降低川贵、湖广边区吏员任职门槛，实行不定时、不定期官吏任选法。以企通过这样的措施，初步缓解边区官吏缺员问题。现将宋太祖时期颁诏实施的西南边官任选法的颁布时间、内容情况详述如下。

　　《官吏任选和叙资法》：开宝四年（971）四月，宋太祖颁诏实施。

　　内容："唐、邓、随、郢、襄、均、房、复、安、申等州以南及荆湖诸州，选见任令录两考以上，判、司、簿、尉合入令录年五十以下者，移为岭南诸州通判，得携族之官。满三考，即依资叙注拟，更不守选。"②

　　《放选法》：开宝六年（973）八月，吏部建议实施。

　　内容："时国家取荆、衡，克梁、益，下交、广，辟土既广，吏员多阙。是以岁常放选，选人南曹投状，判成送铨司依次注拟。其后选部阙官，又特诏免取解，非时赴集，谓之'放选'，习以为常"。③

　　《边臣除代法》，开宝五年（972）十月，宋太祖颁诏实施。

　　内容："诏边远官岁才三周，即与除代，所司专阅其籍，勿使踰时。"④

　　2. 经济民事法规。开宝时期，北宋政府设置市舶司于广州（初置于开宝四年六月），以知州潘美、尹崇珂并兼使、通判谢批兼判官，管理南方的经济贸易活动，在制度上，各类手工业品、经济类产品的生产和销售，主要实行禁榷制度。

---

①　（宋）王栐：《燕翼诒谋录》卷2，中华书局1981年版，第14页。
②　《续资治通鉴长编》卷12，开宝四年四月乙亥，第263页。
③　《续资治通鉴长编》卷14，开宝六年八月己酉，第307页。
④　《续资治通鉴长编》卷13，开宝五年十月戊戌，第290页。

关于商税及盐酒法，开宝四年四月，"诏禁岭南商税、盐、曲，如荆湖法"①，又"诏岭南商税及盐法并依荆湖例，酒曲仍勿禁"。② 开宝六年六月，"诏西川诸州，凡以匹帛折税，并准市价"。③ 关于钱法，依然贯彻"禁钱出塞""无出化外"的原则，开宝三年十二月，北宋初于雅州百丈县置监，铸铁钱，"禁铜钱入川"④；开宝六年三月，"禁铜钱不得入蕃界及越江海至化外"⑤，违者罪之。这是经济方面。

民事方面，开宝时期制定了一些惩治不孝罪的法令。宋太祖说："人伦以孝慈为先，家道以敦睦为美。矧犬马而有养，岂父子之异居？伤败风化，莫此为甚。"孝乃忠义之本，万善之源，"人伦之道，以德为本，至德以孝为先"⑥。倡孝道，可使忠君观念巩固，家庭更加和谐，所以，宋太祖一方面大力倡孝，另一方面严惩不孝之举。对不孝者，及时颁诏予以惩戒，具体如表2：

表2　　　　　　　　开宝时期为惩不孝罪而颁布的诏令

颁诏时间	惩处对象	惩罚内容	史料来源
开宝元年六月	父母在，子孙别财异居者	癸亥，诏荆蜀民祖父母、父母在者，子孙不得别财异居	《宋史》卷2，《太祖本纪二》
开宝元年六月	父母在，子孙别财异居者	西川及山南诸州百姓祖父母、父母在者，子孙多别籍异财。癸亥，诏长吏申戒之，违者论如律	《长编》卷9，开宝元年六月癸亥条
开宝二年八月	父母在，子孙别财异居者	丁亥，诏川、陕诸州察民有父母在而别籍异财者，论死	《宋史》卷2，《太祖本纪二》

3. 刑罚。开宝时期，西南民族边区反宋叛宋的刑事案件经常发生，据文献记载，开宝五年七月发生了邕、容等州獠人的叛乱，开宝八年五月，发生了梅山峒蛮侵寇潭、邵州的动乱，开宝九年九月，发生了江南土豪黎、罗二姓依山聚党作乱事件。对于反叛罪，宋政府采取法律上重惩重压的政策，或以军事方式镇压，其实，在平定江南后，宋太祖"虑人心

---

① 《宋史》卷2，《太祖本纪二》，第33页。

② 《续资治通鉴长编》卷12，开宝四年四月己巳，第263页。

③ 《续资治通鉴长编》卷14，开宝六年六月壬寅，第302页。

④ 《续资治通鉴长编》卷11，开宝三年十二月癸巳，第255页。

⑤ 《续资治通鉴长编》卷14，开宝六年三月癸未，第298页。

⑥ （唐）杜佑：《通典》卷87《礼典》，中华书局1988年版，第476页。

未一，分禁旅以戍之"，以便于对边州军县地方夷族的叛乱镇压。① 因此，上述叛乱很快都被宋军先后镇压，如邕、容州獠人之乱被宋军平息②，黎、罗二姓，依山聚党叛乱，被虔州通判杨澈讨平。另外，边区盗窃违法犯罪现象也经常发生，盗窃罪属于严重危害封建国家社会秩序的犯罪，宋朝对其犯者严惩不赦。窃盗罪的计赃量刑标准，宋太祖建隆三年敕为：赃满五贯文足陌，处死。不满五贯文，决脊杖二十，配役三年；不满三贯文，决脊杖二十，配役二年；不满二贯文，决脊杖十八，配役一年；一贯文以下，量罪科决。尽管同唐代相比，宋太祖时期对窃盗罪计赃量刑有所放宽，处罚仍然较重，然而，在西南边疆地区，宋太祖认为，"海隅之俗，习性贪冒，穿窬攘窃，乃其常也"，所以决定对广南民犯窃盗罪者减轻罚刑，诏："赃满五贯者，止决杖、黥面配役，十贯者弃市。"③ 体现了宋朝民族法制的地域特色。

第三节　宋太祖对川贵、湖广边区之宽政慎刑

宋太祖在位十七年，不但重视法律"禁人为非"、镇压不法的重要作用，而且还十分关心民疾，为政以宽、恤狱慎刑。他多次下诏，要求川贵、湖广边区地方官吏"薄赋敛，念农人之疾苦"④，及时蠲除川、峡、荆湖、岭南诸州之烦苛，减免租赋、予民赈济。现就宋太祖时期川贵、湖广边区烦苛蠲除、租赋赐减和饥荒赈济的情况，分别列表3、表4、表5说明如下：

表3　　　　　　　宋太祖时期川贵、湖广边区烦苛之蠲除情况

时间	诏令内容	蠲除地区	史料来源
建隆四年八月	诏除蜀倍息	蜀	《宋史》卷1，《太祖本纪一》
乾德元年六月	免潭州诸县无名配敛	潭州诸县	《宋史》卷2，《太祖本纪一》

---

① （宋）王栐：《燕翼诒谋录》卷5，中华书局1981年版，第49页。

② 《宋史》卷3，《太祖本纪三》记载：开宝五年八月，广州行营都监朱宪大破獠贼于容州。十一月，李继明、药继清大破獠贼于英州。

③ 《续资治通鉴长编》卷16，开宝八年四月庚午，第339页。

④ 《宋大诏令集》卷7《帝统七·谥议上》，中华书局1962年版，第31页。

续表

时间	诏令内容	蠲除地区	史料来源
乾德三年正月	凡无名科役及增益赋调，令诸州条析以闻，当除之	蜀管内	《长编》卷6，乾德三年正月丁酉条
乾德三年十月	忠州（今四川忠县）民以鱼为膏，伪蜀时，尝取其算，乙卯，诏除之	忠州	《长编》卷6，乾德三年十月戊申条
乾德四年三月	诏川、峡诸州长吏察民有伪蜀日所输烦苛，诏所未蠲者，悉便宜除之	川、峡诸州	《长编》卷7，乾德四年三月癸未条
乾德五年六月	知施州王仁都敛于民以修贡，甲申，命仁都还民钱	施州	《长编》卷8，乾德五年六月辛巳条
开宝四年二月	赦广南管内州县常赦所不愿者。无名赋敛，咸蠲除之	广南管内州县	《长编》卷12，开宝四年二月辛卯条
开宝四年三月	诏岭南诸州长吏察政有害于民者以闻，当悉除去	岭南诸州	《长编》卷12，开宝四年三月丁巳
开宝四年十月	知邕州范旻奏刘鋹时白配民物十数事，辛巳，悉命除之	邕州	《长编》卷12，开宝四年十月辛巳条
开宝四年十月	诏岭南诸州刘鋹日烦苛赋敛并除之	岭南诸州	《长编》卷12，开宝四年十月丙戌条

表4　　　　宋太祖赐减川贵、湖广边区赋税的诏令

时间	诏令内容	减税地区	史料来源
乾德元年四月	免湖南茶税	湖南	《宋史》卷1，《太祖本纪一》
乾德元年六月	乙亥，诏缮朗州城，免其管内夏税	朗州管内	《宋史》卷1，《太祖本纪一》
乾德元年七月	赐管内（朗州城）民今年夏租	朗州管内	《长编》卷4，乾德元年七月乙亥
乾德元年七月	诏免荆南管内夏税之半	荆南管内	《宋史》卷1，《太祖本纪一》
乾德三年二月	赐"襄、荆南、房、均等州今年夏租之半"	襄、荆南、房、均等州	《长编》卷6，乾德三年二月丙午
乾德四年二月	甲子，免西川今年夏税及诸征之半，田不得耕者尽除之	西川	《宋史》卷2，《太祖本纪二》
乾德四年七月	赐川、峡诸州民今年秋租之半	川、峡诸州	《长编》卷7，乾德四年七月丁亥
乾德四年七月	诏罢剑南道米面之征	剑南道	《长编》卷7，乾德四年七月庚辰
乾德五年一月	赐西川诸州民今年夏租之半	西川诸州	《长编》卷8，乾德五年一月辛丑
乾德五年八月	有司言荆湖诸州输税，请如内郡收头子钱。诏不许	荆湖诸州	《长编》卷8，乾德五年八月条
乾德五年十二月	赐西川三十七州府来年夏租之半	西川三十七州府	《长编》卷8，乾德五年十二月庚午
开宝六年七月	丙辰，减广南无名率钱	广南	《宋史》卷3，《太祖本纪三》
开宝六年八月	乙酉，罢成都府伪蜀嫁妆税	成都府	《宋史》卷3，《太祖本纪三》

表5　　　　　　　　　　宋太祖时期对川贵、湖广边区的赈济

时间	赈济内容	赈济地区	史料来源
建隆三年正月	己巳，淮南饥，赈之	淮南	《宋史》卷1，《太祖本纪一》
乾德三年正月	诏成都"民乏食者赈之"	成都	《长编》卷6，乾德三年正月丁酉条
乾德四年三月	淮南诸州言江南饥民数千人来归，令所在发廪赈之	淮南诸州	《长编》卷7，乾德四年三月己卯条
开宝元年五月	赐江南米十万斛，民饥故也	江南	《长编》卷9，开宝元年五月丁未条
开宝四年二月	赦广南管内，"民饥者发廪赈之"	广南	《长编》卷12，开宝四年二月辛卯条
开宝六年四月	先是，江南饥，诏谕国主借船漕湖南米麦以赈之	江南	《长编》卷14，开宝六年四月戊申条
开宝七年正月	遣使发廪赈扬、楚等州饥民	扬、楚等州	《长编》卷15，开宝七年正月甲戌条

　　从表3、表4、表5可以看出，开宝时期，宋太祖颁布的川贵、湖广边区蠲除烦苛、减免租赋和社会赈济诏令非常之多，仅就开宝四年一年内达7条之多，减免租税的力度也很大，每次都是减免当年应交租赋的一半以上，这体现出宋太祖在西南民族地区宽政抚民的基本特点。开宝四年十月，右补阙梁周翰上疏言："陛下再郊上帝，必覃赦宥。臣以天下至大，其间有庆泽所未及，节文所未该者，宜推而广之。方今赋入至多，加以可科变之物，名品非一，调发供输，不无重困。且西蜀、淮南、荆、潭、桂、广之地，皆已为王土，陛下诚能以三方所得之利，减诸道租赋之入，则庶乎德泽均而民力宽矣，上嘉纳其言。"① 诚如北宋大臣梁周翰所说，宋朝对西南民族边区实行宽民政策之根本目的，就是通过"存仁恕、宽民力"以实现"德泽均"，而"德泽均"则社会稳定，这是在民族政策上。同样，在法律上，对川贵、湖广民族边区实行恤狱慎刑、宽缓刑罚是宋太祖所遵守的基本边区法律精神，他多次下诏减释荆南、岭南和川广等地死罪、流配之犯人，并令诸州军寨断案需慎刑，有犯法之民应仔细鞠之，不得辄断，以免枉法杀人。由于五代以来，诸侯跋扈，枉法杀人，"太祖建国，首禁臣下不得专杀"②，建隆三年三月降诏，"郡国断大辟，

――――――――――

① 《续资治通鉴长编》卷12，开宝四年十月甲申，第271页。
② （宋）王栐：《燕翼诒谋录》卷3，中华书局1981年版，第29页。

录案朱书格律断词、收禁月日、官典姓名以闻，取旨行之"。① 开宝三年七月，"诏西川窃盗至死合奏裁者，并部送赴阙"。② 严禁诸道巡检捕盗使臣抓获寇盗"先行考讯"和刑部断案"不公"，违者"当行朝典"。③

　　诚然，宋太祖慎法之根本目的依然是巩固赵氏王朝的封建统治，所谓"若以大度兼容，则万事兼济"，这与汉代无为而治的统治思想是相同的。

第四节　结语

　　概上所述，宋太祖时期对川贵、湖广民族边区的经略，不仅是当时政治关系和经济关系的反映，也是民族观念、法律思想在民族政策上的必然体现，其根本目的是稳定和巩固其封建政权，客观上推动了西南少数民族边区社会的有序发展，有利于边地社会的稳定和进步。这是其一。其二，宋太祖对川贵、湖广边区的治理，民族政策与法律政策相得益彰，规范制约与宽政恤民互为补充，使赵宋王朝在西南民族边区的统治逐渐纳入法制化轨道，并在制度上形成法治与民族政策互动统治的新模式。其三，由于川贵、湖广边区之特殊地域、民族情状等因素，宋太祖时期对边区少数民族之间纠纷的法律处置同时贯彻"因其俗而治"的原则④，这又形成西南民族边区法律内部体制的二元并存之特征，即宋国家法与少数民族习惯法并存的状态，而法制从俗及其恤刑宽政之惠民精神，又从另一方面对川贵、湖广民族边区社会稳定起了积极作用。

---

　　① （宋）王栐：《燕翼诒谋录》卷3，中华书局1981年版，第29页。

　　② 《续资治通鉴长编》卷11，开宝三年七月丙辰，第247页。

　　③ 《宋大诏令集》卷200《刑法上》，中华书局1962年版，第739页。

　　④ 《续资治通鉴长编》卷13，开宝五年二月庚戌条：平定岭南后，宋太祖说，"琼州遐荒炎瘴，不必别命正官，且令仁俊择伪官，因其俗治之"，即夷人内部的矛盾和纠纷以"和断"解决，第281页。

第二编

宋代"蕃法"及蕃汉关系立法专题研究

第一章　宋代"蕃法"及其向汉法的过渡论略

民族习惯法是民族的重要组成部分，是民族地区的传统。传统作为一个社会、群体的文化遗产，是人类过去所创造的种种制度、信仰、价值观念和行为方式等构成的表意象征，给人类生存带来了秩序和意义。

宋辽夏金时期的各国法律，对本民族和异民族的法律规范，适用"本俗法"之原则是普遍存在的，例如辽法律规定："凡四姓相犯、皆用汉法；本类自相犯者，用本国法。"四姓指契丹、渤海、奚以及汉人，根据该法条，契丹人之间的违法犯罪、渤海人之间的违法犯罪、汉人之间的违法犯罪可分别用本国法律量刑。而不同族之间的违法犯罪则将运用汉法量刑，如契丹人与渤海人之间的法律纠纷，契丹与汉人之间的法律纠纷，渤海人与汉人之间的法律纠纷，就不能适用契丹本法、渤海本法而要用汉法量刑定罪。另有金朝法律对于统治阶级的女真族人之间的犯罪、对于被统治民族的中国人之间的犯罪以及契丹人之间的犯罪也分别适用其本俗法。《金律》规定：诸同类自相犯者，各从本俗法。还有《高丽律》曰：诸化外人，同类自相犯者，各依本俗法。《安南黎律》曰：诸化外人，同类自相犯者，各依本俗法，异类相犯者，以法律论，都是这种"本俗法"的法律规定。

北宋法律对于国内少数民族的问题也以适用诸民族之习惯法，即各族"本俗法"为原则。《宋刑统》中有类似于民族法的若干条款，规定本民族和异民族的法律纠纷中，对"同类自相犯者"依"本俗法"，异类相犯者以汉法论。北宋时期的民族习惯法对南北方少数民族的观念、行为、制度等各个方面产生了深远影响。

第一节   "蕃法"的形式与程序

"蕃法"指蕃（夷）族内部一种约定俗成的法规，源于南北方少数民族内部习惯法之规定，是一种"民族性、地域性的行为规范"①，故在形式和程序适用等方面都具有特殊性。

"蕃法"的法律原则是：蕃族内部的纠纷，用"和断"方式解决，即不以宋律为量刑定罪的法律根据，而是通过纳钱或纳物方式作为对蕃族或夷族违法者的处罚，故称"和断罚纳"，也称"本俗专法"。这实际上相当于一种地区专法，它只适用于西北或西南民族边区而并不适用于内地。其中，在西北边区蕃族居地适用的民族习惯法律多指蕃法，在西南边区夷族居地适用的民族习惯法律又可叫作夷法，性质与蕃法完全相同。两宋时期，在西北和西南民族边区，一系列"蕃法"被宋朝廷先后确认或认可，并作为宋王朝处理蕃族内部矛盾和纠纷的重要法律依据，这是宋代民族法制的一个显著特点。

据史料记载，早在宋初太祖朝，西北民族边区就已出现了用"蕃法"对蕃人违法犯罪处罚的情况。《长编》宝元二年八月条云："知丰州王庆余之祖王承美，本藏才族首领，自其归朝，于府州西北二百里建丰州，以承美为防御使，知蕃汉公事"，当其部族"或有过则移报丰州，以蕃法处之"。②

显然，藏才族王承美归降宋朝后，职掌蕃汉政事，当辖内部民因过失犯法时就上报官府裁决，并以蕃法处理。需要指出的是，此史料虽在《长编》宝元二年八月条载，但以"蕃法"处理蕃族内部矛盾和纠纷等事务，并非宝元二年的规定。仔细斟酌史料，我们就会发现，王承美归降宋的时间对弄清这一问题至关重要。据《长编》卷10开宝二年（969）冬十月条："易州言，契丹右千牛卫将军王甲以丰州来降，即命其子承美为丰州衙内指挥使。"说明王承美归降宋的时间是在太祖开宝二年（969）十月，因此，徐晓光教授《藏族法制史研究》一书第六章第129页所写："宝元二年（1039）规定：丰州蕃民其部族或有过，则移报丰州，以蕃法

---

① 吴宗金主编：《中国民族法学》，法律出版社1997年版，第56页。
② 《续资治通鉴长编》卷124，宝元二年八月戊辰，第2920页。

处之。"① 应是有误，以蕃法处理蕃民因过失、伤害等引起的违法犯罪，当在太祖开宝二年或之后，"天圣初，承美死"②，可以肯定，开宝二年至天圣初，丰州地区蕃民犯法论罪的依据是蕃法。

开宝之后，用"蕃法"作为处理蕃部事务的基本依据之史条屡见于史籍。淳化五年（994），宋琪上书言边事，"臣顷任延州节度夷判官，经涉五年，虽未尝躬造夷落，然常令蕃落将和断公事"③，是说宋琪在延州任职期间，"和断"处理蕃族事务，这也更使我们对宋初"蕃法"的真实存在不容怀疑。此后，朝廷屡有"和断罚纳"处理蕃部矛盾和违法犯罪条诏，尤其宋真宗时期，累有宣谕：蕃民"若自相杀伤，但用本土之法"④，其原因是"苟以国法绳之，则必制生事"。⑤ 也就是说，若以宋律严断，会造成边地社会的不稳定，违背政府"恩信慰怀"、笼络蕃部的基本民族政策，故为使西北藏区社会稳定，政府一再强调以"蕃法"治理蕃部事务。这样一来，真宗时期的西北边区已形成"素有条例"的"蕃法"治蕃格局：景德元年（1004），野鸡族侵掠环庆界，真宗诏"边臣和断"⑥；景德四年（1007），璘、美族人怀正"又与璘互相仇劫，侧近帐族不宁"，真宗派使臣"召而盟之，依本俗法和断"⑦。又大中祥符五年（1012），杨知进"正月与译人郭敏伴送翟符守荣般次赴甘州，缘路为浪家、禄厮结家、乞平家、尹家所钞夺之，争斗及和断"⑧ 可见，在西北民族边区，宋朝廷实施法制从俗、"和断"处罚的法律纠纷解决机制。

同样，在西南民族边区，宋政府用和蕃法性质完全相同的"夷法"处理少数民族内部事务。北宋统一南方后，基本上承袭唐代的羁縻制度，对政府直接统治的民族边区，实行等同于内地汉区的一整套管理措施，建立州县，征收赋税、劳役，摊派各种苛捐杂税等；而对于一时难以直接统治的民族边区，则通过"树其酋长"，建立羁縻州县，"因其俗"而治。

---

① 徐晓光：《藏族法制史研究》，法律出版社 2001 年版，第 129 页。

② 《续资治通鉴长编》卷 124，宝元二年八月戊辰，第 2920 页。

③ 《续资治通鉴长编》卷 35，淳化五年正月癸酉，第 768 页。

④ 《续资治通鉴长编》卷 72，大中祥符二年十一月戊午，第 1641 页。

⑤ 同上。

⑥ 《宋史》卷 491《党项传》，第 14146 页。

⑦ 同上书，第 14147 页。

⑧ 《宋会要辑稿》第 197 册《蕃夷》4 之 7，第 7717 页。

开宝五年（972）闰二月，宋太祖对宰相说，初平岭南，命太子中允周仁俊知琼州，以儋、崖、振、万安四州属焉，此地"遐荒炎瘴，不必别命正官，且令仁俊择伪官，因其俗治之"①，即夷人内部的矛盾和纠纷仍然以"和断"解决。史载，大中祥符二年（1009），"西州进奉回纥卒顺与西南蕃人贡提人斗死"，礼宾院"押赴开封府依蕃部例和断，收偿命价"②。又载：大中祥符五年（1012）五月，"万安州言黎洞夷人互相杀害，巡检使发兵掩捕，士有伤者。上闻而切责之，曰：'蛮夷相攻，但许边吏和断，安可擅发兵甲，或致扰动！'即令有司更选可任者代之"。③ 显然，宋真宗时期，西南边区也已实行"和断"专法。

综上，北宋前中期，在西北和西南民族边区，宋廷用蕃、夷族本俗法处理蕃、夷内部互相伤害、杀掠、纠纷等社会问题。尤其宋真宗时期，政府屡诫边吏"依本俗法和断"，以免边地社会不安定，有违朝廷"敦信保境""务令安集"④ 的边地民族政策。天圣七年（1029），仁宗下诏："戎州夷人犯罪，委知州和断之。"⑤ 庆历初，知庆州范仲淹制定的"临时约法"，其中规定：蕃部与官府矛盾以"和断"解决，蕃民"仇已和断，辄私报之及伤人者，罚羊百、马二"。⑥

北宋后期，夷法依然是处理西南蛮夷诸族之间矛盾和纠纷不可或缺的法律根据。熙宁八年（1075），宋朝根据知黔州张克明建议颁布了《黔州法》，法令规定：

> 黔南狄与汉人相犯，论如常法；同类相犯，杀人者罚钱自五十千，伤人折二支，已下罚自二十千至六十千；窃盗视其所盗数罚两倍，强盗视所盗数罚两倍；其罚钱听以畜产器甲等物计价准当。⑦

尽管这个法令将蕃汉相犯论如汉法的规定纳入统一的法律，但法令明

---

① 《续资治通鉴长编》卷13，开宝五年闰二月庚戌，第281页。
② 《宋会要辑稿》第73册《职官》25之7，第2914页。
③ 《续资治通鉴长编》卷77，大中祥符五年五月辛巳，第1765页。
④ 《宋史》卷492《吐蕃传》，第14152页。
⑤ 《续资治通鉴长编》卷108，天圣七年八月壬子，第2522页。
⑥ 《续资治通鉴长编》卷132，庆历元年五月壬申，第3129页。
⑦ 《续资治通鉴长编》卷263，熙宁八年闰四月乙巳，第6437页。

显体现了对蕃、夷族犯人"和断"罚纳的原则和精神，夷人内部的杀人、伤人以及窃盗等违法犯罪，可通过缴纳不同数量的罚款得以最终解决。

这种罪罚之法即使到了南宋孝宗年间甚至还可窥见，其时法令规定，泸州以及其他缘边的熟夷地区同类相杀，仿"夔州路法（高宗绍兴三十一年制定）"施行，"不至死罪者"，仍然"依本俗专法"。后在南宋宁宗嘉定七年（1214），政府宣敕"湖、广监司檄诸郡，俾循旧制毋废，庶边境绥靖而远人获安也"。①

凡此种种，无疑说明，即使到南宋时期，蕃（夷）之法依然在南方少数民族地区作为区断蕃夷事务的法律依据存在。当然就整个两宋民族地区而言，蕃（夷）法之习惯法律在所有法律中所占的比重已然开始减少，"汉法"成分大大增加。

第二节　"蕃法"中的刑事习惯法

1. 刑制

（1）罚羊（马）。专门适用于民族边区蕃、夷族之间的一种刑罚，即判决向被伤害者或者官府缴纳一定数量的羊或马。《长编》卷六十记载："蕃部罚纳，献送羊马。"②

（2）罚赀。是判处蕃、夷族犯人缴纳财物的一种刑罚，赀刑主要有两类：一类是赀金；另一类是赀物。《长编》卷六十记载："蕃部有罪纳赀为赎。"③

（3）罚金。判决蕃、夷族违法犯罪者缴纳一定数量的金（即铜）。《宋会要辑稿》兵二十七记载：蕃族犯罪者，可纳钱为赎，"其罪轻者，约以汉法赎金（即铜）"④。

（4）罚钱。判决蕃、夷族违法犯罪者缴纳一定数量的钱。《长编》卷一百三记载："范雍等还自陕西，言：'蕃部因罪罚羊者，旧皆输钱五百，

---

① 《宋史》卷494《蛮夷传》，第14196页。

② 《续资治通鉴长编》卷60，景德二年五月辛亥，第1335页。

③ 同上。

④ 《宋会要辑稿》第185册《兵》27之22，第7257页。

比责使出羊，而蕃部苦之，自今请复令输钱。'从之。"① 这是天圣三年（1025）宋臣范雍等人的奏请，从宋初民族习惯法先后在西北、西南地区实行到天圣三年的四五年间，罚纳形式经过了罚羊、罚马、罚钱的反复变化，罚钱数：每人500文。何以发生如此之变化？可能主要有两个原因，一是纳羊或纳马罚刑律文简单，但实际操作困难，故而"蕃部苦之"；二是随着民族边区商品经济的发展和蕃汉交往的日益增加，蕃部居民通过贸易、交换等途径获得了钱币的机会增多，且纳钱易于执行，因而钱赎形式日益普遍。

2. 判罚

尊佛重僧。吐蕃人笃信佛教，"尊释氏"②，"蕃俗重僧"③，僧人其社会作用广泛，参与了吐蕃各个方面的生活，并起着相当重要的作用。

和断。和断是吐蕃部族之间解决仇杀纠纷的办法。"蕃族之性最重酬赛"④，这是氏族制度的残余，"边塞之俗，以不报仇恶为耻"，于是蕃部"自相仇劫"。⑤ 如《长编》卷九十三载：天禧元年（1017）九月，"宗哥唃厮啰贡马，乞和断"，大约熟户的和断者是汉官，主持生户的和断者是蕃官。和断使双方和好，"解仇结盟"。⑥ 吐蕃族内有一种约定俗成的"蕃法"处理这种纠纷。如骨价赔偿法和羊马赎死罪法，"汉人杀夷人，即论死，仍偿其资，谓之骨价"。⑦ 吐蕃内部发生纠纷，"黠羌杀人，辄以羊马自赎"，汉人杀死蕃人，也依蕃俗予以赔偿。

盟誓。和断之后就要盟誓，表示其和好之心永远不变，最简单的方式就是折箭盟誓，一般盟誓多杀犬、鸡、猪；对于违盟背誓，不守信约之举，吐蕃人则以为耻。判罚要根据蕃人犯罪之轻重，裁定应罚之物及其罚物的数量，不能辄变律条、邀功生事引惹边境不宁。罚刑生效后，地方官

---

① 《续资治通鉴长编》卷103，天圣三年九月庚辰，第2388页。

② 《宋史》卷492，《吐蕃传》，第14163页。

③ 同上。

④ （宋）赵汝愚编：《宋朝诸臣奏议》卷125，《上仁宗乞用泾原熟户札子》，上海古籍出版社点校本1999年版。

⑤ 《续资治通鉴长编》卷83，大中祥符七年十一月辛卯。

⑥ （宋）苏轼：《东坡全集》卷54，《乞诣边吏无进取及论果庄事宜札子》，影印《四库全书》本，台北商务印书馆1983年版。

⑦ （宋）秦观：《淮海集》卷33，《泸州使君任公墓表》，影印文渊阁《四库全书》本。

吏或蕃族首领不得对犯者家族人户非理科敛，要保护犯者家族利益不受侵犯，"先前，蕃部有罪纳赀为赎，及守臣出处更代，多以畜产为贺，并入长吏，至有生事以邀其利者，使之不宁"。① 违者重罚，"缘边蕃部使臣、首领等，因罪罚羊，毋得却于族下科敛入官，犯者重断之"。②

传箭。吐蕃"其族帐有生户、熟户，接连汉界入州城者谓之熟户，居深山僻远、横过寇掠者谓之生户。其俗多有世仇，不相往来，遇有战斗，则同恶相济，传箭相率，其从如流。虽各有鞍甲，而无魁首统摄，并皆散漫山川，居常不以为患"。③ 熙宁中，北宋拓土开边，"修复熙、河、洮、岷、叠、宕等州幅员二千里，斩获不顺蕃部万九千余人，招抚大小蕃族三十余万帐"。④ 王安石为此作诗曰："羌兵自此无传箭，汉甲如今不解累。"⑤

3. 审判

判罚具体由边臣主持实施，或汉官或蕃官均可。天禧元年（1017）九月，"宗哥唃厮啰贡马，乞和断"。⑥ 这是要求宋朝汉官主持和断，解决吐蕃内部的争讼。除汉官外，主持者还有蕃官，淳化五年（994），宋琪的奏疏曰："臣（宋琪）顷任延州节度夷判官，经涉五年，虽未尝躬造夷落，然常令蕃落将和断公事"⑦，也是说蕃官"和断"审理蕃人事务。曾巩《隆平集》卷二十记载："蕃族有和断官，择气直舌辩者为之，以听公之曲直。"⑧

"纳质"。蕃汉法官对违法蕃人判处应罚纳的物品和数量后，由蕃族酋首协同边区地方官吏实施罚纳的执行。如果违法者是蕃族首领，为了惩戒犯罪以儆效尤，宋王朝规定，蕃部首领须亲自托送罚物，"缘边蕃部使臣、首领等，因罪罚羊，并令躬自送纳"。⑨ 这实际上是一种变相的名誉

---

① 《续资治通鉴长编》卷60，景德二年五月辛亥，第1335页。

② 《续资治通鉴长编》卷106，天圣六年十一月庚子，第2484页。

③ 《宋史》卷264，《宋琪传》，第9129页。

④ 《续资治通鉴长编》卷247，熙宁六年十月辛巳。

⑤ （宋）王安石《临安先生文集》卷18，中华书局1959年版。

⑥ 《续资治通鉴长编》卷90，天禧元年九月丁未，第2078页。

⑦ 《续资治通鉴长编》卷35，淳化五年正月癸酉，第768页。

⑧ （宋）曾巩：《隆平集》卷20，台湾商务印书馆1972年版，文渊阁《四库全书》本。

⑨ 《续资治通鉴长编》卷106，天圣六年十一月庚子，第2484页。

刑罚。与此同时，为了防范"和断"处罚后，蕃人仍然置之不理继续犯法，尤其是做出不利于宋在民族边区统治的叛宋反宋等行为[①]，宋朝辅之以"纳质"制度，收管犯者家属作人质，以其"子弟为质"[②] 控制蕃族。这种"纳质"制度之根本目的是严格控制蕃部，使蕃族长期顺从、效命于宋廷。

第三节　"蕃法"向汉法之过渡

（一）"汉法治蕃部"的缘起与发展

宋初，西北民族边区用"蕃法"作为处理边理矛盾纠纷的基本依据。咸平年间（998—1003），随着蕃汉民族间联系和交往的日益增加，宋廷一种新的治蕃观念即"汉法"治蕃思想逐渐产生并明朗化。咸平六年（1003），知谓州曹玮说："陇山西延家首领秃逋等纳马立誓，乞随王师讨贼，仍请以汉法治蕃部，且称其忠实可使"[③]，真宗诏"授秃逋本族军主，厚犒设之"[④]，宋廷产生了"汉法治蕃部"的法律意向。

仁宗时期，知秦州曹玮改变原来少数民族杀戮沿边居民，只出羊马赎罪免死的"和断"旧法，采用"汉法"制止沿边蕃汉各族之间的冲突与杀掠，明确规定："羌自相犯，从其俗；犯边民者，论如律。"[⑤] 范仲淹知庆州时，为了改变蕃部思报复仇的习俗，对蕃部"约法四章"，其中规定：若仇已和断，辄相私报者，罚羊一百头、马二匹，而"已杀者斩"[⑥]。范雍在边时，也对"蕃法"进行了改革，"自今后令依旧纳钱，及量罪重轻依约汉法定罚"。[⑦]

北宋后期，神宗即位之初"慨然有取山后之志"[⑧]。当时，北宋政府

---

① 《宋史》卷 492《吐蕃传》，第 14158 页。
② 同上。
③ 《续资治通鉴长编》卷 55，咸平六年六月丁丑，第 1203 页。
④ 同上。
⑤ 《续资治通鉴长编》卷 109，天圣八年正月甲戌，第 2534 页。
⑥ 《续资治通鉴长编》卷 132，庆历元年五月壬申，第 3129 页。
⑦ 《宋会要辑稿》第 185 册《兵》27 之 22，第 7257 页。
⑧ （宋）王铚：《默记》，中华书局 1981 年版，第 20 页。

积贫积弱，面临着严重的内忧外患。关于这一时期的形势，王夫之在《宋论》中有一段精辟的论述："君饰太平以夸骄虏，臣立异同以争口舌，将畏猜嫌而思屏息，兵从放散而耻行枚。率不练之疲民，驭无谋之蹇帅……则不能得志于一战而俯首以和，终无足怪者。神宗皇帝即位时，年方二十，'励精图治，将大有为……雪数世之耻'。"①

因此，他在即位的第三年（1069）就果断地起用早负盛名的革新派人士王安石，任命他为参知政事，着手改革变法，以改变北宋王朝逸豫因循、贫弱不振的现状，实现富国强兵的愿望。所谓富国，就是要发展生产，振兴经济，解决国家面临的财政困难；强兵，就是要改变"冗费"养"冗兵"，军队庞大，而战斗力却不强，"盗贼攻之而不能御，戎狄掠之而不能抗"的被动局面。正是在这一变法图强的形势下，王韶向朝廷上奏了《平戎策》三篇，针对如何抵御西夏侵扰的问题，提出了具体的意见。

《平戎策》的具体内容如下：

> 西夏可取。欲取西夏，当先复河（今甘肃省临夏）、湟（今青海乐都），则夏人有腹背受敌之忧。夏人比年攻青唐（今青海西宁），不能克，万一克之，必并兵南向，大掠秦（今甘肃天水）、渭（今甘肃平凉）之间，牧马于兰（今甘肃兰州）、会（今甘肃靖远），断古渭境（今甘肃陇西），尽服南山生羌，西筑武胜（今甘肃临洮），遣兵时掠洮（今甘肃临潭）、河，则陇、蜀诸郡当尽惊扰，瞎征②兄弟其能自保邪？今唃氏子孙，唯董毡③粗能自立，瞎征、欺巴温之徒，文法所及，各不过一二百里，其势岂能与西人抗哉？武威之南，至于洮、河、兰、鄯，皆故汉郡县，所谓湟中、浩、大小榆、枹罕，土地肥美，宜五种者在焉。幸今诸羌瓜分，莫相统一，此正可并合而兼抚之时也。诸种既服，唃氏敢不归？唃氏归则河西李氏在吾股掌中矣。且唃氏子孙，瞎征差盛，为诸羌所长，若招谕之，使居武胜或渭源城，使纠合宗党，制其部族，习用汉法，异时族类虽盛，不过一延州

----

① 参见《宋史·神宗本纪》赞语部分。
② 据《宋史·王韶传》校勘记，此处"瞎征"应作"木征"。
③ 董毡据于青唐、邈川（今青海省乐都县）一带，北宋政府封其为邈川大首领。

李士彬、环州慕恩耳。为汉有肘腋之助，且使夏人无所连结，策之
上也。①

王韶的建议概括起来就是说，要抵御西夏的侵扰，先须招抚处于西夏
以南、河湟一带的吐蕃诸部，从而实现使西夏产生"腹背受敌之忧"的
战略目标。王韶在《平戎策》中，对于河湟一带的吐蕃诸部发展变化的
形势和收复河湟的意义，进行了深刻而又精辟的分析，这主要表现在以下
几个方面：首先，王韶指出了吐蕃瓜分、莫相统一的现状，为北宋政府经
营河湟地区提供了可靠的事实根据。其次，王韶在上书中指出，西夏正在
连年进攻吐蕃，而吐蕃各部势孤力薄，万一让西夏得手，则对北宋的威胁
就更大了。再次，河湟地区，土地肥美，适宜于种植作物，发展农业。如
果河湟一旦收复，将对北宋的经济有所裨益，又可加强对西夏的防务能
力。最后，王韶在《平戎策》里提出的"收复河湟"的要求，在当时的
政治形势下，与变法派"改易更革"的主张是相一致的。

此后，神宗采纳了熙河开边、向西北扩大辖区的边疆政策。时西北边
多为羌和吐蕃据有，王韶等经过几年对西北经营，相继收复甘青藏区熙、
河、洮、岷等州，"自洮、河、武胜军以西，至兰州、马衔山、洮、岷、
岩、叠等州，凡补蕃官、首领九百三十二人。得正兵三万，族帐数千"②，
开拓熙河"地千二百里"，招附"三十余万口"。然而，自开熙河以来，
"朝廷财用益耗"③，而且蕃汉民族关系问题以及其他社会问题变得更为复
杂，宋朝"汉法"治蕃的理论思想有了更进一步的发展。

熙宁元年（1068），王韶在《平戎策》中提出，对瞎征部"制其部
族，习用汉法"④ 的主张；熙宁五年（1072），王安石也提出："今以三十
万之众，渐推文法，当即变其夷俗。"⑤ 它的益处在于"今三十万之众若
能渐以文法调驭，非久遂成汉人"⑥，即实现了"蕃汉一家"。次年，宋神
宗对洮西香子城之战中"官军贪功，有斩巴毡角部蕃兵以效级者，人极

---

① 《宋史》卷328《王韶传》。

② 《宋史》卷191《兵》5，第4757页。

③ （宋）邵伯温：《邵氏闻见录》卷13，中华书局1983年版，第144页。

④ 《宋史》卷328《王韶传》，第10579页。

⑤ 《宋史》卷191《兵》5，4759页。

⑥ 《续资治通鉴长编》卷233，熙宁五年五月辛卯，第5655页。

嗟愤"① 的问题深表担忧,王安石上疏曰:"今熙河蕃部既为我用,则当稍以汉法治之,使久而与汉兵如一。"对于这种"用夏变夷"进而达到"以夷攻夷"的民族观,神宗皇帝讲得更为清楚:"岷、河蕃部族帐甚,偿抚御咸得其用,可以坐制西夏,亦所谓以蛮夷攻蛮夷者也。"②

熙宁八年(1075),熙河经略使高遵裕在谈到洮州新附之众的统治策略时,也认为应"略有统制,使之渐习汉法"。③ 略做梳理,我们不难发现神宗熙宁时期,"汉法"治蕃部已是北宋王朝君臣上下达成的共识。

(二)"汉法治蕃部"的基本确立

元丰四年(1081),宋政府颁布针对溪峒民户管理的法规:"微、诚州归明团峒,应未建城寨以前有相仇杀及他讼,并令以溪峒旧法理断讫"④,但自今有侵犯,"并须经官陈诉,如敢擅相仇杀,并依汉法处断。其有逃避,即官司会合擒捕,及本处收捉施行"⑤,这是西南边区一种由蕃法向汉法过渡的政策。

由于西北和西南边区政治、军事、民族等形势的不同,汉法取代蕃法的时间先后和具体情况存在着很大差异。在西北甘青藏区,宋徽宗大观二年(1108),针对"缘边官吏及诸色人公然不法,盖是法禁不严,人敢冒犯"⑥ 的情况,宋廷将原拟于湖广南北路、广南西路新边实施的蕃汉关系法,首先在甘青藏区的熙河兰湟秦风路颁布,这就是《熙河兰湟秦风路敕》,法令规定:

> 诸乞取蕃族熟户财物者徒二年,二贯徒三年,十贯加一等,至一百贯或奸略人者斩,不以赦降;原减诸与蕃部熟户交易而小为价致亏损者,计所剩,以监主自盗论;诸蕃族熟户无故辄勾呼追扰者,徒二年,禁留拘系加一等,三日以上又加一等,因而致逃叛者,又加

---

① 《宋史》卷191《兵》5,第4757页。
② 同上书,第4758页。
③ 《续资治通鉴长编》卷265,熙宁八年六月癸巳,第6484页。
④ 《宋会要辑稿》第198册《蕃夷》5之87,第7810页。
⑤ 《续资治通鉴长编》卷313,元丰四年六月辛巳,第7593页。
⑥ 《宋会要辑稿》第173册《兵》4之36,第6838页。

一等。①

从大观法令的内容，我们可以得到以下几点基本认识：其一，蕃部违法犯罪以"汉法"处罚，不再以"蕃法"处罚；其二，根据犯罪情节分等处罚，从决杖、刺配、徒刑到死刑，刑名齐全；其三，无论蕃汉民户，违法均按此法判罪②。大观法令同时也表明，宋朝甘青藏区对蕃汉民户违法犯罪的处罚，此时已基本纳入统一的"汉法"体制。而西南边区的一些部族地区，大约在元丰初年就已局部实施了统一的"汉法"，元丰元年（1078），"辰州会溪城、黔安寨依沅州城寨例，置牢屋区断公事"③。元丰八年（1085）诏"邵州、芙蓉、石驿浮城等峒已修寨铺，其归明户及元首地百姓如省地法，应婚姻出入、典买、卖田、招佃客并听从便"。④ 也就是说，溪峒民已基本取得了和汉民同样的法律地位，在有关婚姻、田产等民事和经济法律事务中，均通过"汉法"作为基本法律依据解决矛盾和纠纷，其权利和义务是相同的。

在这种法律思想的指导下，宋朝加强了对民族地区的管理，尤其对蕃汉经济贸易活动加以规范和约束。北宋时期，虽然西夏经常侵袭宋朝西北沿边地区，但双方边民互通有无的经济活动仍在进行，为了方便边民贸易，宋朝在边境地区设有榷场，因此，宋朝与西夏等民族的边境贸易比较频繁，宋在西北边区的秦凤路还设有"市易司"，专管西北边境地区的贸易。但由于受气候、交通、经济结构单一以及战争等因素的影响，边境贸易总是时断时续、变化无常，加之缘边民族问题和国防问题的复杂和严峻，宋朝对西北边区蕃民之间、蕃汉民之间及其番商跨境贸易经常采取了一些严格的限制措施，包括土地、商品、茶盐、钱钞等诸多方面，政府先后制定和颁布了一系列经济贸易法制，维护正常的蕃汉贸易，并对西北地区蕃汉私贸易活动给予限制和惩罚。如宋太宗时期，针对"诸色人于熟户蕃部处赊买羊马、借贷钱物"等现象，北宋政府于淳化三年（992）颁布《淳化法令》，规定：所有军人、百姓，不得赊贷、脱赚、欠负蕃人钱

---

① 《宋会要辑稿》第 173 册《兵》4 之 36，第 6838 页。

② 同上。

③ 《续资治通鉴长编》卷 287，元丰元年闰正月戊寅，第 7024 页。

④ 《宋会要辑稿》第 198 册《蕃夷》5 之 90，第 7811 页。

物,如果蕃人到汉地买卖,汉户牙人等不得侵欺蕃民、赊买和亏欠蕃民钱物,如果诸寨监押官员,不按以上条制执行,以致引惹蕃人不满,造成蕃部不宁者,由秦州"密具申奏,当行严断"。[1] 宋神宗熙宁二年(1069),宋廷针对陕西沿边有熟户私贩者将物货转与徇私枉法的蕃官买卖,以致蕃官包庇"蕃族下散户,犯法害人"的情况,政府颁行禁令及其相关告赏法令:"陕西经略使应命官及诸色人,如敢将物货请求沿边官吏转卖者,其受嘱并物主并禁,勘取旨,卖物不计多少并没官,仍许知人陈告,支赏钱三百千,以物主家财充。"[2]

尽管边境禁令甚为严刻繁杂,但边民违法私贸易现象却相当普遍。于是,宋廷又制定了许多处罚法规,这些土地、贸易和茶、盐、酒及其禁罚法令是西北边区民族法律政策中极为重要的内容。

综上可知,随着宋朝开边拓土和对边区部族治理的深入,西北、西南边族地区约于元丰、大观时期,首先在开拓比较成功的部分少数民族地区实现了"蕃法"向"汉法"的完全转变,宋朝周边民族地区统一的法律政策逐步确立。从过渡或转变的整个过程看,经历时间比较长,约从真宗初期开始直到宋末,近一个世纪之久;从推动过渡或转变的因素看,先有新的治蕃思想开其先河,后有中央王朝法律政策的制定,还有边区地方官员的行政法律措施;从结果看,尽管就整个边地民族地区而言,由于宋代周边民族成分以及政治军事形势的复杂等因素,"蕃法"向"汉法"的转变并未普遍化,但汉法治蕃已完全成为边地民族法律政策的主流。

毋庸置疑,"蕃法"向"汉法"的过渡或转变,充分反映了宋代民族边区习惯法向国家法的转型,为加强政府在民族地区的统治提供了历史的借鉴。

---

① 《宋会要辑稿》第185册《兵》27之23,第7258页。
② 《宋会要辑稿》第186册《兵》28之6,第7272页。

第二章 论宋代边疆民族地区的行政法制

第一节 宋代管理民族地区事务的行政机构

从行政管理上看，历代王朝都设有管理民族事务的机构，对少数民族地区采取了一定的管理办法。周朝设置"大行人"，"掌大宾客之礼仪"，接待远方宾客。秦中央设"典客"，"掌诸归义蛮夷"。汉代对少数民族的管辖，中央也设典属国，专门管理各属国事宜，属官有九译令，后撤典属国，并入大鸿胪。魏晋南北朝自三国至北魏，各朝大都设有大鸿胪，并置谒者仆射或鸿胪卿等官职，负责管理少数民族事务。唐初亦设鸿胪寺，后改为同文寺、司宾寺，中宗神龙年间（705—706）又恢复为鸿胪寺，"凡四方夷狄君长朝见者，辨其等位，以宾待之"，"凡夷狄君长之子袭官爵者，皆辨其嫡庶，详其可否"，"若诸蕃人酋渠有封礼命，则受册而往其国"。①

宋承唐制，中央设鸿胪寺、兵部、礼部、客省、引进司、四方馆等管理民族地区事务，地方设路府州县、羁縻州县、都大提举茶马司和"蕃坊"等管理民族地方行政和贸易事务。由于民族地区既属于封建专制集权国家的统治范围，同时又作为强弱不等的自治实体而存在。因此，宋朝对少数民族地区的管理和统治形式采取了更为灵活的机制，体现着中央政府与周边民族之间有机的政治关系。从宋代文献看，宋中央管理民族事务的机构主要有鸿胪寺、兵部、礼部、客省等，兹述如下。

（一）鸿胪寺

唐代设鸿胪寺主管民族、外交事务。鸿胪寺下设礼宾院，处理款待、

①　（后晋）刘昫：《旧唐书》卷44，《职官志三》，中华书局1975年版，第1885页。

翻译等事务。鸿胪寺的日常职责是凡外国或少数民族的皇帝、使者，到长安朝见皇帝或进贡，鸿胪寺须按等级供给饮食及招待。另外，鸿胪寺也须对进贡物品进行估价，拟定回赐外国皇帝、使者的物品种类和数量。凡朝廷大官在长安去世，鸿胪寺则要代表中央政府，为死者提供不同等级的葬礼用具和仪式，并慰问死者家属。《旧唐书·职官志》如是云：

> 鸿胪寺，周曰大行人，秦曰典客，汉景帝曰大行，武帝曰大鸿胪。梁置十二卿，鸿胪为冬卿，去"大"字，署为寺。后周曰宾部，隋曰鸿胪寺。龙朔改为同文寺，光宅曰司宾寺，神龙复也。卿一员，从三品。少卿二人。从四品上。卿之职，掌宾客及凶仪之事，领典客、司仪二署，以率其官属，供其职务。少卿为之贰。凡四方夷狄君长朝见者，辨其等位，以宾待之。凡二王后及夷狄君长之子袭官爵者，皆辨其嫡庶，详其可否。若诸蕃人酋渠有封礼命，则受册而往其国。凡天下寺观三纲，及京都大德，皆取其道德高妙、为众所推者补充，申尚书祠部。皇帝太子为五服之亲及大臣发哀临沛，则赞相焉。凡诏葬大臣，一品则卿护其丧事，二品则少卿，三品丞一人往。皆命司仪，以示礼制。丞二人，从六品上。主簿一人，从七品上。录事二人，从九品上。府五人，史十一人，亭长四人，掌固六人。丞掌判寺事。主簿掌印，勾检稽失。录事掌受事发辰。
>
> 典客署：令一人，从七品下。丞二人，从八品下。掌客十五人，正九品上。典客十三人，府四人，史八人，宾仆十八人，掌固二人。典客令掌二王后之版籍及四夷归化在蕃者之名数。丞为之贰。凡朝贡、宴享、送迎，皆预焉。辨其等位，供其职。①

宋朝道教和佛教事务先由太常寺掌管，后归鸿胪寺。"中太一宫、建隆观等各置提点所，掌殿宇斋宫、器用仪物、陈设钱币之事。在京寺务司及提点所，掌诸寺葺治之事。传法院，掌译经润文。左、右街僧录司，掌寺院僧尼帐籍及僧官补授之事……已上并属鸿胪寺。"②

鸿胪寺始设于宋太祖建隆三年（962）。《宋史·礼志》云："太祖建

---

① （后晋）刘昫：《旧唐书》卷44，《职官志三》，中华书局1975年版，第1884—1885页。
② 《宋史》卷165，《职官志五》，中华书局1985年版，第3903页。

隆三年三月，有司上合班仪：太师，太傅，大理，鸿胪，司农，太府卿。"鸿胪寺下设往来国信所、都亭西驿及管干所和同文馆及管勾所等四大机构，各有分工。其中，"往来国信所，掌大辽使介交聘之事。都亭西驿及管干所，掌河西蕃部贡奉之事。怀远驿，掌南蕃交州、西蕃龟兹、大食、于阗、甘、沙、宗哥等国贡奉之事。传法院，掌译经润文"。①

从以上可以看出，鸿胪寺的机构虽不是很大，但却掌对外交聘、贡奉、出使和翻译等对外事务，是宋朝重要的对外机构。另外，宋朝对周边各族使节的接待与管理都有较为规整、细致的制度，对使节的中央客馆的管理仍归鸿胪寺，"礼宾院，掌回鹘、吐蕃、党项、女真等国朝贡馆设，及互市译语之事"。② 中央僧职机构也直接隶属于鸿胪寺，"左、右街僧录司，掌寺院僧尼帐籍及僧官补授之事"。③

鸿胪寺"置卿一人，少卿一人，丞、主簿各一人"。④ 其中，鸿胪寺卿掌："四夷朝贡、宴劳、给赐、送迎之事，及国之凶仪、中都祠庙、道释籍帐除附之禁令"，少卿为之贰，丞参领之，"凡四夷君长、使介朝见，辨其等位，以宾礼待之，授以馆舍而颁其见辞、赐予、宴设之式，戒有司先期办具；有贡物，则具其数报四方馆，引见以进。诸蕃封册，即行其礼命。若崇义公承袭，则辨其嫡庶，具名上尚书省"。⑤ 另有属官一十二人分理四夷事务。

可见，宋神宗元丰之后，鸿胪寺既掌管国内所属少数民族事务，也管理与外国通使等事宜。至南宋时并省冗职，鸿胪寺并归于礼部（建炎三年，即 1129 年），民族事务归礼部管理。

（二）兵部

宋初设枢密院，掌管军事政令，武臣铨选则归三班院和审官西院负责，兵部只管皇帝仪仗、卤簿、武举、义勇弓箭手等事，委任"判兵部事"一员。神宗时设兵部尚书、侍郎各一员，职方、驾部、库部和本部

---

① 《宋史》卷 165，《职官志五》，第 3903 页。
② 同上。
③ 同上。
④ 同上。
⑤ 同上。

等四司郎中、员外郎各一员，职权略有扩大，主管民兵、弓手、厢军、蕃兵、剩员，武士校试武艺，及少数民族官封承袭等事。

据《宋会要辑稿·职官志》，尚书兵部掌："武举、民兵、厢土军、卤簿及蕃夷官封承袭之事。凡联其什伍而教之，战为民兵，材不中禁卫而力足以充役为厢军，就其乡井募以御盗为土军。厢、禁、土军因老疾而裁其功力之半为剩员，羌戎附属分隶边将为蕃兵，皆以名数置籍，而颁行其禁令，文武官白直宣借兵，则给以式应排办，仗卫则分卤簿、造字图、凡武举之制仿贡举法。若遣大将出征、露布、奏捷必告于庙。"①"凡其属有三，曰职方、郡县、地图、蕃夷之归附之事隶焉；曰驾部，辇路车乘、厩牧驿传之事隶焉；曰库部，军器、仪仗、卤簿、供帐之事隶焉。"②

可见，有关西北和西南民族地区地方兵种之建制、民兵管理、兵员训练、武举、蕃夷兵将官封承袭等事务，均由兵部统一管理。

（三）礼部

礼部，掌国之礼乐、祭祀、朝会、贡举之政令，"设官十：尚书、侍郎各一人，郎中、员外郎四司各一人。元祐初，省祠部郎官一员，以主客兼膳部。绍圣改元，主客、膳部互置郎官兼领。建炎以后并同"。③ 其中，礼部尚书"掌礼乐、祭祀、朝会、宴享、学校，贡举之政令，侍郎为之贰，郎中、员外郎参领之"。④ 礼部郎中"参领礼乐、祭祀、朝会、宴享、学校、贡举之事"。⑤ 礼部主客郎中"掌以宾礼待四夷之朝贡。凡郊劳、授馆、宴设、赐予，辨其等而以式颁之。……分案四，置吏七。元祐六年七月，兵部言：'《兵部格》，掌蕃夷官授官；《主客令》，蕃国进奉人陈乞转授官职者取裁。即旧应除转官者，报所属看详。旧来无例，创有陈乞，曹部职掌未一，久远互失参验，自今不以曾未贡及例有无，应缘进奉人陈乞，授官加恩，令主客关报兵部。'从之"。⑥

---

① 《宋会要辑稿》第 68 册《职官》14 之 2，中华书局 1957 年版，第 2688 页。

② 同上。

③ 《宋史》卷 166《职官志六》，第 3851 页。

④ 同上书，第 3852 页。

⑤ 同上书，第 3853 页。

⑥ 同上书，第 3854 页。

(四) 客省、引进司

客省设使、副使各二人。"掌国信使见辞宴赐及四方进奉、四夷朝觐贡献之仪，受其币而宾礼之，掌其饔饩饮食，还则颁诏书，授以赐予。……使阙，则引进、四方馆、阁门使副互权。大观元年，诏客省、四方馆不隶台察。政和二年，改定武选新阶，乃诏客省、四方馆、引进司、东、西上阁门所掌职务格法。并令尚书省具上。又诏高丽已称国信，改隶客省。"① 除了鸿胪寺、兵部、礼部、客省之外，还有引进司、四方馆、东、西上阁门等管理民族事务的中央机构，其建制为：

引进司：引进司设引进使、副使各二人。"掌臣僚、蕃国进奉礼物之事，班四方馆上。使阙，则客省、四方馆互兼。"② 四方馆：四方馆设使二人。"掌进章表，凡文武官朝见辞谢、国忌赐香，及诸道元日、冬至、朔旦庆贺起居章表，皆受而进之。郊祀大朝会，则定外国使命及致仕、未升朝官父老陪位之版，进士、道释亦如之。掌凡护葬、赗赠、朝拜之事。客省、四方馆，建炎初并归东上阁门，皆知阁总之。"③ 东、西上阁门：各设东上阁门、西上阁门使各三人，副使各二人，宣赞舍人十人，旧名通事阁人，政和中改。祗候十有二人。"掌朝会宴幸、供奉赞相礼仪之事，使、副承旨禀命，舍人传宣赞谒，祗候分佐舍人。凡文武官自宰臣、宗室自亲王、外国自契丹使以下朝见谢辞皆掌之，视其品秩以为引班、叙班之次，赞其拜舞之节而纠其违失。……元丰七年，诏客省、四方馆使、副领本职外，官最高者一员兼领阁门事。元祐元年，诏客省、四方馆、阁门并以横行通领职事。绍圣三年，诏看班祗候有阙，令吏部选定，尚书省呈人材，中书省取旨差。崇宁四年，诏阁门依元丰法隶门下省。大观元年，诏阁门依殿中省例，不隶台察。政和六年，诏宣赞播告，直诵其辞。"④

宋代地方管理民族事务的机构主要有四。

一是羁縻州县。在民族地区，宋沿袭唐代于边境少数民族集中地区设置羁縻州的制度，由称为"土官"的当地部落首领实行管理，如广南西

---

① 《宋史》卷166《职官志六》，第3935页。

② 同上书，第3936页。

③ 同上。

④ 同上书，第3936—3937页。

路左、右江流域及柳州附近，就设置羁縻州、县、峒五十余所，由当地部落首领担任知州、知县、知峒代宋统治，但羁縻州、县又由邻近的正州（非羁縻性质的州）管辖。这与辽、金情况有所不同，辽、金设部族节度使统领藩部各族，辽称"部族节度使司"，金称"诸部族节度使"。

二是路府州县。在少数民族聚居或散居之地，管理边疆民族地区事务的地方机构，主要仍为宋设各路、府、州、军、监、县。宋代路级行政机构，有转运司、提点刑狱司、提举常平司、安抚司四种。其中，转运使掌管财赋，提举常平司掌管农田水利、茶盐专卖之事，安抚使掌一路兵政。提点刑狱则是路级地方司法机构，负责审核各州之死刑，有疑虑者奏裁。边境地区之路，帅司与其他监司的区划有所不同，如仁宗时，陕西路分为泾原、秦凤、环庆、鄜延四帅司，河北路分为大名府、高阳关、定州、真定府四帅司。根据文献资料统计，宋代兼理民族事务的各地方路、治所主要有[①]：

河东路，治太原府（今山西太原），略当今山西大部，及陕西东北一带。永兴军路：治京兆府（今陕西西安），略当今陕西大部，兼涉甘肃东端、山西西南端及河南西端。秦凤路：治凤翔府（今陕西凤翔），略当今甘肃东部，宁夏南部，陕西西端及青海东端。荆湖南路：治潭州（今湖南长沙），略当今湖南洞庭湖以南及资水流域以东。荆湖北路：治江陵府（今湖北江陵），略当今湖北中、南部及湖南北、西部。其他还有成都府路：治成都府（今四川成都），略当今四川岷江流域附近。夔州路：治夔州（今四川奉节），略当今四川东部，贵州东北及湖北西部。以及广南东西路，分别治广州（今广东广州）略当今广东大部和治桂州（今广西桂林），略当今广西大部及广东西南部。淮南东西路，福建路，利州路等。南宋的路、府、州、军、监制，仍因袭北宋，略有变动。

三是都大提举茶马司。都大提举茶马司，简称"茶马司"，是宋朝经营和统一管理边疆民族地区茶马贸易的专门机构。北宋初期，"市茶"和"市马"分属茶司和马司两个机构掌管，"市马之官，自嘉祐中，始以陕西转运使兼本路监牧买马事，后又以制置陕西解盐官同主之"。[②] 熙宁八年（1075），李杞赴四川筹办茶马事宜，把主茶、主马官署从买茶卖马两

---

① 参见王育民《中国历史地理概论》，人民教育出版社 1987 年版。

② 《宋史》卷 198《兵志》12，第 4951 页。

司合并为一司，两司在运营机制上实现了合并。元丰四年（1081），群牧判官郭茂恂上疏建议："承诏议专以茶市马，以物帛市谷，而并茶马为一司"①，由成都府买茶司和熙河路博马司合并为一司，正式成立了统一的茶马官营机构，更名为都大提举茶马司，简称茶马司，统一管理榷茶买马事宜。"其后二职分合不一"②，直到徽宗崇宁四年（1105）时，茶司与马司才"职任始一"③，实现了真正的合并，并以元丰时期榷茶博马的专法为此后不可更改的国法而遵循，正如宋徽宗皇帝所说，"近虽更立条约，令茶马司总运茶博马之职，犹虑有司苟于目前近利，不顾悠久深害。三省其谨守已行，毋辄变乱'元丰成法'。"④

茶马司的设置与调整，标志着宋代官营茶马贸易体制的建立。茶马司职官有主管茶马、同提举茶马、都大提举茶马等⑤。其责任是统一主管以茶易马事宜，包括制定政策法规，定立茶价，规范程序，管理川茶征榷、运输与销售等，"掌榷茶之利，以佐邦用；凡市马于四夷，率以茶易之"。⑥ 茶马司官员的选授，"考其资历授之"⑦。北宋末期，由于茶马司官员膨胀，所以宣和年间裁员，"称其事之繁简而定以员数"⑧，南宋偏安江南，战马之需愈加迫切，官府在川秦八场设茶马互市地点，并在许多易马场复置茶马官，如乾道初，"用臣僚言省罢（主管茶马、同提举茶马、都大提举茶马），委各郡知州、通判、监押任责"。⑨ 嘉泰三年（1203），"诏茶马官各差一员，遂分为两司，文臣成都主茶，武臣兴元主马，其属共有干办公事四员，准备差使二员"。⑩ 如果茶马官员买马业绩突出，朝廷就给予《推赏磨勘》升职，否则降职查办。熙宁三年（1070）十二月，宋朝颁布《买马赏罚指挥》规定："今后添买及三万匹，以十分为率，买

---

① 《宋史》卷198《兵志》12，第4951页。
② 同上书，第4952页。
③ 同上。
④ 同上。
⑤ 《宋史》卷167《职官志七》，第3970页。
⑥ 同上书，第3969页。
⑦ 同上书，第3970页。
⑧ 同上。
⑨ 同上。
⑩ 同上。

及六分七厘与转一官，余三分三厘均为三等，每增一等，更减一年磨勘。令三司岁支绸绢四万匹与成都府、梓州、利州三路，见支绸绢六万匹共十万匹与陕西卖盐钱相兼买马，年终具买马数目及支过钱绢等，已支见在申三司群牧司，其三州军提举买马等赏罚自依别降指挥。"① 可见，宋朝对买马职官的奖惩标准以职官任内的实际买马额，"视买马额数之盈亏而赏罚之"②，这样的规定很多，《西和阶州知通买马酬赏指挥》规定："赏典亦比类文、黎州见行条法，如买马不及九分已上，展磨勘三年"③；《岷州通判买马酬赏指挥》规定："若买马充额，除依关外四州合得边赏外，仍依已得指挥将通判买马酬赏推给。"④ 南宋初，推赏磨勘以马送到京师的实收数为准，如果死于途中，则"黜降有差"⑤，这也从另一个方面说明，宋朝对与民族边区茶马互市的重视。

四是"蕃坊"。宋朝在东南沿海城市穆斯林较为集中的地区设立"蕃坊"，由蕃长具体管理。北宋前期，招蕃商入贡是广州蕃长的重要职责。《宋史》卷四百九十《大食国传》载，淳化四年（993）大食国王应广州蕃长之招，遣副酋长李亚勿来华朝贡。其表曰："昨在本国，会得广州蕃长寄书招谕，令人京贡奉，盛赞皇帝圣德，布宽大之泽，诏下广南，宠绥蕃商，阜通远物。"⑥

第二节　宋代蕃官行政法制

唐代在周边民族地区设置羁縻州府，任命各部族首领担任刺史、都督等职，管辖原来部落的领地。宋代沿袭唐朝的制度，在西北缘边的陕西、河东以及后来开拓的熙、河、兰、岷诸州新边地区，宋对分布众多的吐蕃、党项、回纥等内属部落民族，通过加封土著部族首领担任职名大小不等的各级"蕃官"，达到"绥怀族帐，谨固疆界"，统治边区的目的。与此同时，政府对有突出政绩的蕃官给予奖赏，对无统驭能力或违法犯罪者

---

① 《宋会要辑稿》第 183 册《兵》22 之 7，第 7147 页。
② 《宋史》卷 167《职官志七》，第 3970 页。
③ 《宋会要辑稿》第 84 册《职官》43 之 115，第 3331 页。
④ 同上。
⑤ 《宋史》卷 374《赵开传》，第 11597 页。
⑥ 《宋史》卷 490《大食国传》，中华书局 1985 年版，第 14119 页。

则予以撤换或制裁，并颁行了严禁蕃官与汉官通婚、严禁蕃官置买产业、严禁蕃官与汉户之间的田产买卖以及部族内部事务蕃官不得专决等许多禁令。

（一）蕃官除授和承袭法

由于地域差异性和统治力量深入的程度不同等因素，宋在西北和西南边区的统治政策并不相同，在西北藏区，由于"蕃部之俗，既宗贵种"①，宋廷先后任命众多部族首领为"蕃官"，代表宋政府维护本部区的统治。

蕃官的任用即蕃官除授，由兵部统一掌管。

> 兵部格掌管蕃夷官授官主客，令蕃国进奉人陈乞转授官职者取裁，即旧应除转官者，报所属看详。主客止合掌行蕃国进奉陈乞事体，其应缘进奉人陈乞授官，尽合归兵部。②

蕃官主要来源于部族首领，另外还有相当一些因功被授的一般部民，"韩存宝，本西羌熟户，少负才勇，喜功名，累立战功，年未四十，为四方馆使，泾原总管"。③由于边区复杂的民族和军事形势，北宋政府经常对诸蕃族首领封官赏赐，以之为化解矛盾、稳定边地统治的重要手段，景德元年（1004），朝廷告谕灵（今宁夏灵武）、夏（今陕西横山县西）、绥（今陕西绥德）、银（今陕西横山县东）、宥（今陕西靖边南）等州蕃族，"能率部下归顺者，授团练使，赐银万两。其军主职员外郎，将校补赐有差"④，但蕃官给授的初步制度化，最早要追溯到真宗时期曹玮在原州（治今甘肃镇原县）熟户蕃部推行的蕃将族内授职制度。

"属羌百帐以上，其首领为本族军主，次为指挥使，又其次为副指挥使，不及百帐为本族指挥使。其蕃落将校，止于本军叙进，以其习知羌情与地利，不可徙他军。"⑤这就是说，宋朝是根据蕃部首领所统辖人口的

---

① 《宋史》卷191《兵志》5，第4758页，中华书局1979年版。

② 李焘：《续资治通鉴长编》卷461，元祐六年七月己巳，中华书局2004年版，第11028页。

③ 王辟之：《渑水燕谈录》卷6，中华书局1981年版，第76页。

④ 《续资治通鉴长编》卷56，景德元年二月戊午，第1229页。

⑤ 《宋史》卷258《曹彬传附曹玮》，中华书局1979年版，第9888页。

多少来任命各级蕃官的，蕃官职名从军主到本族指挥使大小有别，这种给授蕃官的初步探索取得了成功，以后所授蕃官的职名、品级等各项政策逐渐完善并制度化，形成颇具地域特色的民族官员任授制度，大中祥符九年（1016）九月，曹玮上疏"沿边熟户，近为唃厮啰所诱，又立遵辈许以名职，若无羁縻，或虑胁去，望给以告身"。① 从之。同年十一月，曹玮又说："三阳、定西、伏羌、静戎、冶坊、三门等七寨熟户蕃部都首领已下凡一百四十六人有功，乞赐告身。诏二人授都军主，四十一人授军主，五十七人授指挥使，余悉补蕃官。"②

仁宗庆历初，西北藏区的蕃官队伍已蔚为壮观，泾原路"熟户万四百七十余帐，帐之首领，各有职名"，而环庆路"熟户蕃部约及二万人，内只蕃官一千余人，各有请受"③。由于蕃族首领被授蕃官，主要通过两个途径：一是归顺给授，二是因功给授。因此到了北宋后期，随着神宗熙河开边的进行，蕃部归附者和因战争获功者大量增加，于是西北藏区给授的蕃官人数更为庞大，"元丰初，宋文武见任官二万四千五百四十九员"。④ 而仅王韶招纳洮、河、兰、岷沿边蕃部时，"凡补蕃官、首领九百三十二人，蕃官给奉者四百七十二人"。⑤ 加之其他临时原因，宋任命的蕃官数量十分庞大。

北宋政府任命的这些蕃官，其职名后代可以承袭，承袭的适用范围广及诸边，"初补授等，北界、西界、湖南、湖北、川峡、陕西、河东路蕃官承袭，降宣诸路蕃、瑶人承袭并纳土归明"⑥。在原有部族世袭制的基础上，北宋政府对蕃官子孙承继者在年龄、资历、族系和职名品位等方面做了一系列规定。最早对蕃官承袭做出规定的是仁宗皇祐四年（1052）诏令："秦州蕃官老疾者，听其子孙佺降两资代之。"⑦ 也就是说，蕃官老死后，后代即可承其职名，但需降两级方可替代。不过，这种降两资承继

---

① 《续资治通鉴长编》卷88，大中祥符九年九月壬寅，第2011页。

② 《续资治通鉴长编》卷88，大中祥符九年十一月丁未，第2026页。

③ 赵汝愚：《宋朝诸臣奏议》卷125，王尧臣《上仁宗乞用泾原路熟户》，上海古籍出版社1999年版，第1378页。

④ 方勺：《泊宅编》卷10，中华书局1983年版，第56页。

⑤ 《宋史》卷191，《兵》5，第4757页。

⑥ 《宋会要辑稿》第63册《职官》6之15，中华书局1957年版，第2504页。

⑦ 《续资治通鉴长编》卷173，皇祐四年七月戊辰，第4164页。

的原则并没有实行多久即发生了变化，对此，宰相富弼有较为详细的论述：

> "河北西蕃官诸族首领物故者之子孙弟侄，旧制须年及十七、本族及二千户者，方得承袭职名，仍降一等；自西贼破荡以来，族帐凋耗，请自今更不降等，仍便许承袭。"① 从之。

这段上疏，让我们还明确了以下两个问题：一是蕃官承袭者须具备年龄和本族人户数量的限定；二是由于战争引起蕃族人口减少，政府规定，嘉祐元年（1056）之后，蕃官子孙不再降级承袭父祖辈职名。

北宋后期，政府不断地开边拓土，使各蕃部族帐迁徙颇繁，新归附民户不断，一方面，在战争、归顺和安置过程中，新授蕃官人数大量增加；另一方面，原部族"主家或以累降失其先职族首名品，而客户或以功为使臣，军班超处主家之上"②，使主族首领和客族民户的地位、品名等发生了混乱和颠倒的现象，这种情况不利于朝廷对蕃部的管理和征调，因为"军兴调发，有司惟视职名，使号令部曲，而众心以非主家，莫肯为用"。③ 因此，熙宁元年（1068），宋廷颁布了新的蕃官承袭法：

> 河东路蕃部承袭不降资，泾原路蕃官告老以门内人承代亦不降资；鄜延、环庆路蕃官使臣比类授职。蕃官本族首领子孙当继袭者，都军主以下之子孙勿降。其诸司副使以上子孙合继袭者，视汉官遗表加恩二等。④

该法令使原蕃官族系的名品地位得到保证，使蕃部子孙后代皆知"异日不失旧职"，达到"世为我用"的目的。除授蕃官是宋廷决策者贯彻"以夷制夷"民族政策的主要途径之一，为了防止蕃官故死后出现假冒承袭其职名的现象，哲宗元祐六年（1091）规定："诈冒人以违制论，

---

① 《续资治通鉴长编》卷184，嘉祐元年九月丁未，第4449页。
② 《宋史》卷191《兵》5，第4756页。
③ 同上。
④ 同上。

干系官吏减二等，知情与同罪。许人告，赏钱二百贯，以犯人家财充。"①由此可见，此时蕃官承袭法已相当完善，同时也表明，蕃官地位明显提高。

（二）蕃官磨勘与叙位法

蕃官的职责是同边区其他将校"主部族之事"，作用显然至关重要，"自江南既平，两浙、福建纳土之后，唯河北、河东、陕西以捍御西北二虏，帅臣之权特重"。② 为了加强对蕃官的监督和控制，宋政府利用磨勘形式，确立了多层次的蕃官考课升迁制度，"蕃官六宅使李阿迈减磨勘四年，以熙河兰会经略司上阿迈部五十骑出界刺事，获首级功状故也"③。而宋代磨勘之制则始于宋太宗朝，"太宗时，始置磨勘差遣院，后改为审官。真宗时，京朝官四年乃得迁。而在外任者不得迁，须至京引对，乃得改秩。明道中，始许外任岁满亦迁"。④

北宋首次颁布的系统的蕃官磨勘法是宋哲宗元祐六年（1091）制定的蕃官磨勘迁转条例，该条例规定：

> 蕃官授使臣，若斡辖蕃族宁静，不致引惹及无科率骚扰候及七年，三班差使、借差、殿侍及十二年无过犯与磨勘迁转；有犯上条各计赃私公罪，比展年法加一倍展年，事理重者奏裁。⑤

元祐条例的突出特点是，明确强调对蕃官任职期内行政政绩的考课，如果蕃官政绩突出或者有功，则减年磨勘升职，反之则延长其升迁年限作为对不尽职蕃官的处罚。由于西北藏区特殊的政治格局，蕃官比汉官升迁可能更容易一些，宋政府动辄对诸蕃族首领封官赏赐，与之相反，汉官升职却较难，"真宗即位，孙何力陈士大夫迁秩之滥"。咸平四年（1001）四月，颁行黜陟迁秩之例，"自后士大夫循转颇艰"。⑥

① 《续资治通鉴长编》卷 466，元祐六年九月甲寅，第 11140 页。
② 王栐：《燕翼诒谋录》卷 5，中华书局 1981 年版，第 51 页。
③ 《续资治通鉴长编》卷 339，元丰六年九月丙辰，第 8167 页。
④ 宋敏求：《春明退朝录》上，中华书局 1980 年版，第 15 页。
⑤ 《宋会要辑稿》第 180 册《兵》17 之 4，第 7039 页。
⑥ 王栐：《燕翼诒谋录》卷 2，中华书局 1981 年版，第 11 页。

　　与蕃官升迁法令相配套，为了防止迁转中的"伪冒"现象，宋廷又制定了蕃官身份文据法，规定：（1）蕃官丢失付身、告敕文书之类不妨碍迁转者，借职以上展四年磨勘，差使以下展七年磨勘；碍磨勘者，借职以上展七年，差使以下展十二年；（2）其贷卖典当并受买典当的蕃官，各以违制论；（3）准诸色人告发，赏钱二百贯，以犯人家财充。① 可见，北宋末期，政府已建立了相当健全的蕃官升降赏罚制度，多层次的蕃官考察升迁制度及其法规，对西北藏区的社会稳定，无疑具有重要意义。

　　尽管北宋在西北藏区任命的蕃官，因功或因政绩突出者均可升职迁禄，但由于宋统治者的阶级本质所在，以及传统的华夷民族观的根深蒂固，北宋蕃官制度中存在着严重的民族歧视和民族压迫特性，无论是和平时期还是战争时期，蕃官均由汉官制约，主要体现在两个方面。

　　一是蕃官地位在汉官之下。元丰六年（1083），神宗诏曰："宜定蕃汉官序位"，元祐元年（1086），宋拟定了蕃官不论官职多高，地位必在汉官之下的基本地位原则法。为什么蕃官不得与汉官平等叙位，非得处在汉官之下？知环庆范纯粹说得非常清楚：

　　　　诸路蕃官各依久例，不得与汉官叙班，并在汉官之下。此所以尊中国而制外蕃也。况蕃官职名虽高，只是管勾部族人马，凡部族应有公事，并须从汉官弹压理断，及战斗并亦用汉官使臣统制驱策。②

　　诸路蕃官不与汉官平等，处于汉官地位之下，如此则贵在"不失中国外夷尊卑之限，绝蕃酋骄慢觊望之心，统制有常，不为后患"。③

　　二是蕃官不得换授汉官差遣。元祐元年（1086），河东路提刑兼权管勾经略司公事范子谅上疏说："国朝置蕃官，必于沿边控扼之地，赐以土田，使自营处，官资虽高，见汉官用阶墀礼，所任不过本部巡检之类。平居无事，气志慑服，故缓急之际易为驱策。近岁蕃官有换授汉官而任内地次边去处，甚者擢为将副，与汉官相见均礼，于事礼未顺。"④ 于是，宋

---

① 《续资治通鉴长编》卷466，元祐六年九月甲寅。

② 《续资治通鉴长编》卷375，元祐元年四月己亥，第9091页。

③ 同上。

④ 《续资治通鉴长编》卷384，元祐元年八月丁亥，第9349页。

廷下令，"今后蕃官不许充汉官差遣"①。宋徽宗建中靖国元年（1101），知延州范纯粹上疏说：近年以来，诸路蕃官志意骄满，习于惰慢。原因是蕃部数有立功之人，叙述祖父曾任汉官，或帅臣姑息迁就，特为陈乞，蕃官遂得轻授汉官差遣，致互相攀引，不安守分。鉴于这种情况，他建议朝廷今后降旨诸路帅臣及其蕃官，"不得奏乞蕃官换授汉官差遣"②。

这种约束和压迫蕃官的政策，究其实质，统治者的根本出发点在于使各级蕃官既"易为驱策"，又不失"汉蕃"之别，使之为宋统治阶级忠心服务，维护赵宋王朝的统治。

（三）蕃官赏罚法

基于各种政治军事原因，宋朝在西北藏区任命了众多的蕃官，并制定了与之相适应的蕃官给授、承继和地位法制，其根本目的在于通过"以夷制夷"达到对民族边区稳定统治的目的。然而，在宋政府任命的为数庞大的蕃官队伍中，违背朝廷旨意和懈职无能者并不乏其人，更有甚者，一些蕃官酋首率众叛逃、掠边扰境等违法犯罪的现象屡有发生。宋廷对违法蕃官，依其情节之轻重分别给予行政或刑事处罚。

第一，反叛罪。边境叛逃或谋图叛逃是两宋时期民族边区最常见的犯罪现象之一，犯者不仅有蕃族汉户，而且还有蕃官边吏，《长编》记载了许多蕃官叛逃犯罪的事实：景德元年（1004）九月，镇戎军上奏说，"先叛去"蕃官茄罗、乌藏、策旺三族及咱伊军主率属归顺；嘉祐五年（1060）七月，殿中侍御史吕诲反映："昨保安军蕃官胡守中叛去"；又熙宁五年（1072）六月，蕃官章威等投逃西夏；熙宁八年（1075）五月，熙河路安抚司言，蕃官殿直奇默特与母伊罗勒"谋并家属走西夏"；其他史料也有许多这方面的记载：熙宁年间，鬼章侵犯宋朝西北边境，蕃族讷儿温、禄尊首率部族叛附鬼章③；治平元年，枢密院言："近日环州界蕃官思顺族逃入西界，盖欲阴坏藩篱。"④

---

① 《续资治通鉴长编》卷384，元祐元年八月丁亥，第9349页。
② 赵汝愚：《宋朝诸臣奏议》卷125，范纯粹《上徽宗乞今蕃官不得换授汉官差遣》，第1381页。
③ 《宋会要辑稿》第199册《蕃夷》6之14，第7825页。
④ 《宋会要辑稿》第186册《兵》28之1，第7270页。

对蕃官的违法行为,从国家安全和边境稳定出发,一般情况下从重处罚。熙宁年间宋廷对前引蕃官讷儿温和禄尊等叛逃等案的处理就充分说明了这点,对讷儿温和禄尊的叛降无常,宋神宗下诏要求知岷州种谔,对众明谕讷儿温和禄尊犯罪事实,"凌迟处斩"①,其妻儿、田产赐他人,儿子年龄十五岁以上配广南牢城,十四岁以上随行;对蕃官殿直奇默特与其母伊罗勒谋逃走西夏,宋廷批准奇默特于蕃市"凌迟处斩",并以家属赍"赏告捕者,以犒蕃部"②,显然宋廷对叛逃大逆罪的基本立场是严惩不贷。当然,这并非一概而论,为了拉拢蕃部上层,稳定边区统治,宋廷往往对叛逃悔改者给予宽赦,如景德元年(1004)九月,当原先叛逃的蕃官茄罗、乌藏、策旺三族及咱伊军主率属表示归顺时,真宗即诏:"宽赦,并给马值"③,不予追究。

第二,渎职罪。按照蕃官法对蕃官的行政法规规定,蕃官作为边区特别行政官吏之一,应与当地派遣汉官守将一道,有职责对蕃部滋事扰边、窃盗孳畜、滥杀无辜以及擅入禁地贸易等边境违法犯罪行为给予追究和打击,以维护当地社会稳定和民族团结,反之则视为玩忽职守,构成失职渎职犯罪,将要受到法律制裁。仁宗嘉祐七年(1062),环州都巡检内殿崇班柴元肃、平远寨监押右侍禁安镇、寨主陈玉"擅用蕃法和断"④,属于渎职行为,因为政府明确规定缘边官吏不能随意运用"和断"之法。宋法律规定,被纳为人质者,不能随便放出,如果擅放人质亦属违法,知泾原路都铃辖周文质与总管王谦、史崇信"议断斩作过蕃部",但又"与知谓州马洵美同放质子,有违宣命",结果周文质"除名白州编管,谦、崇信并免勘差替,洵美罚铜三十斤,移别处差遣"⑤。神宗熙宁九年(1076),内殿崇班德顺军静边寨主田璟说:对缘边熟户窃入西夏境内盗孳畜人户之事,没有酋首、邻族不知道的,但他们都"上下蒙蔽,或未晓彼情,或希功赏增饰事状"⑥,以致掩杀无辜,造成边境矛盾和摩擦。

---

① 《宋会要辑稿》第199册《蕃夷》6之14,第7825页。

② 《续资治通鉴长编》卷264,熙宁八年五月甲申,第6477页。

③ 《续资治通鉴长编》卷57,景德元年八月丁亥,第1255页。

④ 《宋会要辑稿》第98册《职官》65之22,第3857页。

⑤ 《宋会要辑稿》第97册《职官》64之27,第3834页。

⑥ 《续资治通鉴长编》卷273,熙宁九年三月辛巳,第6696页。

为了打击这种宋夏缘边盗窃现象，宋廷"重之赏格，许人陈告"①，对捕获入西界做贼盗窃者及失职蕃官首领一律依法严惩。

对蕃官的玩忽职守，宋廷规定：轻者处以罚金（铜）、编管、降职，重者罢免、移调或处斩。仁宗嘉祐五年（1060），保安军蕃官胡守中叛逃西夏，诏："取还就诛。"② 即处死，宋廷并令邻路体察度量，如果"兵官失绥抚者，重行降责"。熙宁三年（1070），神宗得知陕西蕃部首领"多执归明蕃人杀之，妄言把截、巡绰、斗敌所获首级，不独侥幸恩赏，且枉杀无辜"的情况后，立即令逐路经略司必须查明"贼马踪由，保明以闻，不得止据城寨申报"，对不追究违法狡黠蕃族的官员，"罢免夺职"③。熙宁五年（1072），蕃官臧崽等投逃西夏，由于未能及时觉察此次逃叛事件，庆州荔原堡都监内殿承制窦琼、内殿崇班朱辛被各罢官冲替，管勾蕃部司公事任怀政罚铜十斤④。

无辜生事也属失职犯罪。有宋一代，边区民族问题和军事问题复杂严峻，边境地区扰边、掠边现象十分突出，熙宁六年（1073），"延州蕃官刘绍能以兵袭逐顺宁寨蕃部逃入西界者，不及，及捕西人为质，致使人情愤激，无辜生事"⑤；元祐二年（1087），蕃官东头供奉巡检慕化，"擅入西夏界侵略"⑥。宋政府对无故侵边、扰边的蕃汉百姓及沿边官吏严加防范，对违法者重罚。元丰二年（1079）诏令："蕃官军使罗遇杖脊刺配广南东路牢城，柔远寨主孙贵、兵马监押王顾并追一官，免勒停，柔远寨巡检胡永德追两官，免勒停，环庆路走马承受、入内东头供奉官王怀正罚铜七斤，降京西监当。前知大顺城、内殿承制康大同等四人差替。"⑦ 原因是蕃官军使罗遇因"纵火焚新和市"，遵裕因"隐庇不治"，结果涉嫌官吏都被绳之以法。有一些蕃官，泄露国家军情政要危害边防，"蕃部密报，蕃部钤辖、崇仪副使赵绍忠私下与董毡文字往来"，有泄露军情的重

---

① 《续资治通鉴长编》卷273，熙宁九年三月辛巳，第6696页。
② 《续资治通鉴长编》卷192，嘉祐五年七月壬寅，第4636页。
③ 《续资治通鉴长编》卷211，熙宁三年五月辛丑，第5123页。
④ 《续资治通鉴长编》卷234，熙宁五年六月乙卯，第5674页。
⑤ 《宋会要辑稿》第186册《兵》28之13、6，第7276、7272页。
⑥ 《宋会要辑稿》第98册《职官》66之37、6、29，第3886页。
⑦ 《宋会要辑稿》第98册《职官》66之37、6、29，第3871页。

大嫌疑，宋神宗诏令"押赴秦州经略司知管"①，不得随意出城，对赵绍忠实施编管。

第三，私贸易罪。终宋一代，受宋朝边境禁榷政策和宋夏、宋辽边境国防军情问题的影响，边境禁榷法令甚为严厉而且经济条禁颇为繁杂，但边民违法私贸易现象却相当普遍，这其中也有不少利令智昏的蕃官边将。对于这些蕃官的经济违法行为，宋王朝主要根据相关经济法规给予处罚。

太宗时期，针对"诸色人于熟户蕃部处赊买羊马、借贷钱物"等现象，淳化三年（992），北宋政府颁布的《淳化法令》规定：所有军人、百姓，不得赊贷、脱赚、欠负蕃人钱物，如果蕃人到汉地买卖，汉户牙人等不得侵欺蕃民、赊买和亏欠蕃民钱物，如果诸寨监押官员，不按以上条制执行，以致引惹蕃人不满，造成蕃部不宁者，由秦州"密具申奏，当行严断"②；嘉祐七年（1062），朝廷批准陕西提举买马监司的奏请：若"秦州蕃官隐藏良马而不引至京师者"，以汉法论罪③。熙宁二年（1069），陕西沿边熟户私贩者将物货转与徇私枉法的蕃官买卖，为了牟取暴利，蕃官包庇"蕃族下散户"，犯法害人。针对这种情况，政府立法禁止并颁布告赏法令，规定："陕西经略使应命官及诸色人，如敢将物货请求沿边官吏转卖者，其受嘱并物主并禁，勘取旨卖物不计多少，并没官，仍许知情人陈告，支赏钱三百，以物主家财充。"④ 元丰七年（1084），"管押回鹘、鞑靼蕃到熙河，令人于蕃界内市快行马"，诏令："入内内侍省东头供奉官麦文昞冲替受罚。"⑤ 南宋哲宗时期，朝廷屡禁边民与夏人互市，但"访闻私易，殊无畏惮"，宋廷要求各级将官及城寨使臣觉察，"违者，治之"⑥。终宋一代，边区私贸易违法者，不论是蕃官还是蕃民，都属于严惩的对象，但也有因功不究或宽赦的情况，如仁宗庆历六年（1046）鄜延路蕃官洛苑副使刘化基掠蕃部，又以官钞卖马，法当处死，可就是因为他曾立有战功，所以宋廷特加赦免，仅由副使改任太子右内率府副率、京

①　《续资治通鉴长编》卷234，熙宁五年六月乙卯，第5674页。

②　《宋会要辑稿》第185册《兵》27之23，第7258页。

③　《宋史》卷191，《兵》12，第4935页。

④　《宋会要辑稿》第186册《兵》28之13、6，第7272页。

⑤　《宋会要辑稿》第98册《职官》66之37、6、29，第3882页。

⑥　《宋会要辑稿》第140册《食货》38之33，第5483页。

西监当①。

综上所述，蕃官是宋政府在民族地区任命的地方长官，它对于维护边区社会稳定和实施宋国家军政方略起着极为重要的作用，它与内地行政长官和民族边区汉族职官最大的不同之处在于其具有较大的自治性。但同时，政府又制定和颁布了许多管理和约束蕃官的条令，对其在授职名、品位、承袭和与汉官地位等方面严格规定，一方面为了将蕃官机制纳入统一的封建国家统治机制之下，便于监控和管理蕃官，使之为朝廷效力，而另一方面则是保持汉蕃有辨，所谓"尊中国别异类"②。这种"既利用又约束"的严重矛盾心理和狭隘的民族主义，决定了蕃官从一开始产生就具有双重性，它既是宋代西北藏区不可或缺的统治力量，又是宋政府制约和防范的对象，只有理解了宋代蕃官的这种尴尬地位，才能够正确理解蕃官对于加强蕃部的治理和维护西北边地社会稳定所起的历史性作用的同时，还能够洞察蕃官种种违法犯罪现象产生的动因，也才能够洞察宋代蕃官行政法的阶级实质之所在。

① 《续资治通鉴长编》卷159，庆历六年十一月壬午，第3850页。
② 《宋会要辑稿》第180册《兵》17之4、5，第7040页。

第三章　论宋代蕃兵防务法制

北宋军队由禁军、厢军、乡兵组成，其武装力量体系纷繁复杂。为了防御西夏的劫掠，宋朝在西北边防二千多里的边防线上和沿边地区布置了大量的军队，主力兵种就是禁军。庆历年间，由于宋夏战事的需要，北宋军队数量急剧膨胀，兵额总数达一百二十五万九千人①，仅在陕西沿边正规军禁军兵力就达二十一万五千。此外，还有数量庞大的厢军、蕃兵、弓箭手等。但军事部署上"守内虚外"的政策，使全部二十二万禁军中，有一半是驻防在京师及其附近，其余分戍全国各要冲地区，主要是防止人民起来造反。因此，总体来看，边境上的只屯驻少量的禁军，军事力量严重不足。加之禁军的战斗力令人担忧，有宋一朝，在与辽、西夏、金的抗衡中屡遭失败。故宋承五代之制，在各地广置乡兵，并使之成为国家军队的重要组成部分。

北宋初期，各地设置乡兵，河东有神锐、忠勇、强壮，河北有忠顺、强人，陕西有保毅、寨户、弓箭手、义勇，川峡有土丁、壮丁，荆湖有弩手、土丁，广南有枪手、土丁、壮丁等乡兵。由于各地乡兵废置无常，发展规模也不等。蕃兵是乡兵中的一种，"蕃兵者，具籍塞下内属诸部落，团结以为藩篱之兵也"。② 蕃兵之法始于国初，其后分队伍、给旗帜、缮营堡、备器械，"一律以乡兵之制"。③

宋代蕃兵的建立和发展经历了一个漫长过程，在长期实践中逐渐形成了较为系统而完备的蕃兵选招、管理、训练等一系列防务法制。关于蕃兵及其制度的研究，近二三十年来，国内外学者已进行了深入的研究并取得

---

① 《宋史》卷187《兵志一》，第4570页。
② 《宋史》卷191《兵志五》，第4750页。
③ 《宋史》卷187《兵志一》，第4569页。

了重要的成果，如安国楼对宋代蕃兵职官体制的研究①，顾吉辰对蕃兵职官补迁、俸给、叙班等问题的研究②，刘建丽、赵炳林对蕃兵的建立和从部族军队向国家军队的转变等问题的研究③，等等。但截至目前仍然存在一些问题有待进一步商榷，以下试就蕃兵军事职官的除授、蕃兵选刺、训练以及蕃兵军法等相关制度再作探讨，提出一些新的看法，如蕃兵机动灵活的激励训练机制和升迁、赏罚制度等。

第一节　蕃兵军职除授法

蕃兵的建立是为了适应对夏战争的需要，仁宗康定、庆历间（1040—1048），"西羌方炽，天下骚动"。④ 西夏李继迁的叛宋和其后不断对宋缘边州军的攻掠，"朝廷患之"。⑤ 为了防止西夏势力的南进，宋朝廷一方面筑城建寨，"辟营田、积边粟"⑥，加强西北军事后勤保障和防卫力量，另一方面着力经营宋夏沿边的蕃部，尤其在与西夏的三川口（今陕西延安西北）、好水川（今宁夏隆德东）和定川寨（今宁夏固原西北）三大战役惨败后，宋朝廷已完全意识到正规军不堪一击，难负重任；加之宋夏边防线绵延二千多里，"东起麟、府，西尽秦、陇"⑦，尽管宋西北驻军达三四十万之多，但要在如此漫长的宋夏边防线上有力防卫边防，仍然颇感兵力之不足，正如参知政事欧阳修所说，"吾兵虽众，不得不分，所分既多，不得不寡"。⑧ 在这种情况下，宋适时转变边防战略，通过招募沿边蕃族丁壮入兵，以内附蕃部熟户为基础，筹划组建一支新型少数民族军队来防托边界、巩卫边防，于是，一支勇敢强悍、战斗力较强的蕃兵兵种

---

① 安国楼：《论宋朝对西北边区民族的统治体制》，《民族研究》1996 年第 1 期，第 57—66 页。

② 顾吉辰：《宋代蕃官制度考述》，《中国史研究》1987 年第 4 期，第 33—42 页。

③ 刘建丽、赵炳林：《略论宋代蕃兵建制》，《西藏研究》2004 年第 2 期，第 47—50 页；《略论宋代蕃兵制度》，《中国边疆史地研究》2004 年第 4 期，第 30—39 页。

④ （宋）张世南：《游宦纪闻》卷 7，中华书局 1981 年版，第 65 页。

⑤ （宋）文莹：《续湘山野录》，中华书局 1984 年版，72 页。

⑥ （宋）文莹：《玉壶清话》，中华书局 1984 年版，82 页。

⑦ 《续资治通鉴长编》卷 204，治平二年正月癸酉，中华书局 1992 年版，第 4937 页。

⑧ 同上。

便应运而生。

蕃兵主要来源于宋夏沿边的内附蕃部熟户，他们"种落叛散，分寓南北。为首领者父死子继，兄死弟袭，家无正亲，则又推其旁属之强者以为族首，多或数百，虽族首年幼，第其本门中妇女之令亦皆信服"。① 北宋依其民族特性"因其俗"而治，对其首领授予大小不等的军事职官使其统领族壮，"其大首领，上自刺史、下至殿侍，并补本族巡检，次首领补军主、指挥使，下至十将，第受廪给"。② 《宋史》云："国朝置蕃官，必于沿边控扼之地，赐以田土使自营处。"③ 说明蕃官蕃兵主要设于宋夏沿边重要关隘或军事要地，蕃部首领除授军事职官而统领蕃兵的制度最早是在陕西路的秦凤、泾原、环庆、鄜延，河东路的石、隰、麟、府等地开始实行，熙河开拓之后又逐步推广到甘肃藏区的熙（今甘肃临洮县）、河（今甘肃临夏市）、兰（今甘肃兰州市）、会（今甘肃会宁县）地区并日益制度化。

蕃兵军事职官的职名大小首先与蕃部首领所辖部族人口有关，史载："其大首领为都军主，百帐以上为军主，其次为副军主、都虞侯、指挥使、副兵马使。"④ 显然表明除授的军职官职名大小与所辖部族籍帐之多少密切相关，军职蕃官的月俸钱自三千至三百不等，还每年供给冬服、棉袍凡七种，紫绫三种。十将而下皆给田土。⑤ 其次，因功也可次补为"诸卫将军、诸司使、副使、承制、崇班、供奉官至殿侍"。⑥ 即功勋之大小也与所授爵位高低直接挂钩。因功授蕃官的范围不仅包括蕃部首领，而且也包括一般部民，《渑水燕谈录》载："韩存宝，本西羌熟户，少负才勇，喜功名，累立战功，年未四十，为四方馆使，泾原总管。"⑦ 不管是因功授官还是"因俗"封爵，被授蕃兵军事职官的性质可分为二大类，一类是如禁军指挥一级编制的长官指挥使、都一级编制的长官副兵马使等"实职官"；另一类是如刺史、殿侍之类"非职事官"，它们或为"加官虚

---

① 《宋史》卷191《兵志五》，第4755页。

② 同上书，第4756页。

③ 《宋会要辑稿》第180册《兵》17之3，第7039页。

④ 《宋史》卷191《兵志五》，第4751页。

⑤ 同上。

⑥ 同上。

⑦ （宋）王辟之：《渑水燕谈录》卷6，中华书局1981年版，第76页。

衔"，或为"无品武阶名"而已。

宋神宗时期，王安石实行变法，颁布了《将兵法》。为了加强对蕃兵的管理，熙宁二年（1069）郭逵提出《蕃兵法》，其云：

> "蕃兵必得人以统领之。若专迫以刑法，彼必散走山谷，正兵反受其弊，当设六术以用之。曰远斥堠，曰择地利，曰从其所长，曰舍其所短，曰利诱其心，曰战助其力。此用蕃兵法也。"① 诏从之。

此后，蕃兵建设便同宋正规军一样，逐步建立起将领统率体制，例如：熙宁八年（1075），诏"泾原路七驻泊就粮上下番正兵、弓箭手、蕃兵约七万余人分为五将，别置熙河策应将副"。② 熙宁十年（1077），知延州吕惠上疏说，"自熙宁五年，招募到蕃兵、弓箭手，未曾团定指挥，本司现将本路团结将分团成指挥、都，分置立将统辖"。③ 元丰六年（1083）七月，熙河兰会路经略制置使李宪上疏，"治蕃兵，置将领，法贵简而易行，详而难犯。臣今酌蕃情立法"。④ 诏：熙河兰一路《条画事法》：

> 应五州军各置都同总领蕃兵将二员，并本州军驻扎，总领本州军管内诸部族出战蕃兵并供赡人马。仍各置管押蕃兵使臣二员，内四员委本将选择，从经略使司审察奏差，余六员许本将所在驻扎州军，于经略、总管、缘边安抚司准备差使指挥，及管下城、寨、关、堡使臣内选择兼充。平居不妨本职，遇有事宜出入，将下一面勾抽。⑤

从《条画事法》完全可以看出，蕃兵已如正兵建立起都、指挥一级的编制，分置将校统率，"凡蕃兵骑、弓箭手、强人、山河户等，置引战、旗头，以本属酋首将校为拥队，并如正军法"。⑥ 可见，蕃兵及其军事职官建制日益迈上正规化、法制化的轨道。

---

① 《宋史》卷 191《兵志五》，第 4757 页。
② 《宋史》卷 190《兵志四》，第 4714 页。
③ 同上。
④ 《宋史》卷 191《兵志五》，第 4760 页。
⑤ 《续资治通鉴长编》卷 337，元丰六年七月壬戌，中华书局 1992 年版，第 8126 页。
⑥ 《宋史》卷 190《兵志四》，第 4715 页。

宋政府规定，蕃兵军职官的职名子孙可以承袭，但熙丰之前多是降级承袭，由于随着时间的变迁和内附蕃族人户的增加、流动，以及一般蕃民的因功授官，出现了"主客族帐，混淆莫纪。……主家或以累降失其先职族首名品，而客户或以功为使臣，军班超处主家之上"的现象，而"军兴调发，有司惟视职名，使号令其部曲"，以致造成了"众心以非主家，莫肯为用"① 的结果，这不利于宋对蕃部的有效管理，故熙宁元年（1068），宋颁布新的《蕃官承袭法》法规定：

> 枢密院乃会河东路，蕃部承袭不降资；秦凤路降两资，泾原路蕃官告老以门内人承代亦不降资，鄜延、环庆路蕃官使臣比类授职。蕃官副兵马使以上元无奏到之人，诏鄜延、环庆路蕃官本族首领子孙当继袭者，若都军主以下之子孙勿降，殿侍并差使、殿侍之子孙充都军主，借职、奉职之子孙充殿侍，侍禁、殿直之子孙充差使、殿侍、供奉官之子孙补借职，承制以下子孙补奉职；其诸司副使以上子孙合继袭者，视汉官遗表加恩二等。奏可。②

新法之所以规定本族蕃官名品常在，根本目的是使"熟羌之心皆知异日子孙不失旧职，世为我用"。③ 当然，如果蕃官子孙幼弱不堪胜任者，即选部族有能者代替之，例如：熙宁三年（1070），宣抚使韩绛上奏："亲奉德音，以蕃部子孙承袭者多幼弱，不能统众，宜选其族人为众信伏者代领其事。"④ 诏从之。

第二节　蕃兵选刺与团结教阅法

蕃兵兵源的基础是甘青地区内附蕃族熟户，随着北宋后期内附蕃族人数的大量增加，蕃兵兵源得到了有力的扩充和稳定。宋英宗时期，为了扭转对夏战争的不利局面和达到"以夷制夷"的目的，蕃兵建设受到了宋

---

① 《宋史》卷191《兵志五》，第4756页。
② 同上。
③ 同上。
④ 同上书，第4757页。

政府的高度重视，尤其是神宗熙宁时期，宋朝一改过去柔弱军事外交政策，向西开拓、对夏进攻，随着熙河之役的进行，内附蕃人数量的增多出现了一个高潮，史载：熙宁五年（1072），王韶招纳沿边蕃部，"自洮、河、武胜军以西，至兰州、马衔山、洮、岷、宕、叠等州，凡补蕃官、首领九百三十二人，首领给餐钱，蕃官给奉者四百七十二人，月计费钱四百八十余缗，得正兵三万，族帐数千"。①

熙宁七年（1074）三月二十五日，熙州王韶上奏："乞以河州作过蕃部近城川地招弓箭手外，其山坡地招蕃弓箭兵手，每寨五指挥，以二百五十人为额，每人给地一顷，蕃官两顷，大蕃官三顷。仍召募汉人弓箭手等充甲头，候招及人数补节级人员与蕃官同管勾。自来出军，多为汉兵盗杀蕃兵以为首功，今蕃官各情愿依正兵例黥面或手背为弓箭手字号，乞更于左耳前刺蕃兵字。"②诏如其请。这段文献表明，宋招纳蕃兵，依"正兵例"的黥面或刺字方式，对应募从军的蕃人，耳前被刺有"蕃兵"字号，以示与正兵之区别，故选招也称为"选刺"，或称"团结"。

为了防止蕃兵、义勇等土兵招募过程中的鱼龙混杂和无统一法度规范造成"选练不精，法制寝坏"的现象，宋政府日益重视选招蕃人参军的制度化建设，宋朝在治平元年（1064）和熙宁八年（1075）先后颁布了两个关于蕃兵"选刺"与"团结"的重要的法律文件，对召募蕃人入兵的年龄、条件和数量等方面都作了明确的法律界定。

治平元年的《蕃兵选刺法》规定：

> 陕西"凡主户三丁选一，六丁选二，九丁选三，以年二十至三十有材勇者充当。秦州成纪等六县，有税户弓箭手、寨户及四路正充保毅者，家六丁刺一，九丁刺二"。③

熙宁八年的《陕西蕃丁法》，即《陕西路蕃兵部伍取丁法》规定：

> "陕西诸路缘边团蕃兵，并选年二十以上，本户九丁以上取五

---

① 《宋史》卷191《兵志五》，第4757页。
② 《宋会要辑稿》第121册《食货》2之4，第4827页。
③ 《宋史》卷191《兵志五》，第4733页。

丁，六丁取四丁，四丁取三丁，三丁取二丁，二丁取一丁，并刺手背，人数虽多，毋过五丁。每丁十人置一十将，随本族人数及五十人置一副兵马使，及百人置一军使、一副兵马使，及二百人置一军使、三副兵马使，及三百人置一副指挥使、二军使、三副兵马使，及四百人加一军使、一副兵马使，及五百人又加一指挥使、一副兵马使。毋过五百人，每百人加一军使、一副兵马使。即一族不及五十人者，三十人以上亦置一副兵马使，不及二十人止置十将。"至是，始立法。①

显然，《陕西路蕃兵伍取丁法》对招刺蕃兵的年龄、数量和将官的任命办法等已有了具体的法律规定：（1）选刺蕃兵，年龄须达到二十岁以上。（2）以户丁多少决定选刺蕃兵数量，并以选丁人数多少来任命各级将官。（3）被选刺为蕃兵者，须刻刺手背作为标记。

蕃兵选刺和团结之法的颁布和实施，对蕃兵招纳工作的顺利开展产生了极为重要的作用，史载：熙宁以来，朝廷尤重蕃兵、保甲之法，熙宁十年（1077），枢密院又议立《陕西、河东团结蕃部法》，蕃部族帐益多，抚御团结之制益密，故而团结蕃部之兵益壮。

《续资治通鉴长编》载：治平元年（1064），陕西选刺团结蕃兵数量为：

> 秦凤路寨十三，强人四万一千一百九十四，壮马七千九百九十一；鄜延路军城堡寨十，蕃兵一万四千五百九十五，官马二千三百八十二，强人六千五百四十八，壮马八百一十；泾原路镇寨城堡二十一，强人一万二千四百六十六，壮马四千五百八十六，为一百十甲，总五百五队；环庆路镇寨二十八，强人三万一千七百二十三，壮马三千四百九十五，总一千一百八十二队。②

《宋史》载：

> 治平四年（1067）闰三月，郭逵上疏："收原州九砦蕃官三百八

---

① 《续资治通鉴长编》卷270，熙宁八年十一月壬午，中华书局1992年版，第6626页。
② 《续资治通鉴长编》卷230，治平元年十二月丙午，第4926页。

十一人，总二百二十九族，七千七百三十六帐蕃兵万人，马千匹。"①
又载：熙宁四年（1071），经略安抚使郭逵再奏，"怀宁砦所得地百
里，以募弓箭手，无闲田。逵又言之，遂括地得万五千余顷，募汉蕃
兵几五千人，为八指挥"。② 熙宁七年（1074）十一月，"王中正团结
熙河界洮、河以西蕃部，得正兵三千八十六人，正、副队将六十人，
供赡一万五千四百三十人"。③

　　为了提高蕃兵的战斗力，真正发挥他们能征善战的优势，宋朝也十分
重视对新旧蕃兵的教阅训练，以真正达到"藩篱边防"、保家保境的目
的。下面举一些宋朝大臣要求对蕃汉兵士谨加训练的观点：治平元年
（1064），宰相韩琦上疏说："今之义勇，河北几十五万，河东几八万，勇
悍纯实，出于天性，而有物力资产，父母妻子之所系，若稍加练简，与唐
府兵何异？"④ 是说蕃兵、义勇等乡兵加以训练，其战斗力可与唐府兵相
媲美。元祐元年（1086），环庆范纯粹也说："宜于逐将各选廉勇晓蕃情
者一员专充蕃将，令于平日钤束训练。"⑤ 反之，不论是正兵还是蕃兵义
勇，如果不加训练、使习教艺，则如泾原路经略司蔡挺所说，"泾原勇敢
三百四十四人，久不拣练，徒有虚名"，⑥ 难负重任，以至败事。又，宋
臣尹洙亦云："臣窃见诸路拣选到兵士其间无不骁勇，然怯弱者亦多，未
曾训习或即令其戍边，恐临战退缩更至败事，臣欲乞于泾州别立军额，如
募兵众，武勇材力明立科式，定作三等：第一等，便充本军人员更不刺
面；第二等，充十三将虞；第三等，充承局押营，其兵士但取强壮堪任教
习者，不以身材尺寸为限，钱粮三百文至五百文为额，唯乞优赐例物其节
级以上别作等第支给，若泾原一路可得万人，以此御敌，军威必振。"⑦
　　由于蕃兵亦兵亦农的基本特性，宋朝对蕃兵的训练，主要体现在平日

---

① 《宋史》卷349，《贾逵传》，第11051页。
② 《宋史》卷176，《食货志上》，第4268页。
③ 《宋史》卷191，《兵志五》，第4759页。
④ 《宋史》卷190，《兵志四》，第4707页。
⑤ 《宋史》卷191，《兵志五》，第4761页。
⑥ 《宋史》卷190，《兵志四》，第4724页。
⑦ （宋）尹洙：《河南集》卷19，《乞募土兵》，影印文渊阁《四库全书》本，台湾商务印
书馆1986年版，第97页。

和战时。教阅的内容主要是教习武艺、射箭技术和刀法、骑术等，宋人尹洙的《河南集》对蕃兵、弓箭手等乡兵的教阅训练有极为详细的叙述：

> 近降指挥，内有所管指挥多少及人数不定去处，即不拘指挥人数多少，各均分为三番，须管于一季中教遍。切虑诸处只就人数均分临时并合在别指挥或别都分，不就本辖将校一处教习，能以整肃，欲乞三指挥以上并就全指挥教阅，只如有四指挥处，两指挥作一番，余两指挥各为一番指挥，更多并依此例。其两指挥处即以一指挥作一番，余一指挥分作两番并就全都教阅，更不均分人数。只有一指挥者亦依此例，一月一替，一年得三个月。教阅所贵均平或只定作三番，于一年内择三个月，农忙之际免教，亦不废三个月教阅之实。一体部同州第（四）第五等人户多无弓弩，当教阅时旋借用，虽有指挥官，中量给钱数又绿只支得五七百文，今问得弩一枝钱一贯五六百文足，弓一张钱七八百文足，大率家贫少钱添助，其间人材甚有少壮者似此教阅恐不精熟，某欲乞应系第（四）第五等人户如情愿投清边弩手者，与免本户下弓手，其第三等以上不得免放。[①]

上述资料说明以下几个重要问题：（1）蕃兵平时教阅的时间，每年选择三个月进行集中训练，一般是在农闲之季，农忙之际免教；（2）教阅的基本单位是以一指挥或二指挥为一番，分区域、分番进行训练；（3）家贫而不能自备兵器的蕃兵，教阅时的装备如弓弩、枪箭等可借用或由政府发放。

出战蕃兵的教阅由本族蕃官首领统一指挥。教阅时，出战蕃兵自备人马衣甲、器械数目，"令将官置籍，因巡按蒐阅点检出战衣甲器械，令将官预修据关给借。蕃兵自来输差在缘边巡绰、坐团、卓望者，听依旧例差拨"。[②] 如果出战蕃兵以事故出外，必须申报本族蕃官首领，不得擅出本州军界，违者严惩。出战蕃兵的教阅是与蕃兵武艺高低分等级而进行的，《条画事法》蒐阅门如是云："出战蕃兵分四等：以胆勇，武艺卓然者为

---

① （宋）尹洙：《河南集》卷24《申乡兵教阅状》，影印文渊阁《四库全书》本，台湾商务印书馆1986年版，第133、134页。

② 《续资治通鉴长编》卷337，元丰六年七月壬戌，中华书局1992年版，第8127页。

奇兵；以有战功，武艺精熟者为第一等；以未曾立功而武艺精熟者为第二等；以武艺生疏者为第三等。委逐族蕃官首领依格推排，总领将别置籍，依等第单名拘管，遇有增减，于簿内开收。诸将出战蕃兵，分为左、右、前、后四部，遇点集出入，逐族各随所属蕃官，每部差管押蕃兵使臣二人，毋得将一族人马分入两部。"① 教阅结束时，蕃兵总领将就便检阅，并根据教阅后的成绩，才能决定对蕃兵的迁降和赏罚："总领每季分诣逐族就近点阅，止随蕃兵所习按试。如第一等内武艺卓然者，别为一等，充奇兵，每将以二百人为额；第二等内出众者，升为第一等，每将以三百人为额；第三等内出众者，升为第二等，每将以五百人为额。候点阅讫，等第支赏并酒食犒设：奇兵支银碗，第一等、第二等支银楪有差，选充奇兵及第一等、第二等者，并支颜色战衣并丝勒巾，以鼓激众心。"② 检阅时，如果发现蕃兵内有壮勇堪充出战者，即临时拣选，抵替不得力的蕃兵。对武艺精熟、人马骁锐出众者，将官即保明举荐并申经略司旌赏，"所有教阅将官巡按、升进等第、特支管犒之类，并如蕃兵法"。③ 反之，如有"年老或病患不堪征役之人，令本家少壮人丁承替者，即时于籍内改正姓名，每季分诣点阅毕，具所管部有无增减人马数，申经略司考较闻奏"。④出战蕃兵的待遇，《条画事法》杂条门有规定："系籍出战蕃兵，通所管部落子一千人以上，不满二千人，每年支公使钱一千贯；二千人以上，不满三千人，支二千贯；三千人以上，支三千贯止。以系省钱充，仍分上下半年，各并委总将下选差员寮十将等给役使，仍于本将差押蕃兵使臣主管公使库。"⑤

　　队法和阵法等内容也是蕃兵训练的另一项重要内容。熙宁六年（1083），宋诏诸路经略司《李靖结队法》："三人为一小队，九人为一中队，赏罚俟成序日取裁。其队伍及器甲之数，依泾原路牙教法。"九月，赵禼建议实施《八队旗法》：

---

① 《续资治通鉴长编》卷337，元丰六年七月壬戌，第8127页。
② 同上书，第8128页。
③ 同上。
④ 同上书，第8129页。
⑤ 同上。

　　自今大阅汉蕃阵队，且以万二千五百人为法，旌旗麾帜各随方色。战国时，大将之旗以龟为饰，盖取前列先知之义。令中军亦宜以龟为号。其八队旗，别绘天、地、风、云、龙、虎、鸟、蛇。天、地则象其方园，风、云则状其飞扬，龙、虎则状其猛厉，鸟、蛇则状其翔盘之势，以备大阅。

　　不过由于枢密院以为阵队旗号若绘八物，应士众难辨，"且其间亦有无形可绘者，遂诏止依方色，仍异其形制，令勿杂而已"。①

　　可见，北宋教阅蕃兵之法极为繁杂，先后颁布了许多教阅团结法，其名如《团教法》《李靖结队法》《八队旗法》《四路战守约束》等。与此同时，还有相当完备的蕃兵教阅赏罚法，其基本精神是，根据蕃兵及其将领在教阅训练中的表现和功绩对其升降赏罚，"蕃总领将遇军行，于驻札州军将下出战士兵或汉弓箭手内，差马军二队充带器械马随行。蕃兵将各置行遣吏人等取受财，并依河苍法"。②"出战部落子人马不结入四部，于蕃兵籍内别拘收，遇出战，即别为一队，所有教阅将官巡按、升进等第、特支管犒之类，并如蕃兵法。"③ 这是一种能上能下、机动灵活的激励训练机制，它对于保障蕃兵质量、提高蕃兵战斗力起到了极为重要的作用。

第三节　蕃兵职责与赏罚

　　蕃兵作为宋朝在西北地区建立的一支具有民族特色的少数民族军队，其基本职责是：屯田驻营边境，入则耕，出则战，捍卫边面，"为国藩篱"。为了激励蕃兵英勇杀敌，捍卫家园，保家保境，宋朝详定各类有功迁赏的法令并颁布实施，同时对蕃兵违法行为予以制裁，"将佐偏裨，如或软懦失职，具名以闻，或寇至失事，并行军法"。④

　　北宋制定的蕃兵赏罚条例颇多，如元丰六年（1083）七月，朝廷批准熙河兰一路斟酌蕃情拟定《条画事法》，凡三门："职分门""蒐阅门"

---

① 《宋史》卷148《兵志九》，第4863页。

② 《续资治通鉴长编》卷337，元丰六年七月壬戌，第8129页。

③ 同上书，第8128页。

④ 《宋史》卷190《兵志四》，第4722页。

"杂条门"。政和五年（1115）二月，北宋朝廷颁布《提举保甲条例》：
"陕西、河东路各置干当公事使臣二员，仍每岁令枢密院取索逐路招到弓
箭手并开垦过地土，比较优劣殿最，取旨黜陟。合措置事节，所差官条画
以闻。"①

元丰六年（1083）七月的熙河兰一路《条画事法》内容十分丰富，
其立法原则是"治蕃兵、置将领，法贵简而易行，详而难犯"，主要内容
包括蕃兵的布置、拣选和奖赏以及对违反军法的处罚等，其中对蕃兵的赏
罚之规定主要体现在两个方面。

第一，蕃兵赏法

蕃兵及其将官的奖赏法律，主要有元丰六年七月颁行的《条画事法》
中若干条款，其《职分门》规定："押蕃使臣、蕃官、诸司副使以上，不
以亲手斩获首级数计功，依正兵队获首级分数论赏。"②《蒐阅门》规定：
"总领将并管押使臣，如能说蕃官首领纠出未充蕃丁之家，及招募人马有
增数者，理为劳绩，岁终委经略司据所增申奏。以千人为率，每一马仍当
一人。每增及二百人已上，总领将展磨勘三年，使臣展磨勘二年。诸族都
管蕃官如于本族根括及招募到人马，岁终委将官具所增数申经略司酬
赏。"③此外还有许多相关赏法，例如：熙宁六年（1073）枢密院制定的
《战功八等定赏条例》：

> 勇敢效用皆以材武应募从军，廪食既优，战马戎械之具皆出公
> 上，平时又得以家居，以劳效赏者凡四补而至借职，校弓箭手减十
> 资，淹速相远，甚非朝廷第功均赏之意。请自今河东、鄜延、秦凤、
> 环庆、熙河路各以三百，泾原路以五百为额。第一等步射弓一石一
> 斗，马射九斗，奉钱千；第二等以下递减一斗，奉七百至五百。季首
> 阅试于经略司，射亲及野战中者有赏，全不中者削其奉，次季又不中
> 者罢之。战有功者以八等定赏：（一）给公据，（二）以为队长，
> （三）守阙军将，（四）军将，（五）殿侍，（六）三班借差，（七）
> 差使，（八）借职。其弓箭手有功，亦以八等定赏：（一）押官，承

---

①　《宋史》卷190《兵志四》，第4722页。

②　《续资治通鉴长编》卷337，元丰六年七月壬戌，中华书局1992年版，第8127页。

③　同上书，第8128页。

局；（二）将，虞侯，十将；（三）副兵马使，军使；（四）副指挥使；（五）都虞侯；（六）都指挥使；（七）三班差使；（八）借职。即以阙排连者次迁。①

元祐二年（1087）四月枢密院建议实施的《推恩功赏条例》：

> 汉蕃官弓箭手并诸军蕃兵等有功未赏而身亡或阵亡，子孙若兄弟之子合皆承袭推恩者，旧例汉弓箭手承旧职名，蕃弓箭手、蕃官承新职名，理有未均，欲自今悉因旧职名推恩应承袭准此，其未授赏者，每一资赐绢二十四，功状优异者，取旨。从之。②

对于蕃兵斩敌的赏法，仍依正兵条法《获首级例》实施："诸处军队或五十人或一十五人或不及二十五人为一队，共获贼首一级（擒生同）依赏格所给第四等，赐分与一附将士；如获级五分以上即全队并与第五等转。管押军队人员不满五十人杀获，与输折相当外获五级与第五等转，五级加一等；其获二十级虽输折相等亦第五等转，所管不满百人杀获，与输折相当外获七级与第四等转，七级加一等；其获三十级已上虽输折相等亦与第五等转，百人已上杀获与输折相当外获十级与第五等转，十级加一等。并以田战元数为定，不除输折数下。十将以下差管押十人已下并同，即游徼，或为奇兵亦依军队例。下皆准。"③ 绍圣三年（1096）三月二十二日诏："今后陕西、河东路赏功并依元丰赏格推恩例，经略告谕汉蕃将士等。"④

如果蕃兵军将在杀敌探事中造成重伤，则以重伤例论赏。元祐七年（1092）十二月二日，河东经略司言："西界投来头首异浪升崖是西界正铃辖，乞特与一诸司副使名目，其从人岁移曾差出探事斗敌重伤。"诏：异浪升崖与内殿承制，给驿券，差赴麟府路军马司使唤，候别立劳效保明

---

① 《宋史》卷190，《兵志四》，第4725页。
② 《宋会要辑稿》第181册《兵》18之19，第7067页。
③ （宋）尹洙：《河南集》卷22，《获首级例》，影印《四库全书》本，第127页。
④ 《宋会要辑稿》第181册《兵》18之17，第7066页。

以闻，岁移为探事重伤，与副兵马使。①

第二，蕃兵违反军法的处罚

《条画事法》之《职分门》规定：蕃兵"总领将凡遇边警，禀帅司不及，即与所驻扎州军守臣、正兵将副及管勾缘边安抚司官共审度，如可御敌，即遣汉蕃两将人马共力枝梧；若辄分彼我，致有误事，即依节制法均责，仍一面具事宜申经略司"。② 又规定，"诸将下管勾部族近上蕃官，遇点集出入，与管押蕃兵使臣参领所管本族兵马。诸将驻扎州军及辖下关、城、堡、寨，如于本将职事不协力，沮害事法，内城寨官许同总领将奏劾施行，州军当职官即具事状闻奏。"③《杂条门》规定："蕃官首领根括募到族下人马，每季及岁会具所增数目，及教习族下人马精锐合系经略司支赏者，本司预具数乞支降，委官置库主管，如别移它用，以违制论。"④ "诸将如遇点集出入，或巡按点阅部族，所在州军城寨议公事，集蕃官，及犒设蕃部，并许支破酒食。⑤ 以公使钱非理费用，及别有馈送，论如监主自盗法。"⑥ 又规定：诸将籍定出战蕃兵，除缓急事宜及逐季点阅外，并不得别差使，如违，以违制论，不以赦降免。⑦ "诸将并管押使臣，如因巡教点集，受蕃官已下献送，论如监主自盗法。已上谓之杂条门。"⑧

除了《条画事法》，宋朝还先后颁布了诸多关于蕃兵违法处罚的法律法规，例如：《蕃兵逃亡法》：北宋军法对逃亡和临战逃跑的军人制定了严格的逃亡惩治法律，蕃官蕃兵依正兵逃亡条例实施，"殿中丞程东美守宾州日，侬贼寇宾，因弃城，后得罪编置于郓"。⑨ 但如果情有可原者则予减罪处理。乾兴四年（1025）十月二十六日，户部副使王博文言："陕西沿边蕃族捕送逃军，颇有因差勾当或远探伏路、伐木、采柴偶逢蕃贼，拒敌不下被虏掠前去，蕃部利于赏给，经涉年月返捕送官。有司勘鞫，但

① 《宋会要辑稿》第 180 册《兵》17 之 5，第 7040 页。
② 《续资治通鉴长编》卷 337，元丰六年七月壬戌，中华书局 1992 年版，第 8126 页。
③ 同上书，第 8127 页。
④ 同上书，第 8129 页。
⑤ 同上。
⑥ 同上。
⑦ 同上。
⑧ 同上。
⑨ （宋）文莹：《湘山野录》卷下，中华书局 1984 年版，第 53 页。

招背汉投蕃之罪，依条处死，请降赦边臣，不令下司。自今如有蕃部捕到兵士根勘，但如此类稍有凭据，情理分明者，特与贷命，减死一等，决配远恶州军牢城。"诏："自今但不是故投蕃部详酌，稍有证据，根勘分明者，特与贷命，决配外州牢城讫奏，情至轻者奏裁。"①

北宋末期，兵部在旧法基础上，多次修订蕃兵逃亡法，进一步完善蕃兵法规，如元丰四年（1081）逃亡蕃兵自首法云：陕西诸路州军自边逃来厢禁军、汉蕃弓箭手、蕃兵、义勇及其保甲、人夫等，可于"一月许令自首免罪，厢、禁军令纳器甲复本营，义勇、保甲、人夫等听归所属"。② 哲宗元祐元年（1086），宋政府修订了《河东、陕西蕃弓箭手逃亡法》③。哲宗元符二年（1099）十一月，哲宗下诏：熙河、秦凤路逃亡军人限百日自首，"与依旧收管，弓箭手仍免降配"。④

擅自差发及科配、和雇蕃兵罪：熙宁七年（1074）十月，中书条例司乞五路弓箭手、砦户，除防拓、巡警及缓急事许差发外，若修城诸役，即申经略安抚、钤辖司。其有擅差发及科配、和雇者，并科违制之罪。从之。其夔州路义军、广南枪手土丁峒丁、湖南弩手、福建乡丁枪手，依此法。⑤ 误支官物与蕃官、蕃兵罪等罪罚法：元符元年（1098）诏："今后官司误支官物与蕃官、蕃兵及弓箭手，并依《军人法》。"⑥ 此外，宋对"可疑蕃兵"就近迁管他郡，如元祐三年（1088）正月十八日诏，"陕西、河东经略司，机察来归蕃族之军特可疑者，分徙近郡"。⑦ 由此可见，北宋后期的蕃兵法制建设已经相当完备。

第四节　余论

蕃兵作为北宋的一支地方兵和边防兵，它的性质"既输纳供亿之物，出战又人皆为兵"，是宋政府建立和经营的一种亦兵亦农的蕃部少数民族

---

① 《宋会要辑稿》第 168 册《刑法》4 之 14，第 6628 页。

② 《续资治通鉴长编》卷 321，元丰四年十二月戊午，第 7738 页。

③ 《续资治通鉴长编》卷 372，元祐元年三月乙亥，第 9020 页。

④ 《续资治通鉴长编》卷 518，元符二年十一月己卯，第 12327 页。

⑤ 《宋史》卷 190《兵志四》，第 4714 页。

⑥ 《续资治通鉴长编》卷 501，元符元年八月戊子，中华书局 1992 年版，第 11935 页。

⑦ 《宋会要辑稿》第 180 册《兵》17 之 4，第 7039 页。

部族兵，其建立及其法制化的过程始于国初，正式组建于仁宗朝，熙宁之后，蕃兵制度遂渐推行到西北更多地区，蕃兵受到宋朝的日益重视，正因为朝廷的重视才逐渐形成了一套管理蕃兵的法律规定。

和其他军队一样，蕃兵受枢密院和兵部的双重管理，"陕西、河东蕃兵、三路、广西、荆湖民兵及敢勇效用之属，并属枢密院、兵部依旧主行"。① 但大量蕃兵的建立产生了一个不可避免的问题，即蕃兵与宋正规军之间的关系问题。元祐元年，臣僚言："泾原路蕃兵人马凡众，遇临敌与正兵错杂，非便。诏下其章四路都总管详议，环庆范纯粹言：'汉、蕃兵马诚不可杂用，宜于逐将各选廉勇晓蕃情者一员专充蕃将，令于平日钤束训练，遇有调发，即令部领为便。'"故宋朝议定蕃官、汉官官序地位，规定："诸路蕃官，不问官职高卑，例在汉官之下，所以尊中国，制远人也。"② 这种对蕃官蕃兵的歧视，体现了宋朝统治者根深蒂固的"大汉族主义"的狭隘民族观，这对蕃兵是不公平的，他们屯边驻营、冲锋在前，在防御西夏的侵略中起着不可替代的作用。史载："康定初，赵元昊反，先破金明砦，杀李士彬父子。蕃部既溃，乃破塞门、安远砦，围延州。二年，陕西体量安抚使王尧臣言：'泾原路熟户万四百七十余帐之首领，各有职名。曹玮帅本路，威令明著，尝用之以平西羌。'"③ 治平四年（1067），郭逵言，"熟户散处边关，苦于寇略，逐差度远近，聚为二十七堡，次第相望，自是害乃息。画铁为的，激种豪使射，久皆成劲兵"。④ 熙宁八年（1075），"陕西旧有蕃兵颇可捍边"⑤。

从理论上讲，蕃兵建设的过程其实也是"汉法"渗透和完成对这支独特的少数民族军队的理论统领过程。如熙宁六年（1085），王安石说："教兵当如此。今熙河蕃部既为我用，则当稍以汉法治之，使久而与汉兵如一。武王用微、卢、彭、濮人，但为一法。今宜令蕃兵稍与汉同，与蕃贼异，必先录用其豪杰，渐以化之。此用夏变夷之术也。"⑥ 可见，与蕃兵日益正规化相同步的是所谓"以蛮夷攻蛮夷"的民族政策之思想。

---

① 《宋会要辑稿》第 68 册《职官》14 之 25，第 2690 页。

② 《宋史》卷 191《兵志五》，第 4761 页。

③ 同上书，第 4751 页。

④ 《宋史》卷 349《贾逵传》，第 11051 页。

⑤ 《续资治通鉴长编》卷 270，熙宁八年十一月壬午，中华书局 1992 年版，第 6626 页。

⑥ 《宋史》卷 191《兵志五》，第 4758 页。

　　当然，宋朝蕃兵及其法制化的建设和完善的过程中，也体现出了统治阶级一定的人性化理念，如对甘青地区长期戍边蕃兵的"轮休"政策的实施减轻了对蕃兵身心健康的过度损伤，史载，元符二年（1099）闰九月，宋遣秦凤戍兵十指挥应副熙河新边戍守。十一月，以吕惠卿奏，"减鄜延戍兵五十指挥"。三年八月，"诏遣虎翼军六千戍熙河路，令代蕃兵及弓箭手还家休息"。① 宋对蕃兵及其家属的优恤法制的实施，既体现了宋朝对于蕃官蕃兵的重视，也体现出了宋王朝一定的恤民思想，如至道四年（1003）诏，"所有弓箭手、蕃兵，常令优恤，贫乏者亦令贷借"。②

　　从北宋军法的实质看，蕃兵及其军事法律规范依然是宋"阶级法"的范畴之一，这是无法改变的阶级本性，大中祥符元年，诏"应诸道州、府、军、监厢军及本城指挥，自都指挥使已下至长行，对本辖人员有犯阶级者，并于禁军斩罪上减等，从流三千里上定断；副兵马使已上，勘罪具案闻奏。厢军军头已下至长行，准敕犯流免配役，并徒三年上定断，只委逐处决讫，节级已上配别指挥长行上名，长行决讫，配别指挥下名收管。如本处别无军分指挥，即配邻近州、府、军、监指挥收管。内别犯重者，自从重法。其诸司库务人员兵士有犯上件罪名者，并依前项厢军条例施行"。③ 元丰四年（1081）六月十五日，上批"应熙河路及朝廷所遣四将汉蕃军马，并付都大经制并同经制李宪苗授依阶级法总领"。④

　　可见，以等级森严和绝对服从的上下级隶属关系为基本特征的北宋"阶级法"依然是统领蕃兵及其法制化建设的基本原则，这是统治者无法克服的阶级本质之所在。

---

① 《宋史》卷 196《兵志十》，第 4902 页。

② 《宋史》卷 190《兵志四》，第 4722 页。

③ 《宋史》卷 189《兵志三》，第 4640 页。

④ 《宋会要辑稿》第 185 册《兵》8 之 22，第 6898 页。

第四章　论宋代茶马贸易的法律规制

茶马互市的兴起，始于唐代。宋承唐俗，因时而易，将以茶易马为解决军需之国策，先后制定了许多关于茶马贸易和管理的具体办法和措施，各项制度日臻完善。为确保茶马互市顺利开展，宋中央政府制定了一系列关于茶马贸易和管理的法律规制，主要内容以榷茶博马专卖法制为核心，还包括职官管理、市场开禁、茶马价格、入蕃茶禁以及私贩马罪罚条格等具体律令条规，诸多规管逐步形成了较为完备的茶马贸易制度，对保障西北、西南沿边的茶马贸易起了重要作用。

对此问题之研究，学界给予了极大重视，王晓燕《宋代官营茶马贸易兴起的原因分析》（载《中国藏学》2008 年第 3 期），分析了官营茶马贸易在宋代兴起的经济原因和深刻的政治原因；《宋代都大提举茶马司沿革》（载《青海民族研究》2002 年第 2 期），考证阐明了宋代茶马机构——都大提举茶马司的历史沿革及其建制。况腊生《浅析宋代茶马贸易制度》（载《兰州学刊》2008 年第 5 期）认为，宋朝中央政府直接介入茶马贸易制度，设立专门的法律和相关机构进行管理，严格控制茶马互市。方文述、喻学忠《宋代官营茶马贸易制度的建构》（载《江汉大学学报》2009 年第 3 期）认为，宋神宗熙宁年间对官方控制的茶马贸易作了制度上的规定，包括榷茶制度、职官制度、禁贩制度等，形成了官营茶马贸易体制的初步格局。另有其他一些论著①。

综观现有成果，以法律为视角的研究明显不足。笔者在前人研究的基础上，通过梳理宋中央政府设置机构、加强管理，选授茶马职官、严格市

---

① 魏明孔：《西北民族贸易述论——以茶马互市为中心》，《中国经济史研究》2001 年第 4 期；王晓燕：《官营茶马贸易研究》，民族出版社 2004 年版，该书对官营茶马贸易在唐代的兴起、宋代茶马贸易的兴盛与茶马贸易制度，明代官营茶马贸易体制，清代官营茶马贸易的延续及其废止等诸多问题做了深入研究。

场准入，合理调整价格、严禁私市等一系列法制化的举措，对北宋茶马互市法制作一新探索，以便重新认识其重要的社会历史作用及其在宋代经济法制史研究中的重要历史地位。

第一节　榷茶博马

榷茶博马，就是专以茶博买马匹，禁止或限制他物与马的交易。宋初，主要用铜钱与周边蕃人买马，但用钱买马不利有二：其一，朝廷买马所用铜钱，每年不下数十万贯[①]，造成银钱资源的巨大浪费。正如宋臣韩琦所说："秦州永宁砦旧以钞市马，自修古渭砦，在永宁之西，而蕃汉多互市其间，因置买马场，凡岁用缗钱十余万，荡然流入虏中，实耗国用。"[②] 其二，戎人买马得钱"悉销铸为器"[③]，不利朝廷统治。鉴此弊端，经盐铁使王明建议，宋朝于太平兴国八年（983）规定：自今"以布帛、茶及它物市马"[④]，禁止用铜钱买马。

然而，用绢帛买马也存在许多问题：一方面，一匹绢值为一贯，而一匹马值动辄二三十贯，朝廷也很难负担，"嘉祐元年，诏三司出绢三万，市马于府州以给河东军。五年，薛向言，'秦州券马至京师，给直并路费，一马计钱数万'"[⑤]。另一方面，蕃人唯茶为要，据《宋史·吐蕃传》载：吐蕃"喜啖生物，无蔬茹醯酱，独知用盐为滋味，而嗜酒与茶"，这主要是因为茶叶具有助消化、解油腻的特殊功能，故"蕃戎性嗜名山茶，日不可阙"。[⑥] 与此相反，银绢、钱钞之类，非蕃人所爱，正如元丰四年（1081）群牧判官郭茂恂所说："臣闻顷时以茶易马，兼用金帛，亦听其

---

① 据《宋史》卷198，《兵志十二》载，至和年间（1054—1055），仅秦州一处买马的白银就达10万两："（至和）二年，修陕西蕃马驿，群牧司每季檄沿路郡县察视之。边州巡检兵校，听自市马，官偿其直。又诏陕西转运使司以银十万两市马于秦州，岁以为常"，中华书局1985年版，第4935页。

② 《宋史》卷198，《兵志十二》，中华书局1985年版，第4935页。

③ 《续资治通鉴长编》卷24，太平兴国八年十一月壬申，中华书局1992年版，第559页。

④ 同上。

⑤ 《宋史》卷198，《兵志十二》，第4935页。

⑥ 《宋会要辑稿》第84册《职官》43之75，中华书局1957年版，第3311页。

便。近岁事局既分，专用银绢、钱钞，非蕃部所欲。"①

　　既然以绢帛、钱钞买马并非蕃人所愿，自然就无法激励蕃人买马的积极性，其结果是朝廷无法买到所需战马，买马之数严重不足，这种情况使宋朝战马供给受到了严重威胁。本来，宋朝国内战马急缺，加之康定元年（1038）元昊称帝后宋夏关系紧张，此后宋夏战争时断时续，使宋朝失去了党项这一战马供给者，因而战马来源更加贫乏，"康定初，陕西用兵，马不足"②，此后所需马匹不得不依赖西北吐蕃各部供给。咸平二年（999）六月，永兴军通判何亮上奏说："冀之北土，马之所生，自匈奴猖狂之后，无马匹南来，备征带甲之骑，取足于西域。西戎既刓分为二，其右乃西戎之东偏，为夏贼之境，其左乃西戎之西偏，秦、泾、仪、渭之西北诸戎是也。夏贼之众，未尝以匹马货易于边郡，是则中国备征带甲之骑，独取于西戎之西偏，如舍灵武，复使西戎合二主车，夏贼桀黠，服从诸戎，俾秦、泾、仪、渭之西，戎人复不得贷马于边郡，则未知中国战马从何而来？"③

　　可见，西夏控制河西走廊地区后，宋西北战马供给极大地缩减，马源缺乏已威胁到赵宋王朝之安全。因此，宋人以茶易马，事关国防安全；而蕃人卖马换茶，亦为取己所需，互惠互利。于是，以茶买马在宋蕃两相情愿的基础上，逐渐代替了其他方面的贸易而顺应形势发展需要逐步确立起来。

　　当然，宋朝要用专茶买蕃人战马，还需要有稳定的茶源，否则一切皆为空话。尽管宋朝国内盛产茶叶，且英宗治平年间官府已用川茶买马，但那时政府还没有掌握稳定茶源，因此并没有形成专茶买马的局面。到宋神宗时期，宋朝东南地区和四川地区年总产茶约在五六千万斤，其中四川茶叶年产量在三千万斤左右，仅成都、利州路十一州产茶二千一百零二万斤，榷茶博马的时机已经成熟。熙宁七年（1074），宋神宗采纳王韶建议，颁布《四川地区榷茶法》规定：四川地区从成都、利州路开始实行榷茶法，川茶榷禁用于博马。元丰四年（1081），宋神宗再次下诏："雅

---

① 《宋史》卷198《兵志十二》，第4952页。
② 同上书，第4934页。
③ 《续资治通鉴长编》卷44，咸平二年六月戊午，中华书局1992年版，第947页。

州名山茶，令专用博马，候年额马数足，方许杂买"①，这道诏书标志着茶马专卖法制的正式确立。它既是宋朝解决战马急缺的务实之举，同时又为西北、西南沿边蕃夷诸族用马换取良茶提供了法制保障。

第二节　茶马司的设置与职官管理法规

为了统一管理榷茶买马事宜，宋朝成立了专门的茶司机构，以确保茶马贸易顺利进行，主要标志是都大提举茶马司的设置。

都大提举茶马司是在市易务的基础上建立起来的。市易务是宋朝设于沿边城镇的官方贸易机构，元丰二年（1079），宋在秦州、熙州、河州、岷州和通远军五处置市易务②，以便于开展蕃汉贸易，元丰六年（1083），还在兰州增置市易务③。对于此，王晓艳教授认为是在熙宁年间，这应是有误④。市易务的主要职能是经营蕃汉贸易活动，买马即是其中职责之一，后改市易务为市易司。

关于都大提举茶马司的设置沿革，《宋史·兵志》如是云：

> 市马之官，自嘉祐中，始以陕西转运使兼本路监牧买马事，后又以制置陕西解盐官同主之。熙宁中，始置提举熙河路买马，命知熙州王韶为之，而以提点刑狱为同提举。八年，提举茶场李杞言："卖茶买马，固为一事。乞同提举买马。"诏如其请。十年，又置群牧行司，以往来督市马者。元丰三年，复罢为提举买马监牧司。四年，群牧判官恂言："承诏议专以茶市马，以物帛市谷，而并茶马为一司。

---

① 《续资治通鉴长编》卷314，元丰四年七月己丑，第7600页。《宋史》卷198《兵志十二》亦载：元丰四年，"诏专以雅州名山茶为易马用，自是蕃马至者稍众"，第4952页。

② 《宋史》卷186《食货下八》载："元丰元年，以都提举王居卿请，令货市易钱货者，许用金帛等为抵，收息毋过一分二厘……二年，经制熙河路边防财用李宪言：蕃贾与牙侩私市，其货皆由他路避税入秦州。乃令秦熙河岷州、通远军五市易务，募牙侩引蕃货赴市易务中贾，私市者许纠告，赏倍所告之数……六年，兰州增置市易务，以通蕃汉贸易"，中华书局1985年版，第4552—4553页。

③ 《宋史》卷186《食货下八》，第4552页。

④ 参见王晓艳《宋代都大提举茶马司的沿革》，《青海民族研究》2002年第2期，"熙宁年间，先后在秦、熙、河、岷和通远五州军设五个市易务"，第83页。

臣闻顷时以茶易马，兼用金帛，亦听其便。近岁事局既分，专用银绢、钱钞，非蕃部所欲。且茶马二者，事实相须。请如诏便。"奏可。仍诏专以雅州名山茶为易马用。自是蕃马至者稍众。①

上述史料表明，宋初，"市茶"和"市马"分属茶司和马司两个机构掌管，随着茶马贸易的发展与繁荣，宋朝廷深感茶马贸易由茶司、马司分别经营，互相之间工作推诿、矛盾颇多，给茶马贸易的实施带来了许多不便，以致"贻误国事"。因此到熙宁八年（1075），宋神宗采纳了熙河路经略使王韶以茶易马招抚吐蕃的建议后，立即派李杞赴四川筹办此事。李杞抵达四川后成立机构，基于榷茶买马本属一事之事实，就把主茶、主马官署从买茶卖马分司合并为一司，两司在运营机制上第一次实现了合并，并由李杞任提举茶场兼买马，此后卖茶买马实现了一人统领的行政管理模式。

然而，"自李杞建议，始于提举茶事兼买马，其后二职分合不一"。②元丰四年（1081），群牧判官郭茂恂上疏说，"茶司既不兼买马，遂立以害马政"，建议二司并为一司，故由成都府买茶司和熙河路博马司合并，正式成立统一的茶马官营机构，更名为都大提举茶马司，简称茶马司，统一管理榷茶买马事宜，直到崇宁四年（1105），二司"自始职任始一"③。崇宁四年，宋徽宗诏曰："神宗皇帝厉精庶政，经营熙河路茶马司以致国马，法制大备。其后监司欲侵夺其利以助籴买，故茶利不专，而马不敷额。近虽更立条约，令茶马司总运博马之职，犹虑有司苟于目前近利，不顾悠久深害。三省其谨守已行，毋辄变乱元丰成法。自是职任始一。"④

都大提举茶马司建立后，为了有效发挥它的组织作用，顺利落实茶马贸易政策，宋政府在茶马司主管官员的派选、职官组成和责任等方面制定了明确的行政规范。首先，茶马司官员的选授，贯彻"按资历分别任之"⑤的原则，其职官有主管茶马、同提举茶马、都大提举茶马等。北宋

---

① 《宋史》卷198《兵志十二》，第4952页。

② 同上。

③ 同上。

④ 同上。

⑤ 《宋史》卷167《职官志七》，第3970页。

末期，由于茶马司官员膨胀，所以宣和年间裁员，"称其事之繁简而定以员数"。① 南宋偏安江南，战马之需愈加迫切，官府在川秦八场设茶马互市地点，并在许多易马场复置茶马官，但茶马司官员设置几经改革变化。其次，明确界定茶马司职责：统一主管以茶易马事宜，包括制定政策法规，订立茶价，规范程序，管理川茶征榷、运输与销售，奖惩茶马场官吏等，即"掌收摘山之利，以佐调度；凡市马于蕃夷者，率以茶易之"。② 南宋还规定，茶马司官员与州、县地方官吏须协办茶马事务，并将官吏考核与茶马贸易业绩直接挂钩，加强了对茶马贸易的管理和实施。

北宋设立茶马司的根本目的是更为便捷地招买到蕃族良马，以补军之所需。茶马司设置后，逐渐探索出了一套较为完善合理的管理制度，颁行条例、规范贸易行为，明确奖罚措施，对保证茶马贸易政策的顺利贯彻起到了重要的作用，它的设立标志着宋代官营茶马贸易体制的建立。

第三节　市场、价格及禁私诸法

宋代茶马互市市场的设置、开放与管禁，都因国内外关系的不断变化而变化。北宋初期，市马地点主要设于河东、陕西、川峡三路，熙河开边以后，宋于今晋、陕、甘、川等地开辟了广阔的茶马市场。南宋时期，由于西北地区陷落，所以宋朝茶马贸易市场主要设在西南地区黎、叙、长宁、南平等地。对西北、西南各地茶马互市市场，宋中央政府严格管理，首先规定：茶商必须在官府指定市场内方可进行交易，越地贸易被视为违法，要受到处罚。元丰四年（1081），应群牧判官郭茂恂请求，宋立《买马场法》规定："蕃部马入汉界，并令入买马场，除中官外，价高马许诸色人就场交易。"③

此外，北宋政府还规定：茶商还必须持有官府发放的市场准入凭证——茶引，"引与茶必相随"④ 方准贸易。所谓茶引，是指由宋朝官府发放给茶商经商的执照，商人执证后才能取得合法交易资格。茶引的出

---

① 《宋史》卷167《职官志七》，第3970页。

② 《宋会要辑稿》第84册《职官》43之47，中华书局1957年版，第3297页。

③ 《续资治通鉴长编》卷314，元丰四年七月壬子，中华书局1992年版，第7611页。

④ 《宋史》卷374《赵开传》，中华书局1985年版，第11597页。

现，表明宋朝对茶马互市的重视和对民族贸易控制的加强，同时也说明茶马互市在政府财政收入中所占比重的提高。

除了对贸易市场的规管，宋朝还制定了茶马贸易价格和严禁私市等方面的诸多法律规制。价格方面有以下几点。

第一，随市定价的法律规制。宋政府规定，茶马贸易的价格原则是："随市增减，价例不定。"也就是说，茶马交换价格随市场供求关系灵活波动。元丰元年（1078）四月，提举成都府、利州、秦凤、熙河等路茶场公事李稷指出："诸出卖官茶，令提举茶场司立定中价，仍随市色增减……近蒙期廷已立对行交易法，销去买马官司争价之弊，臣不复论列，臣以谓既许随市色增，窃恐逐州止务添价却致卖茶数，须立定每岁课额及酬赏格法，使人人赴功，则事务不劳而办。"① 按照这个价格法，元丰年间马源充裕时，100 斤茶可换一匹马，后来茶价下滑，要 250 斤茶才能换一匹马。南宋时，马源锐减，马价上涨严重，要千斤茶才能换一匹马。

第二，分等计价的法律规制。宋朝廷买马，对马龄或尺寸等都有严格的规定，如景德二年诏令：只市四岁至十三岁者。沿边买马之州皆置有买马场，由主要官员按等招买，所谓"旧蕃蛮中马，良驽有定价"②，沿边长吏选派精干牙吏入蕃招买到马送至京师后，由估马司定其值，"自三十、五十至千，凡二十三等"③。但官府对马价及马龄、尺寸的规定并非一成不变的，而是随着市场和军事需要的变化，其规定也时时改变，如康定元年的马价法是："马四尺六寸至四尺二寸，其直自五十千至二十千，凡五等。"④ 康定二年，由于以前所定等级偏高、价格偏低，买得马匹不多，诏河北军州市马"宜加增值。第一等二万八千，第二等二万六千，第三等二万四千，第四等以下及牝马即依旧直，仍自第二等以下递减一寸"⑤。

---

① 《宋会要辑稿》第 84 册《职官》43 之 51，第 3299 页。
② 《宋史》卷 198《兵志十二》，第 4955 页。
③ （元）马端临：《文献通考》卷 160《兵考十二》，中华书局 1986 年版，第 1389 页。
④ 《宋史》卷 198《兵志十二》，中华书局 1985 年版，第 4934 页。
⑤ 同上。

　　第三，折马茶价低于市场茶价的法律规制。宋朝政府为了鼓励与少数民族的茶马贸易，制定了一个刺激性的削价法，明确规定：折马茶价低于市场茶价，也就是买马的茶价比专卖的茶价更低，如元丰七年十二月兵部所奏，"自元丰四年后杂物既用实佑及折马茶比见卖市价每驼又减钱三贯"①，因为只有官府"以善价"，州县次续食"以优之"，才能吸引内属戎人驱马至边郡市马，不致战骑缺乏。易马茶价低于专卖茶价的削价政策，既刺激了战马的来源，又使得马来既众、售茶亦多，获得厚利。

　　第四，欠少蕃客马价罪罚的法律规制。对茶马交易中欠少蕃客马价等违法行为，宋朝加大打击力度，勘实严惩。首次对赊欠蕃人马价的违法行为做出法律界定的是淳化三年《秦州法》，法令规定：秦州军人百姓通事，"不得侵欺蕃人及赊买羊马、物色，亏欠钱物，别致引惹边事不和，如有违犯，捉送秦州依格法勘断"。② 绍兴二十六年十二月，枢密院上疏："黎、文、叙州、长宁军、南平军等处互市买马，以银、绢、锦、彩折博。近年茶马官韩球等或拘收正色银绢辄将他用，却以积欠物数兑博马，致欠少客人马价，或大估银绢价充数，或先给关子、银绢后，时方到及诸州知通买马官不法，又借那支用或巧作从物等，或贱买所博马银绢、关子，以致蕃客不肯将马出卖。"宋高宗下诏："茶马司将博马银绢等并预期排办，即不得依前大估价钱及擅将他用留滞客人，如诸州有违戾去处，按劾闻奏，仍令四川制置司常切觉察。"③

　　由于茶马贸易直接关系战马来源进而关乎朝廷军备，因此，北宋规定买马必须经朝廷批准，贯彻官买官卖、"一切官为收市"④ 原则，违者严行堪察，以《私贩马罪罚条格》论处。太平兴国六年（981）十二月，北宋颁行《私市战骑告赏条格》："岁于边郡市马，偿以善价，内属戎人驱马诣阙下者，悉令县次续食以优之，如闻富人皆私市之，致战骑多阙。自今一切禁之，违者许相告发，每匹赏钱十万，私市者论其罪，中外官犯者，所在以闻。"⑤ 咸平五年（1002）二月，审刑院制定《秦州私贩马罪

　　① 《宋会要辑稿》第 84 册《职官》43 之 68，中华书局 1957 年版，第 3307 页。

　　② 《宋会要辑稿》第 183 册《兵》27 之 23，第 7258 页。

　　③ 《宋会要辑稿》第 84 册《职官》43 之 108，第 3327 页。

　　④ 《宋会要辑稿》第 84 册《职官》43 之 71，第 3309 页。

　　⑤ 《宋会要辑稿》第 183 册《兵》22 之 1，中华书局 1957 年版，第 7714 页。

罚条格》规定："自今一匹杖一百，十匹徒一年，二十匹加一等，三十匹奏裁，其马纳官，以半价给告事人。"① 该条例以私贩马多少为量刑标准，对秦州地区私贩马者予以严惩。熙宁七年（1074）正月，宋政府颁布《私易卖官印马罪》规定： "诸汉蕃义军、义儿私易卖官印马，徒一年。"②

为了垄断茶叶经营以保证博买战马，宋朝廷严禁民间茶叶交易和茶货透漏入蕃，并实行了茶课罪则。

第一，民制之茶折税后全部卖官，匿不送官者没其茶，计值论罪。

第二，无公据印号茶货，不得放入蕃界。北宋元符三年（1100）九月，应都大提举成都府、利州、陕西等路茶事兼提举陕西等路买马公事程之邵的建议，宋立《公据印号茶条例》规定："今后许蕃商将马并物货各中半赴官折请名山一色茶货，仍令支茶场分明于茶驼上印号，出给公据，付蕃部收执前去，及委经过近边城寨、关堡仔细点检，若有公据印号茶驼方得放行，其公据拘收毁抹，缴赴元给茶场照会，如无公据印号茶货，即不得放入蕃界，仍乞差本司勾当公事及准备差使官员更互前去边塞点检，无令透漏茶货入蕃。"③ 同年十二月，提举陕西等路买马监牧司奏请实施《夹带无证茶透漏入蕃告赏法》："将不系博马茶无公据夹带透漏入蕃并许人告，依匿税条格施行。"④

第三，入蕃茶唯博易马方许交易，不得将茶折博蕃中杂货⑤。如有买马州军官员、蕃商、诸色人等用水银、麝香、毛段之类博买茶叶，以透漏私茶条法论罪。建中靖国元年（1101）四月，户部状茶事司上奏，"蕃戎性嗜名山茶，日不可缺，累年以来买马大段稀少，盖因官司及客旅收买名山茶与蕃商以杂货贸易，规取厚利，其茶入蕃既已充足，缘此遂不将马入汉中卖，有害马政。"⑥ 因此，奏请朝廷"将名山茶立为永法，专用博马"，并颁行《辄取支卖与兴贩名山茶罪》："如诸官司客旅等辄取支卖与兴贩，其买卖之人、官吏等并乞以不应为从重科罪，如有计嘱情弊自依本

---

① 《续资治通鉴长编》卷51，咸平五年二月甲午，中华书局1992年版，第1117页。

② 《续资治通鉴长编》卷249，熙宁七年正月丁卯，第6078页。

③ 《宋会要辑稿》第84册《职官》43之74，第3310页。

④ 《宋会要辑稿》第84册《职官》43之75，第3311页。

⑤ 同上。

⑥ 同上。

法。本部看详所乞专用博易马已有今年十二月二十七日朝旨,外有官司、客旅兴贩,并依本司奏乞事理施行。"① 绍兴十八年(1148)十一月颁布的《透漏私茶条法》:"诸色人私与蕃蛮博马,内有透漏去处,以匹数比附透漏私茶条法断罪施行。"②

第四,主管官吏盗茶私卖者,三贯以上刺面送阙,巡防卒犯私茶者,罪加一等。绍兴五年(1135)十一月颁布的《私贩川茶入蕃罪》规定:"私贩川茶已过抵接顺蕃处,州县于顺蕃界首及相去伪界十里内捉获犯人并从军法;若入抵接顺蕃处,州县界未至顺蕃界首捉获者减一等,许人捕所贩物货并给充赏。如物货不及一千贯,即依绍兴五年十月三日已降指挥支给赏钱,其经由透漏州县当职官吏、公人兵级并合减犯人罪一等。"③

由于茶叶种植技术是宋朝垄断茶叶经营的前提和核心,只有使高原牧民不会种植茶树,才能确保他们一直依赖于内地供给,并保证对蕃人羁縻统治和稳定战马来源,因此,宋朝加大对贩卖茶种、茶苗入蕃者的处罚力度,如绍兴十二年(1142)十一月颁布的《茶子罪赏指挥》规定:"如辄敢贩卖(茶子)与诸色人致博卖入蕃及买之者,并流三千里。其停藏负载之人各徒三年,分送五百里外并不以赦降原免。许诸色人告捉,每名赏钱五百贯,内茶园户仍将茶园籍没入官。州县失觉察,当职官并徒二年科罪。"④ 乾道七年(1171)五月,宋政府重申:贩茶子入蕃界或将茶苗公然入蕃博买者,仍依绍兴十二年颁布的《茶子罪赏指挥》处罚。

诸多法律制度为宋朝与边疆少数民族的茶马互市提供了强有力的制度支持,朝廷才因此较为顺利地获得了所奇缺的战马,以北宋后期为例:

---

① 《宋会要辑稿》第84册《职官》43之75,第3311页。

② 《宋会要辑稿》第84册《职官》43之107,中华书局1957年版,第3327页。

③ 《宋会要辑稿》第136册《食货》31之3,第5342页。

④ 《宋会要辑稿》第136册《食货》31之18,第5349页。

表 1　　　　　　　　**宋神宗时期官营茶马贸易额**①

时间	规定买马额	实际买马数	买马地	支付物	资料来源
熙宁七年十二月至熙宁八年五月	未定额	14600 匹	熙河路	以茶为主	《续资治通鉴长编》卷二百六十四
熙宁八年十月至十年十月	15000 匹	因熙河路新建仓廪空虚,权停买马	熙河路	以茶为主	《续资治通鉴长编》卷二百七十一
熙宁十年八月至元丰元年八月	15000 匹	及额	熙河路	以茶为主	《宋会要辑稿》,《职官》四十三
元丰二年八月至三年八月	15000 匹	及额	熙河路	以茶为主	《宋会要辑稿》,《职官》四十三
元丰三年八月至四年八月	15000 匹	及额外加买 3000 匹	熙河路	以茶为主	《续资治通鉴长编》卷三百七
元丰四年八月至五年八月	20000 匹	14700 匹	秦凤路熙河路	茶及银、绸绢,见钱相兼支给	《宋会要辑稿》,《职官》四十三
元丰五年八月至六年八月	20000 匹	16100 余匹	熙河路	以茶为主	《宋会要辑稿》,《职官》四十三
元丰六年八月至七年八月	20000 匹	12000 余匹	熙河路	以茶为主	《宋会要辑稿》,《职官》四十三

表 2　　　　　　　　**宋哲宗、宋徽宗时期官营茶马贸易额**②

	时间	计划额度	实际买马	资料来源
哲宗朝	元祐元年至八年	18000 匹	不详	《宋史》卷三百四十七
	绍圣元年至二年	20000 匹	溢额	《宋史》卷一百九十八
	绍圣二年至三年	20000 匹	及额外另买 30000 匹	《宋史》卷一百九十八
	绍圣三年至四年	20000 匹	及额外另买 30000 匹	《宋会要辑稿》第 183 册(一百八十三册)《兵》二十二
	元符一年至二年	青唐事梗	二年之间,一匹未买	《宋诸臣奏议》卷一百四十一
	元符二年至三年	20000 匹	10000 匹	《山堂考索续集》卷十四

---

① 资料来源:杨文博士学位论文:《北宋经略河湟民族政策研究》,2009 年西北师范大学。

② 资料来源:引自王晓燕《官营茶马贸易研究》,民族出版社 2004 年版。

续表

时间	计划额度	实际买马	资料来源
建中靖国元年	20000 匹	溢额	《宋会要辑稿》，《职官》四十三
崇宁元年至三年	20000 匹	市马十才一二	《宋史》卷三百五十三
崇宁四年	20000 匹	及额外另买 20000 匹	《宋史》卷一百九十八
大观元年至二年	20000 匹	及额外另买 30000 匹	《宋史》卷一百九十八
大观二年至四年	20000 匹	常买不足	《宋会要辑稿》，《职官》四十三
大观四年八月至政和元年二月	半年额 10000 匹	10581 匹	《宋会要辑稿》，《职官》四十三
政和六年二月以前	不知几年所买	45021 匹	《宋会要辑稿》，《职官》四十三
政和六年八月至八年七月	两年额 40000 匹	34713 匹	《宋会要辑稿》，《职官》四十三
宣和元年八月至二年七月	20000 匹	11641 匹	《宋会要辑稿》，《兵》二十四
宣和二年八月至三年十月	20000 匹	22834 匹	《宋会要辑稿》，《职官》四十三
宣和三年十二月		10000	《宋会要辑稿》，《兵》二十二
宣和四年九月至五年九月	20000 匹	21945 匹	《宋会要辑稿》，《职官》四十三

（徽宗朝）

西北、西南沿边茶马互市的繁荣和茶马市场的扩大，带动了宋代畜牧业、茶业发展和其他商品的交换，对推动少数民族地区开发和社会经济发展都产生了深远影响。

第四节　余论

宋代对茶马互市的诸多规制及其日臻完善，一方面使茶马贸易的管理和运营呈现出有法可依、违法必究的良好格局，并逐渐步入法制化轨道。这在崇宁四年（1105）的宋徽宗诏书中完全可以看出，诏书曰："神宗皇帝，历精庶政，经营熙河路茶马司以致国用，法制大备。"[①] 另一方面，据文献记载，宋初市马，"岁仅得五千余匹"[②]，但元丰四年后，朝廷每年可以从蕃部得到两万匹左右的马。南宋时期，"乾道间，秦、川买马额，

---

① 《宋史》卷198《兵志十二》，第4952页。
② 同上书，第4936页。

岁万一千九百有奇，川司六千，秦司五千九百……庆元初，合川、秦两司为万一千十有六；嘉泰末，合两司为万二千九十四"。① 可见，通过茶马互市市场的规范和法制化建设，宋朝廷较为顺利地获得了所奇缺的战马。

① 《宋史》卷198《兵志十二》，第4955页。

第五章　宋代蕃汉经济关系立法

宋代是我国封建社会商品经济相对发达的时期，这一特点也反映在北宋中央政府对少数民族地区的治理方面。为了解决国内的经济问题和为战争提供物资保证，北宋十分重视与少数民族地区进行经济上的交流，在与少数民族接界的地方设立茶马司，用茶叶换取少数民族的马匹，北宋还在边境地区设榷场专门负责缘边蕃汉贸易。宋太祖开宝年间，北宋政府设置市舶司于广州（初置于开宝四年六月），以知州潘美、尹崇珂并兼使、通判谢玼兼判官，管理南方的经济贸易活动。如果边官对榷货贸易管理不善，或致朝廷岁利受亏则要追究其责任，皇祐三年（1051）三月，宋仁宗诏："比年山场榷货务岁额寖亏，其公私未便事，令三司与详定所更为条约。及江淮发运司专事掊克，使民被其患者，亦令三司检举之。"[1] 然而，受气候、交通、经济结构单一以及战争等因素影响，边境官方商贸政策和活动总是时断时续。此外，宋夏、宋辽、宋金双方边民私贸易经济活动一直比较频繁，以致引起缘边民族问题和国防问题更加复杂和严峻。为此，宋中央政府制定了一些比较完整的蕃汉经济法令，对蕃汉正常的经济贸易活动予以保护，同时也对边境地区蕃民之间、蕃汉民之间及其番商跨境违法活动采取严格的限制措施。其中，关于物货贸易的立法主要有以下几方面。

第一节　土地法规

两宋是私有制高度发展、商品经济相对发达的历史时期。在土地制度方面，采取"田制不立"和"不抑兼并"的政策，因此，土地买卖盛行，

---

① 《续资治通鉴长编》卷170，皇祐三年三月己未，第4083页。

私田数量大大超过官田，如熙宁七年（1074），全国垦田四百四十五万余顷，而当时共有各种官田四十四万七千余顷，仅占十分之一。在法律上，与活跃的土地交易相适应，宋代有关土地交易的法律规定逐渐得到完善，合法的土地所有权受国家法律的保护。特别是蕃部地带，这里处于游牧文化和农耕文化的交汇地，受蕃族传统生产方式的制约和宋夏战争的影响，耕地极其贫乏。与此同时，随着北宋商品经济的发展，土地逐渐作为商品出现在经济贸易当中。宋真宗景德以来，土地买卖的现象渐趋普遍，"环庆边人多市属羌之田，致单弱不自给，即没敌中"。① 宋仁宗继位后，土地兼并更为严重，"势官富姓，占田无限，兼并冒伪，习以成俗，重禁莫能止焉"。② 这种情况的恶性发展，将会对边民的基本生存构成威胁，进而影响北宋王朝在少数民族地区的统治。因此，北宋为安边辑远、避免纷争，常派官员勘界划地，立法严禁土地买卖，对蕃民实施土地保护，以避免土地所有权被侵夺。

天圣四年（1026），北宋政府颁布了土地条例："（陕西）汉户弓箭手，不得私典买、租赁、合种蕃部地土"，如有违犯，原"典买、租赁、合种百姓弓箭手并科违制之罪，仍刺面配向南远恶州军牢城"③，严禁蕃部土地买卖。

但这种情况在宋神宗朝后，随着王安石变法的进行和熙河的开拓，土地禁买政策发生了根本性的改变。熙宁五年（1072），宋神宗诏令："陕西缘边蕃部地土许典卖租赁"④，这就标志着西北边区打破了"素有旧例"的土地政策，取消了土地买卖禁令。次年（熙宁六年五月二十九日），西南边族地区也颁布了允许土地买卖的法令。

为什么熙宁五年取消了西北边区的土地买卖禁令？这是因为，宋朝熙宁西进开拓后，新收复地区的土地便成为一个十分棘手的难题。王安石说："今以三十万之众，渐推文法，当即变其夷俗。然韶所募勇敢士九百余人，耕田百顷，坊三十余所。蕃部既得为汉，而其俗又贱土贵货，汉人

---

① （宋）曾巩：《隆平集》卷9，影印文渊阁《四库全书》本，台湾商务印书馆1972年版，第96页。

② 《宋史》卷173，《食货志上一》，中华书局1985年版，第4164页。

③ 《宋会要辑稿》第185册《兵》27之23、24，中华书局1957年版，第7258页。

④ 《续资治通鉴长编》卷238，熙宁五年九月戊申，第5793页。

得以货与蕃部易田，蕃人得货，两得其欲，而田畴垦，货殖通，蕃汉为一，其势易以调御。请令诏如诸路以钱借助收息，又捐百余万缗养马于蕃部，且什五其人，奖劝以武艺，使其人民富足，士马强盛，奋而使之，则所向可以有功。今蕃部初附，如洪荒之人，唯我所御而已。"① 王安石的意思是，解除土地买卖禁令，允许蕃汉土地交易，则官民两得其利：一利可使"蕃汉为一""变夷为汉"，另一利在"官以善价买其地，卖地者不患失所，亦不患无地可买"。② 在王安石"蕃汉为一""变夷为汉"的改革派新思想推动下，北宋民族边区的土地买卖禁令得以废止。土地买卖开放之后，蕃、汉、官府广泛地参与土地交易，成为民族地区经济关系的一大发展趋势。蕃族从而得到了大量的土地，元丰时期，河陇地区农业经济得到了极大的发展。加之熙河新边自开拓以来，北宋对内地人口移居边区开垦采取了一定程度的开放政策，凡近里州军的强勇者，以及其他的民户、义勇之类，都准许前往新边区域请佃土地；同时，还调发内地的汉民前往新边区域耕垦。熙宁五年（1072），北宋将淮南、两浙、江南、荆湖、成都府、梓州诸路熟悉稻田耕作技术的因罪刺配犯人调往熙河一带辟置稻田。哲宗元符年间，又选募京西、淮浙等州军的知农厢军，前往熙河兰会路新边城寨区域耕作。③ 西北新边，除蕃民扩占田产外，汉民占田也有相当比例。所以到北宋末年，"汉置蕃田，尚甚泛滥"④，说明西北开边以后，少数民族地区的经济开发和民族关系的发展程度，已是北宋以来最好的时期。

需要指出的是，并不是所有边疆民族地区都允许土地买卖。为了保护地少蕃族的基本生活，在环（治今甘肃环县）、庆（治今甘肃庆阳市）等州接连西夏的熟户地区土地"依旧例禁止"。因为，这些熟户"以耕种为业，恐既卖尽田土，则无顾恋之心，以至逃背作过"⑤，如原州"熟户蕃部大半贫乏，所有地土数少，百姓以于法许典卖，多重叠放债，冀使充折，恐以故生边患"⑥，故"依旧条禁止"，违者依《陕西路敕》处罚，

---

① 《宋史》卷191，《兵志五》，中华书局1985年版，第4750页。
② 《续资治通鉴长编》卷232，熙宁五年四月辛未，第5636页。
③ 《宋会要辑稿》第121册《食货》2之6，中华书局1957年版，第436页。
④ 《宋史》卷190《兵志四》，中华书局1985年版，第4712页。
⑤ 《续资治通鉴长编》卷263，熙宁八年闰四月甲辰，中华书局1992年版，第6436页。
⑥ 《续资治通鉴长编》卷271，熙宁八年十二月甲寅，第6652页。

诸典买、租赁、合种蕃部土地者"徒二年，内人材少壮者配本州蕃落，余配近里州军近上本城"。①

第二节　蕃汉贸易法

淳化三年（992），宋政府针对"诸色人于熟户蕃部处赊买羊马、借贷钱物"② 等现象，订立《淳化法令》并颁行，调整蕃汉经济贸易活动，这是宋代在西北民族边区颁布的第一部蕃汉贸易法规。主要内容是：

> 秦州自今诸寨监押常切钤辖、将校、节级等，各著地分壕门守把巡宿，不得擅入蕃界，亦不得辄放百姓入蕃取柴烧炭，仍断绝军人百姓通事，不得与蕃人交易、买卖、赊贷、脱赚、欠负蕃人钱物，侵占田土。如是蕃人将到物色入汉界买博，一准先降宣命，并令汉户牙人等于城寨内商量和买，不得侵欺蕃人入赊买羊马，物色亏欠钱物，别致引惹边事不和。如有违犯，捉送秦州依格法勘断。如诸寨监押不切遵守钤辖，致引惹蕃部不宁，仰秦州密具申奏，当行严断。③

《淳化法令》是一部以经济法为主的系统蕃汉关系法，其一方面适应了蕃族急需与汉族经济交往的愿望，对入汉界交易的蕃族的利益实施种种保护政策；另一方面在准许蕃族入汉界交易的同时，却限制汉界军人、百姓不得主动与蕃族交易，实施着与商品经济潮流相违背的政策。法令颁布后，"蕃部致疑，另生边事"，所以这道法令又不得不停止执行。但在淳化五年（992），宋政府重申，在蕃汉经济贸易活动中，缘近汉族不得进行贸易欺诈和勒索蕃人之违法行为，违者将被绳之以法。柳开知环州时，"环州民与吐蕃相贸易，多欺夺之，或至斗讼，官又弗直，故蕃情常怨。及崇仪使柳开知州事，乃命一其物价，平其权量，擒民之欺夺者置于法，部族翕然向化"。④

---

① 《续资治通鉴长编》卷271，熙宁八年十二月甲寅，第6652页。

② 《宋会要辑稿》第185册《兵》27之22，中华书局1957年版，第7257页。

③ 《宋会要辑稿》第185册《兵》27之23，第7258页。

④ 《续资治通鉴长编》卷35，淳化五年三月丁丑，中华书局1992年版，第776页。

继《淳化法令》后，宋政府于景德四年（1007）颁布《景德法令》，进一步对蕃汉贸易活动做出明确的规范，这是宋朝在西北民族边区颁布的第二部蕃汉贸易法规。内容是：

> 诏秦州诸人自今或与蕃部买卖并各将钱交相博买，不得立限赊买及取觅债负，致有交加诸色人公然于蕃部取债及欠负钱物不还，即追领正身，以所欠钱物多少量罪区分，仍差人监催还。至如久负蕃部钱物稍多，量情理诈欺者，其正身走避，即追禁亲的骨肉及一面紧行追捉，候获日，依格法断遣。如是赃满，即奏裁。①

从内容看，《景德法令》和《淳化法令》的基本思想是一致的，其中最大的差异就是取消了军队和百姓与蕃族交易的禁令，准许所有的汉人与蕃族交易。其后又为防止官吏以势相欺，仁宗时规定陕西沿边官吏禁止与熟户蕃族交易，但对一般百姓和大部分军队与蕃族的交易没有限制。

于大观二年（1108）订立，鉴于缘边官吏及诸色人公然不法之现象，北宋政府将原拟于湖广南、北路、广南西路新边实施的蕃汉关系立法，首先在西北边区颁布实行，即《熙河兰湟秦凤路敕》，简称《大观法令》，它是一部比较系统的蕃汉经济法规。内容是：

> 诸乞取蕃族熟户财物者徒二年，二贯徒三年，十贯加一等，至一百贯或奸略人者斩，不以赦降；原减诸与蕃部熟户交易而小为价致亏损者，计所剩以监主自盗论；诸蕃族熟户无故辄勾呼追扰者，徒二年，禁留拘系加一等，三日以上又加一等，因而致逃叛者，又加一等。②

大观经济法令意在保护蕃族熟户的经济利益，使蕃汉之间能够和平相处，自由往来，从而达到边疆地区社会稳定的目的；但这个经济法规又和以往的经济法规有所不同，即对损害蕃族利益的处罚作了明确规定，并首次将处罚与北宋汉律直接联系起来，如徒刑、监主自盗等；同时还将不得

---

① 《宋会要辑稿》第 185 册《兵》27 之 23、24，中华书局 1957 年版，第 7258 页。
② 《宋会要辑稿》第 173 册《兵》4 之 36，第 6838 页。

对蕃族巧取豪夺、不得勾呼追扰、不得禁系蕃民等列入统一的封建法律规范中。

尽管一系列的蕃汉贸易法对私贸易活动严行禁止，但仍然有一些不法之徒受利益驱使，甘愿杀头铤而走险，以致私贩不绝、无法禁止：熙宁二年（1069），"陕西沿边熟户自来倚为藩篱，或闻边臣有徇私灭公者，以规财利"。① 熙宁四年（1071），朝廷累令"陕西、河东诸路止绝汉蕃民毋得与西人交市"，却依然是"去冬今春出兵之际，稍能断绝，自后无复禁止"。② 又熙宁九年（1076），河北榷场贸易"私贩者众"。元丰二年（1079），"蕃商与牙侩私市，其货皆由他路避税入秦州"。③ 针对以上严重的私市私贩活动，宋廷先后制定和颁布了一系列法律法规和相关的告赏法令。

第一，不得倒买倒卖。熙宁二年（1069），宋廷立法禁止诸色人与沿边官吏"转卖物货"，并颁布告赏法令："陕西经略使应命官及诸色人，如敢将物货请求沿边官吏转卖者，其受嘱并物主并禁，勘取旨卖物不计多少，并没官，仍许知情人陈告，支赏钱三百，以物主家财充。"④ 熙宁七年（1074），规定："诸汉蕃义军、义儿私易卖官印马，徒一年"，如果马或老或病者，可呈验印退"官马"字样许卖，"即不申官，各减私易罪五等"。⑤ 元丰二年（1079），经制熙河路边防财用李宪说，博买牙人与蕃部私相交易，物货从小路偷运入秦州，逃避商税，政府即命秦、熙、河、岷州、通远军市易务，募"博买牙人引致蕃货赴市易务中卖"，如敢私市，许人告，每估钱一千则官给赏钱二千。

第二，不得越地贸易。北宋朝廷规定，河、岷、兰州缘边蕃商进入宋汉区买卖交易，"诸蕃客般擦入汉卖买回日，许由城寨搜检，不得带钱入蕃"。⑥ 换言之，蕃商经营买卖，只能从汉区交易得到所需物货，钱钞之类不能带回蕃部，目的是以防钱铁被熔铸成兵器，对宋造成威胁。熙宁九年（1076）规定，"川、陕商旅不许挈家属入威、茂州，及本处人与蕃部

① 《宋会要辑稿》第 186 册《兵》28 之 6，中华书局 1957 年版，第 7272 页。

② 《续资治通鉴长编》卷 227，熙宁四年十月庚午，中华书局 1992 年版，第 5530 页。

③ 《宋史》卷 186《食货下八》，中华书局 1985 年版，第 4552 页。

④ 《宋会要辑稿》第 186 册《兵》28 之 6，第 7272 页。

⑤ 《续资治通鉴长编》卷 249，熙宁七年正月丁卯，第 6078 页。

⑥ 《续资治通鉴长编》卷 412，元祐三年六月戊子，第 10020 页。

交易，止得于州县城内，不得出接连蕃部处城门，如有移家住居及妇女看亲，须经永康军及锦州龙安县给公凭"。① 也就是说，只有地方州县政府发放的暂住和通行证，才可住、留和通往。元丰四年（1081），应群牧判官郭茂恂请求，宋立买马场"就场交易法"，规定："蕃部马入汉界，并令入买马场，除中官外，价高马许诸色人就场交易"。② 元祐二年（1087年），令河、岷、兰州缘边，今后"诸蕃官般擦入汉卖买回日，许由城寨搜检，不得带钱入蕃"，③ 但如果在内地汉区，听其自便。换言之，蕃商经营买卖，只能从汉区交易得到所需物货，钱钞之类是不能带回蕃部的，以防钱铁被熔铸成兵器，对宋不利。但北宋与周边少数民族的经济贸易联系，既是宋朝作为中原大国恩慰周边少数民族弱势群体的体现，又是双方互惠互利的必然结果。宋人李复在《乞置榷场》疏中说："臣窃见回纥、于阗、卢甘等国人，尝赍蕃货以中国交易为利，来称入贡，出熙河路……其所赍蕃货，散入诸路，多是禁物，民间私相交易，远商物货厚，利尽归于牙侩，臣累次详问所赍物货，上者有至十余万缗，下者亦不减（五）七万。"诸多蕃汉贸易法令的制定，不仅对违反蕃汉经济贸易的行为具有惩戒作用，而且对正常的蕃汉贸易活动起了规范、协调与保护作用。

第三节　榷场贸易与禁榷法制

榷场，宋、辽、西夏、金政权各在接界地点设置的官方贸易机构，榷场的设置，常因宋与辽、西夏、金政权政治关系的变化而兴废无常。

关于辽宋之间榷场的设立，据《宋史·食货志》载：

> 契丹在太祖时，虽听缘边市易，而未有官署。太平兴国二年，始令镇、易、雄、霸、沧州各置榷务，辇香药、犀象及茶与交易。后有范阳之师，罢不与通。雍熙三年，禁河北商民与之贸易。时累年兴师，千里馈粮，居民疲乏，术宗亦颇有厌兵之意。端拱元年，诏曰："朕受命上穹，居尊中土，惟思禁暴，岂欲穷兵？至于幽蓟之民，皆

---

① 《续资治通鉴长编》卷277，熙宁九年九月甲寅，中华书局1992年版，第6780页。
② 《续资治通鉴长编》卷314，元丰四年七月壬子，第7611页。
③ 《续资治通鉴长编》卷412，元祐三年六月戊子，第10020页。

吾赤子，宜许边疆互相市易，自今缘边戍兵，不得辄恣侵略。"未几复禁，违者抵死，北界商旅辄入内地贩易，所在捕斩之。淳化二年，令雄霸州、静戎军、代州雁门砦置榷署如旧制，所鬻物增苏木，寻复罢。咸平五年，契丹求复置署，朝议以其翻覆，不许。知雄州何承矩继请，乃听置于雄州。六年，罢。景德初，复通好，请商贾即新城贸易。诏北商赍物货至境上则许之。二年，令雄霸州、安肃军置三榷场，北商趋他路者，勿与为市。遣都官员外郎孔揆等乘传诣三榷场，与转运使刘综并所在长吏平互市物价，稍优其直予之。又于广信军置场，皆廷臣专掌，通判兼领焉。①

从上述史料可以得知，太平兴国二年（978），宋朝在边境开始设立榷场，管理与契丹的贸易。但两年后，双方爆发战争，榷场随之停用，并下诏河北商民不得与契丹人交易物品。端拱元年又允许互相市易，但"未几复禁"，之后偶有恢复，都为期不长。但景德初年双方订立澶渊盟约后，宋于次年在宋境的雄州（今河北雄县）、霸州（今河北霸州）、安肃军（今河北徐水）、广信军（今河北徐水西）等设置河北四榷场，以及辽在辽境的新城（今河北新城东南）设置榷场，允许商、民在此交易，从此，双方的贸易关系一直得以维持，至徽宗年间宋率先撕毁盟约，双方关系恶化，榷场彻底废止。

景德四年（1007），宋夏之间于保安军（今陕西志丹）置榷场，后又在镇戎军（今宁夏固原）等地置榷场。"西夏自景德四年，于保安军置榷场，以缯帛、罗绮易驼马、牛羊、玉、毡毯、甘草，以香药、瓷漆器、姜桂等物易蜜蜡、麝脐、毛褐、羱羚角、硇砂、柴胡、苁蓉、红花、翎毛，非官市者听与民交易，入贡至京者纵其为市。……天圣中，陕西榷场二，并代路亦请置场和市，许之。……庆历六年，复为置场于保安、镇戎二军。继言驱马羊至，无放牧之地，为徙保安军榷场于顺宁砦。"② 但宋夏之间榷场贸易总因战争而一度废罢，"天圣中，陕西榷场（二）并代路亦请置场和市，许之。及元昊反，即诏陕西、河东绝其互市，废保安军榷

---

① 《宋史》卷186《食货志下八》，第4562页。
② 同上书，第4563页。

场；后又禁陕西并边主兵官与属羌交易。"① "治平四年，河东经略司言，西界乞通和市。自夏人攻庆州大顺城，诏罢岁赐，严禁边民无得私相贸易。至是，上章谢罪，乃复许之。"② 除了榷场之外，宋夏边境还有一种称为"和市"的次一级榷场，它的交易规模较小，主要交易日用品。《文潞公文集》卷十九《御批绥州边事》曰："自来蕃汉客旅博易往还之处，相度设立和市，须至两界首开置市场。差官监辖蕃、汉客旅，除违禁物色外，令取便交相博易，官中只量收汉人税钱，西界自收蕃客税例。"南宋时，陕西五路被女真贵族占有，宋、夏边境不再相接连，榷场贸易被金国代替。南宋与金签订绍兴和议后，开始设置榷场，金、宋用兵之日多，榷场废置无常。

榷场贸易是因各地区经济交流的需要而产生的，同时又是各政权间政治关系发展的产物，在榷场的开设期间，就其管理、交易物品的范围等，各缔约方都有不少规定，不得私下交易、不得买卖违禁物品等相关法令曾不停颁布，到南宋宁宗朝修订新的法典《庆元条法事类》时专设《禁榷门》，将关于榷场交易的法令归纳整理，主要包括榷货总法，具体禁卖物品规定如茶、盐、钱币等，法律形式有敕、令、格、申明等。

1. 对榷场管理的规定

榷场是两界互市的官方机构，管理的官员，由中央选任富有才干、谙会钱谷者作为榷场使臣，会同地方监司（沿边经略安抚司和转运使）、州县长官和边防军政长官如经略使、安抚使共同管理，另有勾当官和榷场指使等职位担负榷场的实际责任，还有名额不详的榷场牙人从事评定货色等级、兜揽商客买卖承交等事宜，朝廷又经常派专使往来提点。天圣九年（1031），仁宗下诏"缘边西榷场州军，自今同判选历任有心力清干京朝官充"③。宋在雄州、霸州及安肃军设置榷场后，朝廷"遣都官员外郎孔揆等乘传诣三榷场，与转运使刘综并所在长吏平互市物价，稍优其直予之。又于广信军置场，皆廷臣专掌，通判兼领焉"。④ 榷场法律规定，禁止官员通过榷场购买物品，违者免职。熙宁十年（1077），复州录事参军

---

① 《宋史》卷186，《食货志下八》，第4563页。

② 同上书，第4564页。

③ 《续资治通鉴长编》卷110，天圣九年九月癸酉，中华书局1992年版，第2567页。

④ 《宋史》卷186《食货志下八》，第4563页。

万延之"坐托监雄州榷场官吏买物帛"，被免官①。元符元年（1098）三月，宋哲宗下诏："雄州不依样纳布，监司降一官，通判展二年磨勘。北客已般到布，令减价收买。今后不如样者须退回，如违，重行停替，监司常切觉察。霸州等处榷场并依此施行。"②

货物管理具体由三司负责管理，治平四年（1067）之后，北宋河北四榷场的货物由三司下设的催辖司专管，而度支下设的赏给案的判官负责登记监督。治安管理由路都监和沿边巡检负责，所在州军派士兵在榷场周围巡逻，确保榷场安全。榷场巡逻兵需实行回避制度，大中祥符八年（1015），"令沿边榷场巡守军健并须用驻泊兵士，不得差本州军人"。其原因是：本州军人"有与北界人户亲故者，以互市为名，期于榷场，恐亦非便"。③天圣七年（1029）七月，北宋规定：禁止士兵通过榷场买卖钱物，违者军法严惩。"自今厢禁军兵士与北客偷违禁物色并见钱及与勾当买卖，捉获者内禁军从违制定，厢军从违制失断遣，并刺面配广南牢城收管"。④

2. 对榷场交易的规定

榷场交易，有明确的法规，"彼自官司，交易悉从旧规"⑤，"北境人至榷场，未知条式，或卖违禁物，与近边商旅贸易。宜令知雄州李允则以意谕北境，仍录所降诏付之"。⑥关于交易场所，北宋榷场交易之法规定：商人必须在本国设立的榷场交易，不得去辽国的榷场，违者，"重至刺配刑"⑦，此为"本场交易法"。南宋时期，政府对此本场交易法的限制还作了修订，规定小商人可以到对方榷场交易。关于交易物品，北宋规定：榷场商品交易，各取所需。通常情况，宋夏之间交易，北宋以"缯帛、罗绮易驼马、牛羊、玉、毡毯、甘草，以香药、瓷漆器、姜桂等物易蜜蜡、麝脐、毛褐、羱羚角、碙砂、柴胡、苁蓉、红花、翎毛"⑧；宋辽之间交

---

① 《续资治通鉴长编》卷 285，熙宁十年十一月戊辰，第 6991 页。

② 《续资治通鉴长编》卷 495，元符元年三月戊午，11782 页。

③ 《宋会要辑稿》第 140 册《食货》38 之 28，第 5480 页。

④ 《宋会要辑稿》第 1139 册《食货》36 之 22，第 5442 页。

⑤ 《续资治通鉴长编》卷 246，熙宁六年八月庚寅，第 5995 页。

⑥ 《续资治通鉴长编》卷 84，大中祥符八年五月己亥，第 1930 页。

⑦ 《续资治通鉴长编》卷 98，乾兴元年二月庚子，第 2269 页。

⑧ 《辽史》卷 60，《食货志》，第 929 页。

易，北宋输出香药、犀角、象牙、茶叶、缯帛、漆器、瓷器、粳糯和经诗书籍等，辽输出羊、马、橐驼、银钱、布等。但榷场交易，禁法相当严格。

首先，严禁书籍外传。关于书籍的禁令，北宋一直极为严格，正如苏轼所言，"河北榷场，禁出文书，其法甚严"。① 朝廷立法严禁一切事涉军机政要图书的刊行、贩卖及其流通，以控制边防军事情报泄露。北宋中央政府首次以诏令形式颁布的图书禁律是宋真宗景德三年（1006）诏令："民以书籍赴缘边榷场博易者，自非九经书疏，悉禁之。违者案罪，其书没官。"② 天圣五年（1027），宋仁宗下诏："今后如合有雕印文集，仰于逐处投纳，附递闻奏，候差官看详。别无妨碍，许令开板，方得雕印。如敢违犯，必行朝典，仍候断遣。讫收索印板，随处当官毁弃。"③ 元丰元年（1078），神宗下诏："诸榷场除《九经》疏外，若卖余书与北客，及诸人私卖与化外人书者，并徒三年，引致者减一等，皆配邻州本城，情重者配千里。许人告捕给赏，著为令。"④ 元祐五年（1090）七月，礼部应苏辙请求，拟定《会要》《实录》及国史等雕印、传写之禁律，"凡议时政得失、边事军机文字，不得写录传布，本朝会要、实录不得雕印，违者徒二年，告者赏缗钱十万。内国史实录仍不得传写，即其他书籍欲雕印者，选官详定，有益于学者方许镂版候印，讫送秘书省。如详定不当，取勘施行。诸戏亵之文，不得雕印，违者杖一百"。⑤ 大观二年（1108）三月，宋徽宗颁降指挥于沿边州军：现行印卖文集、书册之类，严行禁止"修立不经看验、校定文书擅行印卖……仍应贩卖藏匿出界者，并依铜钱法出界罪赏施行"。⑥ 南宋孝宗时贩卖举人文集和江防地图则"与化外人私相交易"同罪。

其次，严禁铜、锡等贵重金属外流。铜在当时是铸造货币的主要材料，铜外流不仅是财富直接外流，而且还能毁作器物获利，"钱币阑出边

---

① （宋）苏轼：《东坡全集》卷63，《论高丽买书利害札子》，第231页。

② 《续资治通鉴长编》卷64，景德三年九月壬子，第1425页。

③ 《宋会要辑稿》第165册《刑法》2之16，第6503页。

④ 《续资治通鉴长编》卷289，元丰元年四月庚申，第7068页。

⑤ 《宋会要辑稿》第165册《刑法》2之38，第6514页。

⑥ 《宋会要辑稿》第165册《刑法》2之47，第6519页。

关，则足以资敌国"①，所以北宋朝廷严禁铜器、铜钱出境，除了宋神宗时期外，终宋之世都严格限制铜钱的流出。宋初太祖朝规定，铜钱带出境外者，"五贯以下者抵罪有差，五贯以上者其罪死"。② 宋太宗时除了继续强调违者重罚外，还要求关防守吏做好监督工作，谨查蕃商不得阑出铜钱。随着宋辽关系和缓，双方贸易交往逐渐频繁，加之边吏疏于管控，铜钱禁令流于形式，因此，铜钱外流现象更加严重。为此，北宋朝廷对铜钱外流的处罚随之加重。宋仁宗乾兴元年（1022）二月，政府制定了严格的惩治铜钱出界的经济法律。《乾兴元年铜钱法》规定："以铜钱出外界，一贯以上，为首者处死；其为从，若不及一贯，河东、河北、京西、陕西人决配广南远恶州军本城，广南、两浙、福建人配陕西。其居停资给者，与同罪，如捕到蕃人，亦决配荆湖、江南编管。仍许诸色人告捉，给以所告之物。其经地分不觉察，官吏减二等坐之。"③ 然而，禁法虽严，却收效甚微，正如苏辙在《论北朝所见于朝廷不便事》中上疏所说："沿边禁钱条法虽极深重，而利之所在，势无由止。本朝每岁铸钱以百万计，而所在常患钱少，盖散入四夷，势当尔矣"，"北界（指契丹）别无钱币，公私交易并使本朝铜钱"。④ 宋神宗时期，政府改革钱法，并于熙宁七年（1074）颁布新法规定：只要每贯交纳商税五十文，铜钱便可以携带出境。但此法仅实施不到十年便仍废止，即北宋仍旧恢复铜钱禁绝制度。与北宋一样，辽、夏也严格禁止本国钱币流入北宋界。除了禁止钱币外流，粮食也禁卖。天禧三年（1019），宋真宗下诏"河北州军民有赴北界市粮及不系禁物，为北界所捕送者，并决杖一百释之"。⑤

　　榷场贸易完全是在双方官府监督之下进行的，其政治意义永远大于经济意义，所谓双方互通有无也并非根据民间贸易要求和意愿，因此，边境地区的民间私贸易活动便开始兴起和发展起来。尽管宋辽、宋夏双方统治者都对这种贸易严加禁止，然而，适应百姓基本生活需求的民间贸易是行政命令所不能禁绝的，宋辽、宋夏之间的民间贸易越来越广泛，越来越活

---

① 《续资治通鉴长编》卷359，元丰八年九月乙巳，第8596页。
② 《续资治通鉴长编》卷9，开宝元年九月壬午，第207页。
③ 《续资治通鉴长编》卷98，乾兴元年二月庚子，第2269页。
④ （宋）苏辙：《栾城集》卷41，《论北朝所见于朝廷不便事》，第549页。
⑤ 《续资治通鉴长编》卷94，天禧三年七月辛酉，第2159页。

跃，一度不可收拾。为此，北宋政府严禁边民私下交易，宋初制定的《宋刑统》中就有不得与化外人私相交易的法律规定："诸越度缘边关塞者，徒二年。共化外人私相交易，若取与者，一尺徒二年半，三匹加一等，十五匹加役流。"① 朝廷还规定，边境交易只许在官方设置的榷场内进行，"旧制，官给客人公据，方听与西人交易"②。景德初年，宋辽通好后，真宗"诏北商赍物货至境上则许之"。次年，北宋开设雄州、霸州、安肃军三榷场，随即下诏"北商趋他路者，勿与为市"。景德四年（1007），下令"北面缘边趋境外径路，自非榷场所历，并令转运使因案部规度断绝之"。③ 大中祥符五年（1012），因契丹商人私自携带物品到瀛洲出售，真宗再次发布谕令告诫契丹，"有互市即赴榷场，毋得潜至边郡"。④ 皇祐元年（1049）九月，宋仁宗下令封锁除了榷场所在路以外其他通往契丹的道路，以切断宋辽边界地带的民间贸易，"河北两地供输民毋得市马出城，犯者以违制论"。⑤ 但人为限制边疆地区民间贸易活动的一切行为都是与经济发展规律相矛盾的、是不可行的，故宋辽边界私贸易活动依然频发不断，边境"私贩者众"，从官方不停地颁布法令也可以看出当时私下贸易盛行的程度。皇祐三年（1051）三月，宋仁宗批准管勾国信所的建议，下诏："自今通事殿侍与契丹私相贸易及漏泄机密事者，以军法论。"⑥ 宋神宗熙宁九年（1076），北宋针对边民与契丹人私自交易屡禁不止现象，"立与化外人私贸易罪赏法"，规定：（1）"河北四榷场，自治平四年，其货物专掌于三司之催辖司，而度支赏给案判官置薄督计之。"未几，"又禁私市硫黄、焰硝及以卢甘石入他界者，河东亦如之"。⑦（2）"与化外人私相交易，若取与者并引领人，皆配邻州本城，情重者配千里；知情般载人邻州编管，许人告捕，每名赏钱五十千，系巡察官员公人仍与折末获强盗一名即犯人随行，并交易取与物，过五十千者尽给，有

---

① 《宋刑统》卷8《卫禁律·越州县镇戍城及官府廨垣》，法律出版社1999年版，157页。
② 《续资治通鉴长编》卷365，元祐元年二月壬戌，8752页。
③ 《续资治通鉴长编》卷65，景德四年三月壬寅，1447页。
④ 《续资治通鉴长编》卷77，大中祥符五年正月丁酉，1752页。
⑤ 《续资治通鉴长编》卷167，皇祐元年九月己酉，第4015页。
⑥ 《续资治通鉴长编》卷170，皇祐三年三月乙卯，第4083页。
⑦ 《宋史》卷186《食货下八》，第4563页。

透漏官司及巡察人杖一百，再透漏者，巡察官员奏裁。"① 不仅是北宋，辽国同样严令禁止鬻马于宋夏界，如果擒获鬻马出界之人，则皆戮之，远配其家。

与辽相比，西夏对宋的物质依赖更严重，所以在宋夏边境上的私相交易也更频繁，北宋边民与西夏人在边境地区的私下交易，日夜公行，肆意往来。熙宁四年（1071）十月，宋神宗谈到，近虽数令陕西、河东诸路止绝蕃汉百姓与西夏交易，但仍然无法禁止，故颁诏令逐路经略司勘查。到了元祐时期，宋臣司马光认为常法不足以治禁，所以主张以刑去刑，并调动军队加强巡逻，鼓励百姓告发私犯者，这样边民因畏惧重刑而不敢再犯。他建议对犯者加重刑罚："今必欲严禁边民与西人私市，须权时别立重法：犯者必死无赦，本地分吏卒应巡逻者，不觉透漏，官员冲替，兵士降配；仍许人告，捉获赏钱若干，当日内以官钱支给，更不以犯事人家财充。如此则沿边六路各行得一两人，则庶几可以耸动人耳目，令行禁止，人不敢犯矣。"② 司马光的这一建议被宋哲宗采纳，于是北宋正式颁布《与夏国人私相交易罪赏法》："应今后与夏国人私相交易，若取与者一钱以上，皆配江、淮州军牢城，妻子诣配所；情重及至罪止者皆斩，妻子送江、淮州军编管；许人告捕赏有差。其透漏官司及地分巡察人，知情者与同罪。"③ 宋夏之间的盟约不能像宋辽那样长期维持，总是因战乱而被中断，正常的榷场和市贸易不能长期维持，再加上西夏所处地理环境多为荒漠，这些都使西夏边民对农业产品的要求更为迫切，而北宋边民为经济利益所驱使，因此尽管沿边各州县都严加辑查，但双方边民私易殊无畏惮、屡禁不止，这一情况远比宋辽边民私易严重得多，故而北宋在对与西夏人私交易者的惩禁处罚方面更为严厉。

专卖与专买是指国家对某些商品进行的垄断性贸易，宋朝对各类手工业品、经济类产品的生产和销售，尤其是盐、酒、钱、茶等都实施官榷制度，特别是民族地区的禁榷更为严厉。

食盐是少数民族的生活日常用品，蕃族很早就懂得用盐，"吐蕃无蔬

---

① 《宋会要辑稿》第 140 册《食货》38 之 32，第 5482 页。

② 《续资治通鉴长编》卷 365，元祐元年二月壬戌，中华书局 1992 年版，第 8753 页。

③ 《续资治通鉴长编》卷 365，元祐元年二月庚午，第 8769 页。

茹醢酱，独知用盐为滋味，而嗜酒与茶"。① 北宋西北边疆的熙河、湟鄯地区及岷江上游地区都是产盐区，境内有很丰富的盐井，在熙河战役之前自产自销。北宋与其比邻的八州军（延、庆、渭、原、环、镇戎军、保安军、德顺军）因不产盐，故部分盐亦来自于河湟蕃族区域。而解盐终北宋一朝，主要在蕃族居住的沿边八州军销售，北宋为此还专门设置解盐司专理盐政，实施官盐划界销售制度，严禁越区销售。解盐产自陕西解州的解县和安邑两地，青白盐是产自当时西夏境内的乌、白两盐池，与解盐相比，因价贱而味甘而深受蕃族的欢迎，因此，解盐在沿边八州军蕃族中销售颇为曲折。"青白盐出乌、白两池，西羌擅其利。自李继迁叛，禁毋人塞，未几罢，已而复禁。乾兴初，尝诏河东边人犯青白盐禁者如陕西法。庆历中，元昊纳款，请岁入十万石售县官。仁宗以其乱法，不许。自范详议禁八州军商盐，重青白盐禁，而官盐估贵，土人及蕃部贩青白盐者益众，往往犯法抵死而莫肯止。至和中，诏蕃部犯青白盐抵死者，止投海岛，群党为民害者，上请。嘉祐赦书，稍迁配徒者于近地，自是禁法稍宽。"②

为了保证解盐的畅销，北宋制定了一系列的法令，禁止私贩青白盐，以达到制夏的目的。"盐之不入中土，困贼之良策也。"③ 但因蕃族的喜欢，禁盐令难以实施。开宝四年四月，"诏禁岭南商税，盐曲如荆湖法"。④ 又"诏岭南商税及盐法并依荆湖例，酒曲仍勿禁"。⑤ 淳化四年（993）八月，太宗诏令："陕西诸州先禁戎人贩青白盐，许商人通行解盐以济民食。诏令既下，而犯法者众，宜除之，悉仍旧贯。先是，戎人以青白盐博米麦充食，转运副使郑文宝建议以李继迁聚徒为寇，平夏之北，千里不毛，徒以贩青白盐籴粟麦以充食，愿禁之。许商人贩易解盐，官获其利，而戎人以困继迁，可不战而屈。太宗从之，下诏自陕以西有敢私市戎人青白盐者皆坐死，募邻里告讦差定其赏。行之数月，犯法者甚众，戎人乏食，寇掠边郡，内属万余帐稍稍引归继迁。商人贩解盐少利，多取他路

① 《宋史》卷492《吐蕃传》，中华书局1985年版，第14151页。
② 《宋史》卷181《食货下三》，第4419页。
③ 《续资治通鉴长编》卷50，咸平四年十二月乙卯，中华书局1992年版，第1093页。
④ 《宋史》卷2《太祖本纪二》，第33页。
⑤ 《续资治通鉴长编》卷12，开宝四年四月己巳，第263页。

出唐、邓、襄、汝间邀善价，吏不能禁。关陇民无盐以食，而境上骚扰。及命知制诰钱若水驰传视之，因下诏尽复旧制，内属戎人渐复归附，边境始定焉。"① 可见法令不谓不严，但因盐利甚重和蕃族的喜好，对其是屡禁不止，青白盐依然在河湟蕃族中通行。

熙河开边后，私人青白盐贩销依然盛行。熙宁六年（1073），枢密院的报告指出："陕西沿边不能禁止人私与西界贸易"②，可见宋神宗时西北边疆少数民族食青白盐者仍然甚众。在北宋熙河开边过程中，朝廷还没有通过购买的方式取得蕃族的盐井，以销售官盐。通远军盐川寨的盐井，开始是由蕃族首领临占纳芝经营，青唐族据其盐井后，使井盐的产量有了很大的提高，"日获利可市马八匹"。③ 这个盐井后由青唐族大首领包顺兄弟经营，产量更得以提高，致使北宋用高价购买，"旧日收十千，今日与十五千扑买"。④ 北宋在河州得置折博务，"令制置解盐司仿熙州东、南、西盐交引减值召商旅人中"。⑤ 北宋还收购了西安州（今宁夏海原）一处方圆三十里盛产颗盐的盐池，一次投入三千多人进行生产，"自熙河兰鄯以西，仰给于此"。⑥ 到了熙宁七年（1074）六月，才因"熙河自有盐井，用解盐绝少"。⑦ 南宋时，淳熙十年七月和乾兴八年四月，政府还制定了《私贩解盐断罪告赏条格》和《陕西犯青盐罪罚条例》，对与蕃商博易解盐之人加大处罚力度，私贩达到二十斤加一等处罚，透漏官司及巡察人各杖一百⑧，对陕西犯青盐罪至加役流者决讫少状者刺配近里州军牢城⑨。

酒法。酒也是蕃族喜欢的食品之一，由于蕃族长期生活在高寒地带，通过饮酒可以御寒，又可表现蕃族豪爽直率的民族特点，因此，生逢聚会、盟誓、逢迎、庆贺，甚至是起兵聚众，蕃族无不以酒助兴，"廓州蕃

① 《宋会要辑稿》第 132 册，《食货》23 之 23，第 5186 页。

② 《宋会要辑稿》第 199 册，《蕃夷》7 之 37，第 7825 页。

③ 《续资治通鉴长编》卷 175，皇祐五年闰七月己丑，第 4226 页。

④ 《续资治通鉴长编》卷 245，熙宁六年六月乙未，第 5971 页。

⑤ 《续资治通鉴长编》卷 246，熙宁六年七月甲辰，第 5976 页。

⑥ （宋）方勺：《泊宅篇》卷中，中华书局 1983 年版，第 80 页。

⑦ 《续资治通鉴长编》卷 263，熙宁八年闰四月乙巳，中华书局 1992 年版，第 66438 页。

⑧ 《宋会要辑稿》第 132 册《食货》28 之 19，第 5288 页。

⑨ 《宋会要辑稿》第 168 册《刑法》4 之 16，第 6629 页。

僧欲侯大军到献酒。"① 北宋在边疆民族地区曾设造酒务制酒，以增加税收，但严禁蕃族买扑造酒。熙宁五年（1072），王韶上疏指出河湟有酒场三十余处。熙宁六年（1073），北宋政府在熙州新堡寨设有酒场，听蕃族自募人酿造，还允许有功的蕃官开坊酿酒。熙宁八年（1075），北宋从商（今四川宜宾）、虢（今河南灵宝）二州招聘一批铁匠，赴岷州指导蕃族冶炼铁矿。蕃族酿酒业比较普遍，蕃族嗜酒如命，但宋初却禁止蕃民开设酒场，只能搞一些家酿。王安石为开辟财源，允许熙州蕃族"置酒场"，官方课以酒税。在熙河开边之前，未见河湟蕃族与北宋实施酒贸易的记录；但在开边之后，北宋在蕃族居住区域设置的酒场数量就有许多。元丰六年（1081）规定：蕃官诸将合用酒许于驻州军酿造，因为沿边驻军造酒、士兵食用和犒赏士兵、官员庆贺等用酒自产自销，可以减少军费开支。

钱法。北宋对边疆民族地区的钱的买销严格管理，禁令繁杂，违禁者不论是蕃民还是汉户一律严惩。这样就在军事战争期间，宋夏、宋辽沿边双方都在经济领域实行了限制和反限制措施。

建隆时期，宋太祖下诏颁布了一部关于江南地区货币问题的法规，即《江南钱法》。该法初颁布于建隆三年（962）一月，内容为："禁江南所铸'唐国通宝'钱。民间有者悉送官，所在设棘围以受之，敢有藏隐，许人陈告，重置之法。"② 同年四月，针对北宋使臣有将江南钱带入江北者，造成了江北地区货币紊乱及不法之徒谋利之弊，宋太祖再次下诏：江南钱币只允许在本地通行，不得越地使用，"奉使江南者，毋得将其国所用钱过江北"③，否则视为违法。此钱法，为进一步规范江南货币的使用范围提供了法律根据。开宝时期钱法，依然贯彻"禁钱出塞""无出化外"的原则，开宝三年十二月，北宋初于雅州百丈县置监，铸铁钱，"禁铜钱入川"④；开宝六年三月，"禁铜钱不得入蕃界及越江海至化外"⑤，违者罪之。太平兴国三年（978），"西北边内属戎人，多赍货帛于秦、阶

---

① （清）黄以周等辑注，顾吉辰点校：《续资治通鉴长编拾补》卷23，崇宁三年正月丁酉，第785页。

② 《续资治通鉴长编》卷3，建隆三年正月丙子，第61页。

③ 《续资治通鉴长编》卷3，建隆三年四月乙未，中华书局1992年版，第66页。

④ 《续资治通鉴长编》卷11，开宝三年十二月癸巳，第255页。

⑤ 《续资治通鉴长编》卷14，开宝六年三月癸未，第298页。

州易换铜钱，出塞销铸为器"，宋太宗诏"自今严禁之，吏民敢阑出铜钱百以上论罪有差"。[①] 太平兴国八年，又颁诏令："禁内属戎人私市女口，吏谨捕之，违者弃市。"[②] 但迫于生计，边民往往冒死私卖，川蜀、陕西"官钱皆为小民盗销，不可禁止"。[③]

　　从客观上讲，榷场贸易满足了当时各政权之间在产品交流上的依赖和需求，北宋从辽、夏政权获得本国所缺的牲畜，而北宋境内的茶、布匹等日用品为辽、夏所得。加之发达的民间走私贸易活动，这实际上使边境地区的商品流通能在更大范围内得以补充和实现。双方互通有无，不仅增加了政府的财政收入，而且对维持邻国友好关系、维护边境和平起到了一定的积极作用。

---

① 《续资治通鉴长编》卷19，太平兴国三年二月甲申，第423页。
② 《续资治通鉴长编》卷24，太平兴国八年二月丁酉，第539页。
③ （宋）王栐：《燕翼诒谋录》卷3，中华书局1981年版，第25页。

第三编

宋代民族法制与社会
控制相关问题研究

第一章　宋代民族法制研究现状

　　民族是人类社会一种基本的历史现象。从秦汉以来，我国就是统一的多民族国家，各民族间的政治、经济、文化往来从来就没有间断过，故而形成了历史文化上的多元一体格局。不仅如此，统一的多民族国家的基本格局，使中原汉王朝与各民族政权之间、中央统治者与各民族上层统治者之间、中央统治者与各民族成员之间以及各民族及其成员之间，皆因民族特点差异而产生了需要或应由法律规范调整的权利、义务关系。

　　宋朝是我国封建社会经济文化的高度发展时期，与当时社会经济文化的发展和繁荣相适应，其封建社会法律制度已达到相当完备的地步，赵宋王朝以"令""式"和各种"指挥"形式规定着民族地区的行政法律制度。为了加强对"蕃部"诸民族的治理，宋王朝制定了许多关于调整蕃族之间、蕃汉各族之间关系的法律规范，在此基础上形成包括法的制定、执行、遵守和监督等在内的边区民族法律秩序系统，它属于中原王朝为协调民族关系而建立的法制系统。不可否认，对宋代民族法制的探讨和研究，将有助于我们正确认识中国古代尤其是宋朝对边地民族的统治，有助于正确认识宋代边疆少数民族法律文化发展和文明的进步历程。

　　从目前的研究状况看，与宋代普通法史的研究相比，宋代民族法制史的研究还是一个十分薄弱的环节。20世纪80年代以来，宋代法制史的研究取得了瞩目的成就，仅专著就达十多部，同时更有大量的中国法制通史和卓有见解的文章，它们都广泛涉及宋代立法、刑法和司法制度，为我们全面了解和研究宋代法律制度提供了宝贵的资料。相比之下，对宋代民族法制的研究，虽然已取得了许多成果，但仍然十分不够，尤其表现为学界对宋代民族法律相关问题的深入探讨方面。

　　研究宋代民族法制史的著作，主要有：李鸣《中国民族法制史论》①，对中国历代的民族法制进行了翔实的研究。其中，第四章"唐宋的民族法制"之第六节论述了宋代"蕃夷之法"，认为宋代对边疆地区少数民族制定了一定的民族法律，如宋对南方少数民族的立法和对辽、夏、金的民族立法，并认为宋代民族立法具有浓郁的时代气息，那就是因时、因地、因事，灵活机动。徐晓光《中国少数民族法制史》② 和《藏族法制史研究》③，前书最大的成就是首次将中国古代历朝民族法制的建立和发展过程，从整体、纵向的角度展现于学者面前，对于挖掘两宋时期纷杂的蕃汉民族法规和各民族自身法律文化，具有极重要的价值。后书第六章"厮啰政权的'立文法'与宋朝蕃汉关系立法"，对藏族部落政权——厮啰政权订立文字盟约及其制法活动和内容作了较为翔实的叙述，同时还对宋朝订立的一些蕃汉关系法规，如蕃官法、蕃兵法和蕃部习惯法等进行了具体研究。方慧主编的《中国历代民族法律典籍》④ 是中国民族法制史料整理方面的集大成者，该书第四篇"宋辽夏金时期"民族法律史籍，辑选了二十四史中有关宋在其辖区内对各少数民族的相关治理法规文献，还摘录了大量介绍当时各少数民族自身法制状况的珍贵史料，不仅有契丹辽、党项西夏、女真金的刑法与罪罚法，还有关于吐蕃、大理国和西南"诸蛮"、西域诸族的"本俗法"及其变迁等，为学术界进行相关研究提供了极大的方便，价值极高。刘建丽《宋代西北吐蕃研究》⑤，对宋朝"蕃官"，"纳质"控制蕃部等法律问题作了论述，对蕃部"罪犯配发"屯田劳力以及"和断"和"汉法"问题亦有进一步的探讨。陈武强《边疆的法律：北宋治理民族地区的理论与实践》⑥，为国内第一部研究宋代民族法制史的专著。该书对北宋边疆民族地区的法制思想、法律政策、法律制度和刑罚适用，以及北宋对边疆地区的民族状况、民族政策、治边措施和民族之间的经济文化交流等内容进行了系统研究。认为：为了加强对蕃部诸族的治理，北宋政府制定了许多边政措施，并逐渐加大了边疆民族地区

---

① 李鸣：《中国民族法制史论》，中央民族大学出版社 2008 年版。

② 徐晓光：《中国少数民族法制史》，贵州民族出版社 2002 年版。

③ 徐晓光：《藏族法制史研究》，法律出版社 2001 年版。

④ 方慧：《中国历代民族法律典籍》，民族出版社 2004 年版。

⑤ 刘建丽：《宋代西北吐蕃研究》，甘肃文化出版社 1998 年版。

⑥ 陈武强：《边疆的法律：北宋治理民族地区的理论与实践》，甘肃人民出版社 2013 年版。

立法建设，制定了详尽完备的蕃官除授、承继以及赏罚和地位法制，形成北宋边疆民族边区独特的边政管理机制。与此同时，北宋十分注重与边疆少数民族进行经济上的交流，在与少数民族接界的地方设立茶马司，用茶叶换取少数民族的马匹，并对蕃汉交易活动作出了非常具体的规定，对其他与边疆少数民族的互市、私盐的贩卖、货税等方面也制定了相应的政策。除此之外，北宋与周边民族政权签订了涉及边界划定、军事合作、经济交往，甚至割地、输银等内容的盟约，这些盟约已与唐代会盟有着明显区别，它是对双方都具有法律约束力的盟约。从内容看，北宋对边疆民族地区的法制建设和治理十分庞杂，几乎涉及了北宋王朝处理边疆少数民族地区及其缘边汉区行政、经济、军事和文化事务的各个方面。宋中央政府通过这些民族法律规范来调整蕃汉民族关系，及时制止民族地区违法现象，实现了对民族地区社会的统治和管理，维护了民族地区社会秩序和稳定。

研究论文：

安国楼《宋代蕃法和蕃汉关系法》（《中南民族学院学报》1997年第3期），该文以北宋前、后期分段详细论述和探析了宋西北、西南边区各类民族法规的颁行情况、内容、影响。此文为研究宋代民族法的代表力作。文章认为，鉴于宋周边形势和民族关系的错综复杂，宋王朝先后制定了各类的蕃法和一系列蕃汉关系法规，形成了初步一致的边区民族法律基本制度。这些有别于内地的边区法律制度的产生和发展过程，充分显示了北宋民族关系的进步以及作为多民族封建国家整体的有机联系性的增强。戴建国《宋代赎刑制度述略》（《法学研究》1994年第1期）对宋时陕西、河东沿边少数民族赎刑物品和数量做了叙述。张文《两宋政府的少数民族赈济措施刍议》（《民族研究》2002年第2期）一文指出：宋朝对待少数民族的认识和看法有了一定的转变，反映在法律方面就是对少数民族采取了一定的保护措施。安国楼《论宋朝对西北边区民族的统治体制》（《民族研究》1996年第1期）一文，比较系统地论述了宋代西北和西南边区两种不同的政治体制，并详尽阐述和探讨了宋代蕃官除授、承袭、赏罚和地位法制。顾吉辰《宋代蕃官制度考述》（《中国史研究》1987年第4期）对蕃官的补迁、俸给、赐姓、叙班和处罚等问题做了比较详尽的探讨。郭声波《试论宋朝的羁縻州管理》（《中国历史地理论丛》2000年第1期）认为：宋朝对周边少数民族的羁縻政策总体上趋向灵活和宽松，另外又对宋朝"本土之法"和"和断"治理少数民族到后来"以汉法代夷法"提出了自己的见解。佟建荣《宋夏沿边蕃部生存环境研究》(《宁夏大学学报》2003年第4期)对宋夏沿边过渡性的蕃部生存环境以及宋"以蕃制蕃"的民族方略进行了探讨。

刘建丽、陈武强《略论北宋对西北边区蕃民的法律保护》[①]一文认为,北宋为了确保河湟区域民族社会稳定,制定和颁布了许多相关的边区蕃民法律保护条例,其主要内容涉及经济贸易、土地买卖和生命人权等方面,前后期延续并有变化,形成务实、时效、灵活的边区法律保护关系,反映了北宋因时而易、因地制宜的民族政策,对河湟区域民族社会稳定和发展起到了重要作用,同时也体现了北宋政府对河湟区域民族弱势生命群体的珍视和忧患意识。

陈武强《论北宋前期对西北边区蕃民犯罪的处罚》(载《西藏研究》2006年第2期)一文中认为,由于北宋前期的河湟民族区域,位居宋夏边防要冲,民族成分和政治形势错综复杂,各派政治、军事力量角逐不休,以致民族矛盾纠纷和臣服反叛时有发生,蕃民犯罪屡见不鲜;对于边区蕃民的违法犯罪,如何定罪、依何量刑,可以说是一个值得探讨的问题。本文作者从三个方面即处罚的法律依据,处罚的主要形式和处分的基本特征着手对北宋神宗开边之前的蕃民违法犯罪的处罚进行探讨。陈武强《北宋后期关于西北蕃部的民族立法述略》(《贵州民族研究》2006年第6期)一文认为,北宋后期,政府实施向河湟民族区域扩大辖区的积极边疆政策,故出现了诸多新的社会和民族问题。宋廷在开拓疆土、扩大辖区、维护其新旧归附区的统治时,加强了对河湟民族区域的防务和经营,并颁行了许多相关蕃部的法律法规,强调运用法律手段调整各族关系,治理边族地区的矛盾和纠纷,对于河湟区域民族社会稳定和经济发展起到了重要作用。

陈武强《宋代蕃法及其向汉法的过渡》[②]认为,宋代初期以"蕃法"处理周边民族地区的矛盾和纠纷,但在真宗时期,宋廷"汉法"治蕃部的法律意向随之产生并日益明朗化。到了北宋后期,由于政府积极促进边

---

① 刘建丽、陈武强:《略论北宋对西北边区蕃民的法律保护》,《内蒙古社会科学》2006年第2期。

② 陈武强:《宋代蕃法及其向汉法的过渡》,《青海民族研究》2006年第4期。

疆战略的实施和对边区部族治理的深入，蕃法向汉法的过渡或转变有了更进一步的发展，并首先在西北和西南部分地区成功实现，客观反映了宋代边区民族法制的演变。《从法制层面谈宋太祖对川贵、湖广边区的经略》①认为，宋太祖统一南方后，根据边区政治经济、民族情状和社会要求之变化等，及时损益制度，加强边区法制建设，先后制定和颁行了许多边区法令法规，使宋在川贵、湖广民族边区的统治初步有了法治依据，并在制度上形成法律与民族政策互动统治的新格局。陈武强《论北宋对西北边防军政情报的控制——从法制的视角》②，论述了北宋政府制定的严禁出版、发行和流通军政机要图书，约束和限制边民进出入边界等控制西北边防情报泄露的政策与法规，并对其历史作用进行了评价，认为一系列举措防范和阻止了西北边防军政情报的外泄，对维系边疆安全起到了积极作用。《北宋西北边区民族法规中的罚则制度》③，从处刑原则与刑罚实施、法律政策与民族政策相参为用四个方面，探讨了北宋西北边区民族法律法规中的罚则制度及其处罚原则与内地存在的差别。陈武强《北宋后期惩治西北蕃部违法犯罪及相关问题研究》④认为，北宋后期，政府加强对西北的经营和防务。在法律上，针对西北蕃部叛逃盗窃、私市私贩等违法犯罪行为，宋廷在加大"汉法"惩治力度的同时，又从西北边地社会稳定和"联蕃制夏"的国家军政战略出发，因地而宜、从轻处罚，反映了宋代民族边区法制与国情相结合、与边地民族政策相结合的鲜明时代特征。

　　鉴于宋夏沿边特殊的军事地理位置，西北边区的边境禁令是宋代民族法规的一项极为重要的内容，反映这方面的文章有郭正忠《宋代私盐律述略》（《江西社会科学》1997 年第 4 期），黄纯艳《北宋西北沿边的入中》（《厦门大学学报》1998 年第 1 期），前文对边境私盐法提出了自己的见解，后文则指出，西北沿边的入中物品并不限于粮草，还有茶、盐、

---

　　①　陈武强：《从法制层面谈宋太祖对川贵、湖广边区的经略》，《广西社会科学》2010 年第 8 期。

　　②　陈武强：《论北宋对西北边防军政情报的控制——从法制的视角》，《青海民族研究》2010 年第 3 期。

　　③　陈武强：《北宋西北边区民族法规中的罚则制度》，《西北第二民族学院学报》2007 年第 4 期。

　　④　陈武强：《北宋后期惩治西北蕃部违法犯罪及相关问题研究》，《重庆师范大学学报》2007 年第 4 期。

布等，并就茶、盐、钞法及其禁令作了探讨。何玉红《宋朝边防图书与情报控制述论》（《社会科学辑刊》2004 年第 4 期）对宋朝为防止边疆军政图书与情报外泄，采取的措施和颁布的边境禁书法作了论述。

由于研究宋代民族法律及其相关问题，必然弄清楚宋朝基本民族政策、民族经济、民族关系和民族文化政策等，因此考察和探讨这些问题对研究宋代民族法有很大帮助，这方面的成果颇为丰富：

民族政策。日本学者中岛敏在 1934 年发表的《宋朝与西夏、西羌部落之争》（日本《历史研究》1934 年第 1 卷第 6 册）及榎一雄在 1904 年发表的《王韶对熙河的征服》，（《蒙古学报》，1940 年）可说是河湟吐蕃民族研究的开始，特别是后者的文章，更是对河湟区域给予了重点的关注。到 1964 年，日本著名学者前田正名出版了《河西历史地理学研究》（陈俊谋译，中国藏学出版社 1993 年版），其中第四、五、六章完全是对 8—11 世纪河湟吐蕃史的研究，涉及民族政策的许多方面，当然更多的是从历史地理学的角度展开对河湟区域研究的，其结果给人很多启迪。但如果从研究河湟吐蕃史涉及民族政策的专门性而言，日本的两位学者岩崎力和铃木隆一的贡献最为突出，下面就将其在此方面的论文简列如下：岩崎力：《宋代青唐部落史料》（《中央大学大学院论丛》1973 年第 5 卷第 1 期）、《西凉府政权的衰落及宗哥族的发展》（《铃木俊先生七十寿辰纪念东洋史论丛》，山川出版社 1975 年版）、《宗哥城唃厮啰政权的特点及结构》（《中央大学亚洲史研究》1978 年第 2 期）、《西夏国的建立与宗哥族的动向》（《中村治兵卫先生七十寿辰纪念东洋史论丛》，刀水书房 1986 年版）、《北宋时期西藏族部落之研究》（《东洋文库研究所研究报告》1986 年第 44 期）。铃木隆一：《青唐阿里骨政权的建立与契丹公主》（《史滴》1983 年第 4 期）、《唃厮啰——青唐吐蕃王国之名》（《安田学院研究纪要》1985 年第 25 期）、《青唐吐蕃唃厮啰王朝与青海藏族部落：以乔家族为研究重点》（《安田学院研究纪要》1986 年第 26 期）、《青唐大酋青宜结鬼章与熙河》（《安田学院研究纪要》1987 年第 27 期）。日本佐藤长在《日本西藏历史研究的起源和发展》（《国外藏学译文集》第 12 辑，第 251—293 页，西藏人民出版社 1995 年版）一书中对这两位学者进行了专门的介绍。岩崎力的作品主要发表在 20 世纪七八十年代，铃木隆一的作品主要发表在 80 年代中期。毫无疑问，这两位学者均以深厚的史学功底和独特的史学眼光对河湟区域民族政策史进行了深入的研究，其研究成果对今天的研究仍有借鉴意义。

台湾学者较早涉及这一问题的是台湾师大历史系教授廖隆盛先生，他于1976年发表的《北宋对吐蕃的政策》（《台湾师大历史学报》1976年第4期）是以北宋从抚边到拓边的政策眼光而展开对河湟吐蕃部落的宏观研究的，其文章的评述水平很高。香港学者罗球庆较早涉及这一问题，于1967年二月在《崇基学报》上发表了《宋夏战争中的蕃部与堡寨》一文，从蕃部与堡寨对宋夏战争的作用的角度进行论述。在当时来说是很有创新意义的。

大陆学者对这一领域的研究起步于20世纪80年代初，当时以专门研究者的身份进入的主要是祝启源和汤开建先生，祝先生从1982年发表《唃厮啰政权形成初探》一文，到1998年发表《唃厮啰政权对维护中西交通线的贡献》（《中国藏学》1998年第1期），共发表宋代河湟区域民族研究论文11篇。汤先生于1982年与其导师李蔚合发《唃厮啰政权兴起的原因及其历史作用》（《中央民族学院学报》1982年第4期），其后又发表《北宋与西北各族马贸易》（载西北民院历史系主办《西北民族文丛》第2辑，1983）、《宋〈岷州广仁禅院碑〉浅谈——兼谈熙河之役后北宋对吐蕃的政策》（载《西北民族文丛》第3辑，1984）、《宋代甘青人口的发展及其原因》（《民族研究》1986年第5期）、《关于唃厮啰统治时期青唐吐蕃政权历史考察》（《中国藏学》1992年第1期）、《公元十一—十三世纪安多藏族部落社会经济考察》（《西北民族研究》1990年第2期）等。

汤开建《宋〈岷州广仁禅院碑〉浅谈——兼谈熙河之役后北宋对吐蕃的政策》（《西北民族文丛》第3辑，1984），安国楼《论宋朝对西北边区民族的统治体制》（《民族研究》1996年第1期）在言及专著时已评述了两位先生的观点，故不再赘论。姚兆余《论北宋对西北地区少数民族的政策》（《甘肃社会科学》1993年第3期）中的观点从五个方面说明，即封官授爵，怀柔绥抚；赐资赍帛，推恩施惠；开展贸易，羁縻远人；招降纳顺，安边靖远；以夷制夷，坐收渔利。本文认为，北宋统治者虽出于自身安全的需要，必须制定和实施恰当的民族政策，尽可能地联合河湟区域民族以对付西夏；但是又由于大汉族主义作祟，北宋统治者非常歧视和怀疑河湟区域民族，这种矛盾心理使其在对河湟区域的民族政策方面就有别于汉唐，即怀柔招抚代替了汉唐的军事征讨，经济援助代替了汉唐的和亲，敕封式的间接统治代替了汉唐的直接控制。祁琛云《北宋前期朝野对联蕃制夏策略的非议及其原因》（《宁夏大学学报》（人文社科版）2007 年第 1 期）一文认为，"联蕃制夏"，即指北宋联合散处于西北边地的民族及民族政权共同抗击西夏军事进攻的一种策略。这一策略存在于北宋真宗、仁宗、英宗三朝，宋神宗熙宁年间发动熙河战争，收复吐蕃所居之河湟地区，"联蕃制夏"的策略被弃用。文章从三个方面即策略的提出及其背景、北宋朝野对策略的非议、北宋前期对策略非议的原因进行论述，并得出结论说由于消极联蕃，北宋不得不在崛起的西夏政权面前丧失领地，为其愚蠢做法付出沉重代价。

李华瑞《北宋仁宗时期联蕃制夏政策论述》（《河北学刊》1989 年第 6 期）对仁宗时期制定联蕃制夏战略的背景、经过和影响做了较为深入的探讨。胡建华《北宋前期"以夷制夷"政策初探》（《中州学刊》1988 年第 1 期）对北宋政府"以夷制夷"政策形成的原因和实施效果做了较详尽的论述。姚兆余《论北宋对西北地区少数民族的政策》（《甘肃社会科学》1995 年第 3 期）指出：北宋民族观影响和制约着北宋王朝的西北民族政策，总体上讲，北宋王朝的西北民族政策包括"推恩施惠""以夷制夷"等五项政策。安国楼《王安石的民族思想和民族政策》（《广西民族研究》2002 年第 1 期）对宋代民族政策、边区蕃汉土地法令和蕃兵法都有所论及。汪天顺《熙河开发与北宋国家统一述评》（《云南社会科学》2002 年第 3 期）也对西北缘边土地典卖法制做了探讨，并就熙河开发过程中，当职官吏渎职犯罪问题有所论述。陈柏萍《北宋政权与西北吐蕃各部的关系》（《青海民族学院学报》2003 年第 4 期）对北宋与西北吐蕃部落间政治、经济关系做了初步探讨，还从法律上论证了宋王朝对市马贸易的国家控制和垄断法规。王晓燕《论宋与辽、夏、金的榷场贸易》（《西北民族大学学报》2004 年第 4 期）一文就两宋时期边境地区严格的官营贸易和禁令问题做了论述。张明《北宋军法基本内容考略》（《青海社会科学》2003 年第 3 期）对北宋边缘诸将官、士兵的禁律略有记述。

民族关系。李华瑞《论北宋与河湟吐蕃的关系》（《河北青年管理干部学院学报》2000 年第 2 期）一文认为，河湟吐蕃是北宋与西夏积极争夺的对象，北宋与河湟吐蕃的关系，可以宋神宗时期开熙河之役为转折点，此前北宋与河湟吐蕃建立了密切的联盟关系，此后北宋积极开拓河湟，力图使唃厮啰的子孙臣服。目前学术界对北宋与河湟区域民族的关系较多集中在神宗开熙河之役，对此前北宋与河湟吐蕃的关系，特别是对宋仁宗后期至英宗时期与河湟吐蕃的关系探讨得还很不够；同时对神宗开熙河之役的评价，未能与其后哲、徽宗时对吐蕃政策的变化联系起来考察，未免有些失之偏颇。安国楼《论北宋西北开边以后的民族关系》（《郑州大学学报》（哲学社会科学版）2003年第1期）一文认为，北宋后期的西北开边具有很大的盲目性，人力财力都遭受了巨大的损失，但对这些新边地区的经营，又促进了民族关系的进步和社会经济的发展；在开拓地区进一步推行"汉法"政策，部族蕃官开始担任汉官职务，仿汉官制进行磨勘迁转，蕃兵则采用汉兵法进行组织和管理。在经济关系上，设立固定市场，鼓励蕃汉贸易，颁行关系法规，保护蕃民利益；废除土地禁令，开放土地买卖；不分民族、地域，各类人户均可移居边地耕殖自营；这对北宋河湟民族区域的开发和各民族的交流和融合，都起到了极大的推动作用。刘建丽《略论西北吐蕃与北宋的关系》（《兰州大学学报》2002年第6期）一文认为，北宋河湟区域民族吐蕃，因其分散和不统一的状况，决定了它们不可能成为一支独立的力量与北宋、辽、西夏并驾齐驱；而又因其自身利益的需要，决定了必然向北宋靠近；其根本原因在于经济、政治、军事上对北宋王朝的依附以及文化心理上对北宋王朝的认同；河湟吐蕃对北宋的这种依附关系，也正是北宋能够全面、持久、深入地经制河湟区域民族，而河湟区域民族最终能够统一于北宋王朝的原因。刘建丽《略论宋代西北吐蕃与周边政权的关系》（《西藏研究》2004年第4期）一文认为，北宋河湟吐蕃由于分散和不统一的历史状况，与周边政权的关系完全是出于自身生存发展的需要，其河湟吐蕃与其他政权的关系，很大程度上取决于北宋对其施加的影响，受到北宋政权的制约。

　　民族经济。金勇强《北宋西北沿边堡寨商业化研究》（《延安大学学报》（社会科学版）2006年第6期）一文认为，北宋在西北沿边修筑的堡寨，除了用来抵御西夏进攻和招抚沿边蕃部的作用外，还具有明显的商业性质；其原因主要为宋夏战争的影响和推动以及宋朝和河湟区域民族经济的互补性的需要；沿边堡寨的商业化特征表现在多个方面：商业发展的外向型，政府对商业的控制干预，商人活动和商税征收，手工业的发展；但由于西北沿边堡寨的特殊性，这种商业化还表现出先前的弱点和不足；尽管如此，北宋西北沿边堡寨的商业化在推动当时河湟民族区域的经济发展具有重要的历史意义。汪天顺《北宋西北蕃市贸易述论》（《青海民族研究》1999 年第 3 期）一文认为，宋代的西北蕃市是民族民间贸易的一种重要形式，本文从北宋政府对蕃市采取既较为自由和明智，又有所控制和干预的政策方面，分析了西北蕃市的特点，以及蕃市的分布、贸易状况和蕃商在西北边区民族贸易中的中介作用。胡小鹏《古代甘肃的茶马互市》（载《西北民族文献与历史研究》，甘肃人民出版社 2004 年版，第 271—280 页）中就北宋茶马互市兴旺发达的原因、宋神宗后茶马互市重点区域的转移、茶马互市的办法进行了论述，认为茶马互市的作用和影响：首先是促进了民族区域畜牧业经济的繁荣，改善了牧民的生活；其次是促进了多民族国家的统一；最后是促进了各族人民的团结。

军事政策。刘建丽《北宋御边政策的调整》（《甘肃社会科学》2000 年第 3 期）一文认为，北宋政府的御边政策有一定的阶段性；北宋初期重北边轻西鄙，到中期防御重心从北边移到西北，自熙宁变法后，又以攻为守兼制西夏；这种政策的不断变化与调整，主要受北宋国内政治、经济、军事等因素的影响，也与周边邻国辽、西夏、吐蕃等少数民族政权的兴衰有密切关系；它是北宋、辽、西夏、吐蕃等势力相互消长和制衡的产物，也是北宋时期民族关系的另一种表现。吕卓民《简论北宋在西北近边地区修筑城寨的历史作用》（《西北大学学报》（哲学社会科学版）1998 年第 3 期）一文认为，修筑城寨是北宋与西夏战争中的一项重要战略措施，在当时起到了却敌、御边、收复失地、安辑边民从事生产与促进河湟区域经济开发等积极作用，并对其后以城寨为中心的居民点的形成产生了重要影响。安国楼《论宋代"蕃兵"制》（《郑州大学学报》（哲学社会科学版）1997 年第 1 期）一文认为，在北宋与西夏比邻的河湟民族区域，形势多变，战事纷起，成为北宋抗夏的焦点地区；为了战守需要，北宋王朝在这里组建了一支规模庞大的民族军队"蕃兵"；到北宋后期，蕃兵的范围进一步扩大，蕃兵"汉法"管理的程度日益提高，使蕃兵最终成为与禁军、厢兵、乡兵并列的宋代四大兵种之一，对维护北宋河湟区域的稳定起了很大作用；如此完备的边族兵制，是宋以前的中原王朝所不曾有过的；文章从蕃兵的组建、发展、待遇及作用问题四个方面进行了探讨，并认为这种特殊的军事体制，其实是北宋河湟区域民族政策的产物。

民族文化。任树民《从〈岷州广仁禅院碑〉看河陇吐蕃佛教文化的特色》（《西藏大学学报》2003 年第 2 期）一文认为，包括河湟区域的河陇吐蕃佛教文化在内，历史底蕴厚重，自唐至五代以来，融西域佛教、汉地佛教和藏传佛教于一体，故而独具风貌，特色鲜明，成为藏传佛教后弘期末叶圣师高徒的荟萃之地；毕功于宋神宗元丰七年的《岷州广仁禅院碑》，是我们研究北宋时期河陇吐蕃佛教文化方面的珍贵实物资料；碑铭历史客观地记录了河湟地区佛教文化的鲜明特色，即寺院林立、巍然壮观，有着独特的坐禅诵经的方式，独具风采的融合型佛教文化，政教合一开始出现，糅合有医家和道家色彩等。孙悟湖《宋代汉藏民间层面宗教文化交流》（《西藏研究》2006 年第 4 期）一文认为，汉藏两族宗教文化交流主要反映在三个层面上，即民间层面的渗透影响、学者僧侣层面的交流传播和中原王朝与地方政府官方层面的往来贡赐；文章仅就宋代汉藏两族民间层面宗教文化交流作考察，认为汉藏两族宗教文化交流通过民间形式，将汉地的宗法性传统宗教文化、道教文化、佛教文化传递到了周边藏族民间，也将藏传佛教文化、苯教文化和其他藏族宗教习俗传播到了周边汉族民间；汉藏民间层面宗教文化交流有益地推动了学者、僧侣层面和官方层面宗教文化交流的深度和广度，从某种程度上保存和深化了学者、僧侣层面和官方层面宗教文化交流的成果。

　　应当承认，在学界的共同努力下，宋代民族法制史的研究已取得了重大成绩，尤其近年来提出了不少新的见解，取得了重要成果，但相关研究仍有待加强。首先，学界对宋代民族法制史的研究还不够全面，而且主要侧重于从民族政策角度探讨，今后应该加强从立法、刑罚、司法独立法体系和行政法、经济法、军事法、民事法方面去探究。其次，宋朝治边措施及其边疆民族法律的制定是国家政策的重要组成部分之一。与内地"汉区"相比，宋政府对民族地区的施政具有鲜明的法制时代和地域特色，它既是宋朝廷在边疆民族地区因时而易、因地制宜的施政理念和民族政策的重要体现，又是政治和法律、边情和国情相结合的典范。宋代特定的民族环境和政治格局使其民族法制在很多方面展现出了鲜明的个性特色，这些问题需要深入探讨。最后，研究队伍亟待加强，只有这样，才能取得更为丰硕的研究成果，才能推动宋代民族法制史的研究进一步发展。

第二章　宋代边防情报控制法律制度

北宋立国后，政治上与辽、夏少数民族政权鼎立对峙。为了防御辽、夏对宋西北缘边地区的攻掠，甘青藏边州军一方面筑寨修城、屯兵驻守，加强边防防卫力量；另一方面密切关注和警觉边防军事动态，积极选派间谍到辽朝和西夏搜集军事情报。北宋派遣间谍的活动始于宋初，在长期的实践中，逐步形成较为完备的间谍及其情报网络体制，并成为西北国防体系中一个不可或缺的重要方面。

第一节　宋政府对情报工作的重视

宋政府十分重视通过派遣间谍来掌握敌国的军事情报。仁宗朝名臣田况说，"自古用兵，未有不由间谍而能破敌者也"。① 贾昌朝也提出备边之尤切者"凡六事"，其中之一就是"明探候"②，即军事情报的获取。宋人张舜民在《上徽宗论河北备边五事》中说，"臣观古之为将，守边第一必先觇逻，苟得其术，敌人之情可以坐制，先人有夺人之功其此之谓也"。③ 意为第一时间获得一手军事情报，可以"洞知敌情"，"多致克捷"④。反之，则如苏辙所言"兴师十万，出征千里，百姓之费、公家之奉，日费千金。内外骚动，怠于道路者七十万家，而受爵禄百金，不能知敌之情者，不仁之至也"。⑤ 宋真宗还强调，即便是在停战"和平"时期，

---

① 《续资治通鉴长编》卷132，庆历元年五月壬申，第3133页。

② 《续资治通鉴长编》卷138，庆历二年十月戊辰，第3320页。

③ （宋）赵汝愚：《宋朝诸臣奏议》卷140，张舜民《上徽宗论河北备边五事》，上海古籍出版社影印文渊阁《四库全书》本1987年版，第799页。

④ 《宋史》卷273，《马仁瑀传》，第9347页。

⑤ （宋）苏辙：《奕城集》卷21之12，上海古籍出版社影印文渊阁《四库全书》本1987年版，第231页。

边臣也要居安思危、时刻重视对"敌方"军事情报的刺探,如景德二年(1005),尽管宋辽已签订"澶渊之盟"弭兵休战,但真宗仍然诏令缘边军将官吏:彼之动静,亦"不可不知"。① 宋神宗也曾对吕公著说"边陲诚无警,更须远斥候,广侦伺,以为之防"。②

那么,怎样才能探得敌之军情?宋朝一些大臣说,要窥敌机宜、得敌之实,须"厚行间谍",即只有政府重金收养间谍,派遣他们深入敌国内或潜伏于边界地带,才能及时准确地探知敌方军事情报,"切以今来边机,雄州、广信军实为耳目,若非谍人往来探报,敌中动静何从闻知?"③ 显然,若非间谍的窥探,北宋要得知辽朝军事机密和行动动态是很难的。

宋人苏辙的《奕城集》如是云:

> 臣闻太祖之时,对防御边疆的将臣"皆厚之以关市之征,饶之以金帛之赐"。而边臣皆重金养间谍,"是以,死力之士贪其金钱,捐躯命、冒患难,深入敌国,刺其阴计而效之。至于饮食动静无不毕见。每有入寇,辄先知之,故其所备者寡而兵力不分"。④

可见,早在宋初太祖朝时,北宋边防将臣就已通过重金收养间谍潜入敌国的办法而获取了重要的军事情报。史载:宋仁宗时期,朝廷屡派"刺事人""谍者"(即北宋间谍)到西夏和辽国窃取情报,如康定元年(1040)九月,"宋命范仲淹以金帛召募敢死之士,深入夏境探候"。⑤ 庆历二年(1042)正月,宋派人到西夏"行间"。⑥

宋朝廷之所以重视间谍活动,还有一个原因,那就是:宋朝的间谍们除了窃取军政机密情报这个最主要的使命之外,他们还不时在敌国实施"离间计",使敌国将相或君臣间产生猜疑以分化瓦解敌方力量。宋太宗

---

① 《续资治通鉴长编》卷59,景德二年乙巳,第1320页。

② 《续资治通鉴长编》卷335,元丰六年六月丙辰,第8081页。

③ (宋)张方平:《乐全集》卷21《论广信军谍人事》,上海古籍出版社影印文渊阁《四库全书》本1987年版,第200页。

④ (宋)苏辙:《奕城集》卷21之13,上海古籍出版社影印文渊阁《四库全书》本1987年版,第231页。

⑤ (清)戴锡章:《西夏纪》卷7,宁夏人民出版社1988年版,第191页。

⑥ (清)戴锡章:《西夏纪》卷9,宁夏人民出版社1988年版,第217页。

时期，田赐就曾说：

> 今之御边，无先于用谍。兵书曰：事莫密于间，赏莫重于间。北方自有诸国，未审陛下曾探得凡有几国否，几国与契丹为仇，若悉知之，可以用重赏行间谍，间谍若行，则其国自乱，其国自乱则边鄙自宁。昔李靖用间破突厥，心腹之人自离贰也，书在唐史其事可知，今募能往绝域斗乱蕃部使交相侵害，如汉之陈汤传介子之流，则不劳师徒，自然归化，此可以缓陛下忧边之心也。其余谨烽火明斥堠，亦可以依古法为警备。①

宋仁宗时期，知永兴军、陕西安抚使程琳也说，"使唃氏得地是又有一元昊也，不若用间使二羌势离，则中国之利矣"。② 谏官王禹偁的《上御戎十策》谓"罢小臣诇逻边事，行间谍以离其心"。③ 元祐二年（1087）十二月，宋哲宗亦诏："环庆经略使纯粹，选人入西界探事并行间。"④ 显然，在北宋君臣们看来，积极派遣间谍获取他国军政外交情报是保障边防安全和军事行动胜利的不可或缺的因素。不过，宋朝臣中有人同时又强调，用间之策，虽兵家之善计，但仍须适时而行才"可济大事"，说明在一些朝臣的间谍观中还体现着既要重视"行间"，又需选择最佳时机的科学理念。

第二节　探侦工作制度

为了确保探候侦刺活动的顺利开展，宋中央政府和甘青藏边州军在间谍工作实践中，加大对间谍的资金支助，加强对间谍和情报的制度化管理，逐步建立起间谍选用、派遣、经费支持以及恩惠抚恤等一系列间谍相关制度。

---

① （宋）田锡：《咸平集》卷1《上太宗答诏论边事》，上海古籍出版社影印文渊阁《四库全书》本1987年版，第363页。

② （宋）曾巩：《隆平集》卷8之14，上海古籍出版社影印文渊阁《四库全书》本1987年版，第87页。

③ （宋）司马光：《涑水记闻》卷3，中华书局1989年版，第43页。

④ （清）戴锡章：《西夏纪》卷19，宁夏人民出版社1988年版，第430、431页。

其一，设立探侦与情报专业机构。太宗时期，钱若水上《御戎之策》曰：自古御戎无上策，"择大臣领近镇，提重兵以专间外之事，有警则督战，已事则班师，既无举兵之名，又得驭兵之要，三军同力、上下一心，备御之方"。① 表明间谍事务的专业化对于确保边防的有备无患具有极为重要的意义。为了便于对间谍探得之情报的管理和传送，北宋在西北缘边某些州军设置了专门的机构负责处理重要的军政机密。真宗咸平初，宋辽交战，北宋即于雄州置机宜司，设"知雄州机宜司"为其长官，"专掌本州边境军要机密事"，这就是说，雄州机宜司是专门负责各州军对辽间谍和外交事务的机构。景德三年（1006）十二月，宋辽修好，此机构即废罢而改为国信司，"顷者用兵之际，本部每有密事，不欲漏露，因择循谨吏专主行之，号机宜司，今契丹修和，请改为国信司。从之"。② 除了雄州，北宋还在甘青藏边的环庆、泾原、秦凤、河东和鄜延五路各置"都总管经略安抚司"，下设属官"管勾机宜文字"专管间谍情报事宜，其他如"宣抚使司主管机宜文字""宣抚使司书写机宜文字""经略安抚使司管勾机宜文字""安抚使司主管书写机宜文字"等均为北宋设置的专门处理间谍与情报机密的差遣官，其职掌或"掌管本司承受、行遣上下机密文书"，或"主管草拟、书写、收发和奏报机密"各类事务，相当于当今国家安全部及其下属各地方安全部门。另，北宋还设有"急脚递铺"的邮传机构，由特设的专业邮递兵负责传递事关重大的军政紧急文书，并规定了邮递兵日行程里数，"马铺以昼夜行四百里，急脚递五百里"③。

其二，建立探侦专项资金制度。宋仁宗时期，大臣贾昌朝说，"蹈不测之戎，入万死之地，觇伺微密，探索机会，非有重赂厚赏，孰肯自效乎？"建议重金收养间谍以之为用。并且进一步提出，在间谍选用、派遣等问题上，朝廷要放权于缘边各将领，使他们有更多的自主权尤其是财权，如此则"边城财用一切委之，专使养勇士为爪牙，而临战自卫，无杀将之辱；募死力为觇候，而坐知敌来，免陷兵之耻也。"④ 此后，北宋

---

①　（宋）曾巩：《隆平集》卷9之19，上海古籍出版社影印文渊阁《四库全书》本1987年版，第99页。

②　《宋会要辑稿》第185册《兵》27之14，第7253页。

③　《续资治通鉴长编》卷167，皇祐元年十月壬午，第4019页。

④　《续资治通鉴长编》卷138，庆历二年十月戊辰，第3320页。

政府对甘青藏边各州军的间谍活动日益重视，加大对间谍活动的经费投入，"雄霸之间岁出金帛购谍者以揣知虏情"，① 并于北宋后期，建立起间谍资金保障和专款专用的使用制度。

熙宁五年（1072）八月，王安石与宋神宗有一段对话，辑录如下：

> 王安石又言，"王韶得裕勒藏喀木蕃字，知西人无他，必得实"。因白上："王韶独能因喀木以间西人动静，绝胜诸路，令人探事，谓宜委韶，令因喀木辈厚结纳西人要近为间。"上曰："喀木亦必要财物，待令王韶与之，仍须与韶财物，委之结纳"，安石曰："雄州有官库，专给用间。今通远军如雄州置库，委韶以财物，必能办此。此经略夏国之要务。且夷狄嗜利不知义。"上以为然。②

这就说明，北宋已有专项资金支持间谍活动，且这些专项资金不能挪作他用。元丰元年（1078），神宗诏"给经略司钱专犒设蕃部探刺边事，仍不得别支用"。③ 否则即为违法，要受到法律严惩。

间谍专项资金制度的建立奠定了开展间谍活动的必要经济基础，对于甘青藏边州军间谍活动的顺利进行提供了有力的经费支持，知定州张舜民在建中靖国元年的《上徽宗论河北备边五事》中说，"臣欲乞朝廷特降见钱文钞一十万贯，添助回易，如探伺得实则量添酬赏，所贵激励边人，虏情可得"。④ 可见，如果没有金钱的诱惑和刺激，要想让间谍积极去探窃有价值的情报是不可能的。

其三，建立探侦安抚制度。为了解除间谍们的后顾之忧，北宋对派遣或雇用的间谍，或者在刺探情报过程中，或者在完成任务之后暴露了间谍身份时，均由朝廷接纳归国并给予安置，并逐渐形成以功论赏、补官给田等制度化的规定。"凡我谍人即彼奸贼，为利诱使致家死地，事泄于彼，故当我归，此不收留使之何适，若来无生路、去为大戮，尔后谍人岂复为

---

① （宋）范纯仁：《范忠宣集》卷16之15《张景宪行状》，上海古籍出版社影印文渊阁《四库全书》本1987年版，第713页。

② 《续资治通鉴长编》卷237熙宁五年八月戊戌，中华书局1992年版，第5775页。

③ 《续资治通鉴长编》卷294元丰元年十一月甲戌，第7163页。

④ （宋）赵汝愚：《宋朝诸臣奏议》卷132张舜民《上徽宗论河北备边五事》，上海古籍出版社影印文渊阁《四库全书》本，第799页。

用？边臣守将坐成聋瞽，朝廷先事制胜之术疏矣，其梁济世伏望指挥沿边安抚司，令与资遣到阙，特与量材处置，所贵边臣有以使谍人，朝廷有以责边臣，此之事机极为要切。"① 由政府安置间谍及其家属的今后生活合情合理，意义重大，否则间谍岂肯复而为用，边防军机从何探知。

北宋对间谍的安抚制度的核心内容是：推恩封官、分田俸赡。嘉祐五年（1060）三月，知雄州曹偕上疏，"幽州人杜清自来与雄州探刺事宜，今事觉挈家来归，请补外州一教练使，给良田数顷，仍以月俸赡之。从之"。② 天圣五年（1027）九月，诏"令州民张文质给为僧，入契丹刺事，尝补契丹伪官。至是来归，补文质三班奉职、潭州监当"。③ 元丰元年（1078）十二月，定州路安抚司言，"北界人于惟孝因传达房界事，为北人收捕甚急及归明，望朝廷悯其累报北事及尝告捕北界刺事人李景等，特推恩"。诏"于惟孝与三班差使、江南指挥"。④ 元丰二年（1079）三月九日，禄"北界人程诠、程昋为三班借职，程景三班差使，李弼送襄州赐地二顷、月支钱千、米一石，以诠等尝为边臣刺事及尝告获奸细，事觉来归，定州安抚使乞推恩，故也"。⑤ 同年十月四日，禄"北界归明人武备为下班殿侍、江南东路指（挥）使，备尝为边臣探房中动静，事泄惧罪来归，故禄之"。⑥ 十二月二十二日，再禄"北界人翟公仅为三班借差、江南指挥，以定州路安抚司言，公仅屡泄契丹事，惧祸挈妻子来归，故也"。⑦ 元丰七年（1084）五月十二日，雄州言"主管觇事马杰探北界事有验"，诏"与三班差使"。⑧ 各项制度的建立和实施，刺激了西北缘边众多蕃汉民众、士勇甘愿冒杀头危险而充当北宋间谍，心安情愿地替宋王朝刺探敌国情报。

---

① （宋）张方平：《乐全集》卷 21《论广信军谍人事》，上海古籍出版社影印文渊阁《四库全书》本，第 200 页。

② 《续资治通鉴长编》卷 191 嘉祐五年三月癸丑，中华书局 1992 年版，第 4616 页。

③ 《续资治通鉴长编》卷 105 天圣五年九月乙巳，第 2447 页。

④ 《宋会要辑稿》第 196 册《蕃夷》2 之 26，第 7705 页。

⑤ 《宋会要辑稿》第 196 册《蕃夷》2 之 26、27，第 7705 页。

⑥ 《宋会要辑稿》第 196 册《蕃夷》2 之 27，第 7705 页。

⑦ 《宋会要辑稿》第 196 册《蕃夷》2 之 27，第 7705 页。

⑧ 《宋会要辑稿》第 196 册《蕃夷》2 之 29，第 7706 页。

第三节　西北边区州军的探候侦刺活动

西北边区州军是北宋实施对辽、夏间谍战略的主要基地，积极筹划西北边区州军对辽、夏的间谍活动是北宋王朝的间谍基本方针，北宋朝廷积极鼓励和争取宋夏、宋辽沿边的蕃汉居民、士勇等充任北宋间谍。因此，陕西路、河东路及其定州、真定府、太原、令州、易州等地便成了北宋间谍的主要来源地，而北宋朝廷之所以在西北边区州军的蕃汉居民中发展间谍，原因是在西北缘边两地居民中发展间谍既得天时又有地利，宋臣钱若水在《制戎之策》中如是说："愿陛下选智谋可以任边郡者，听召壮士以为部曲而官为廪给之，又募民为招收军，厚其粮赐，蠲其租税，彼供输两地各有亲属，则敌之动息得以知之。"[①] 除此之外，北宋争取和发展间谍的另一个途径是在内附的夏、辽官员中，如庆历元年（1041）六月，"以西界伪团练李兴为供备库副使、寿州都监"。[②] 庆历二年（1042）正月，"补环庆路内附伪团练使鄂齐尔为怀化将军，给供奉官、巡检俸"。[③] 缘边州军边民的间谍活动主要针对的是西夏和辽朝。庆历七年（1047）二月，宋廷令"陕西诸路、河东路经略司巡检、主兵官员、使臣等不住选人深入探候，齐整军马，常作御备"。[④] 治平四年（1067）八月，枢密院言"顺安军探得戎主见在燕京住坐，造军器及河北缘边奏皆云见修涿易二州城及添兵马增葺器甲，广致粮草，二州最为近边缘，戎主在燕京，未闻有迁徙日月。恐别生事，可密令诸路体察事因闻奏"。诏令"河北沿边安抚司密切差人体探"。[⑤] 元丰三年（1080）四月，上批"定州、真定府安抚司、太原经略司速募人探虏（契丹）情"。[⑥]

北宋西北边区州军实施的针对辽、夏的间谍活动有一个显著的特点：边民间谍活动总是和宋与辽、夏军政外交关系的变化密切相关。每当在宋

① （宋）曾巩：《隆平集》卷 9 之 18，上海古籍出版社影印文渊阁《四库全书》本 1987 年版，第 99 页。

② 《续资治通鉴长编》卷 132，庆历元年六月丙申，第 3139 页。

③ 《续资治通鉴长编》卷 135，庆历二年正月丁卯，第 3219 页。

④ 《宋会要辑稿》第 185 册《兵》27 之 39，第 7266 页。

⑤ 《宋会要辑稿》第 196 册《蕃夷》2 之 21，第 7702 页。

⑥ 《宋会要辑稿》第 186 册《兵》28 之 22，第 7280 页。

与西夏或辽国的矛盾升级时期，西北各州军派遣间谍的活动往往进行得更为频繁，如 1038 年李元昊称帝后，向宋发动了一系列的战争，双方在三川口（今陕西延安西北）、好水川（今宁夏隆德东）、定川寨（今宁夏固原西北）等地展开激战，因此，庆历二年（1042）前后一段时期的间谍活动频繁；北宋后期，宋神宗继位后奋发图强、锐意进取，一反过去柔弱边疆政策武力向西开拓，于熙宁五年（1072）发动熙河之役、元丰四年（1081）调集陕西、河东五路之师大举伐夏，故元丰二年（1079）前后一段时间是间谍活动的又一个高峰时期，此期有大量缘边蕃汉士民和西夏、辽国居民被北宋争取，为宋刺探军事外交情报。兹附表说明如下：

西北边区州军派遣间谍情况简表

时　　间	充任间谍的边民	资料来源
天圣五年（1027）	令州民张文质给为僧，入契丹刺事	《续资治通鉴长编》卷一百五
庆历元年（1041）	以西界伪团练李兴为供备库副使寿州都监	《续资治通鉴长编》卷一百三十二
庆历二年（1042）	世衡使紫山寺僧法崧为间	（宋）沈括：《梦溪笔谈》补笔谈卷二
庆历二年（1042）	补环庆路内附伪团练使鄂齐尔为怀化将军	《续资治通鉴长编》卷一百三十五
嘉祐五年（1060）	幽州人杜清自来与雄州探刺事宜	《续资治通鉴长编》卷一百九十一
熙宁五年（1072）	王韶独能因喀木以间西人动静	《续资治通鉴长编》卷二百三十七
元丰元年（1078）	北界人于惟孝传达虏界事	《宋会要辑稿》，《蕃夷》二之二十六
元丰二年（1079）	以诠等尝为边臣刺事	《宋会要辑稿》，《蕃夷》二之二十六
元丰二年（1079）	北界归明人（武）备尝为边臣探房中动静	《宋会要辑稿》，《蕃夷》二之二十七
元丰二年（1079）	北界人（翟）公仅屡泄契丹事	《宋会要辑稿》，《蕃夷》二之二十七

值得一提的是，在选派间谍的过程中，西北地方官员采用了很多手段和措施，可谓应有尽有。庆历二年（1042），野利刚浪凌令浪埋、赏乞、媚娘等三人诣世衡请降，世衡知其诈，曰："与其杀之，不若因以为间。留使监商税，出入骑从甚宠。"[1] 同年，"世衡尝以罪怒一蕃落将，杖其

---

[1] 《宋史》卷 335《种世衡传》，第 10743 页。

背，僚属为之请，莫能得。其人被杖已，奔赵元昊，甚亲信之，得出入枢密院。岁余，尽诇得其机事以归，众乃知世衡用以为间也。"① 边臣巧妙利用"反间计""苦肉计"向西夏派遣间谍并尽得其重要的军事情报。

在防御外敌侵略中，北宋间谍扮演着举足轻重的特殊角色。西北边区州军多次利用间谍探得敌国之军政机密，为赵宋王朝在军事和外交行动中掌握先机、立于不败之地提供了十分有利的条件，正如宋人张方平说："切以今来边机，雄州、广信军实为耳目，若非谍人往来探报，敌中动静何从闻知。"②《宋史》载：

> 何承矩知雄州，"推诚御众，同其甘苦。边民有告机事者，屏左右与之款接，无所猜忌，故契丹动息皆能前知。真宗嗣位，复遣知雄州，赐承矩诏曰：'汝任居边要，洞晓诗书，凡有事机，必能详究，轻重之际，务在得中。'"③

《宋会要辑稿》载：

> 熙宁元年（1078）五月，宋神宗诏"近北界刺两属人户充军，致人户逃避来雄州存泊及探到事宜甚盛"。④ 熙宁三年（1980）八月，神宗诏"河东、陕西诸路经略司，日近西边诸处探到事宜急切，促令起遣人户收拾积聚，无令俟"。⑤

又据《续资治通鉴长编》卷一百五十：庆历四年（1044）六月，元昊遣使表示愿称臣议和，时北宋朝内对于宋是否答应与夏"和平"频持反对意见，但富弼、余靖等人根据缘边间谍探知的情报指出，"元昊外则貌从契丹，内则贪我金帛"，认为"为今之计，莫若许其岁物定数及和市之限，谓

---

① 《涑水记闻》卷9，中华书局1989年版，第174页。

② （宋）张方平：《乐全集》卷21《论广信军谍人事》，上海古籍出版社影印文渊阁《四库全书》本1987年版，第200页。

③ 《宋史》卷273，《何承矩传》，第9329页。

④ 《宋会要辑稿》第186册《兵》28之4，中华书局1947年版，第7271页。

⑤ 《宋会要辑稿》第186册《兵》28之8，第7273页。

言国家各守境界，两不相侵"。① 这样可暂时保持宋夏边境和平局面，而且可改变"二敌为患，西伐则北助，北静则西动"② 的联盟格局，以分化他们联合对抗北宋的危险。宋此后根据这些外交情报正确判断国际形势，在同西夏的外交关系问题中作出理性抉择并最终达成与夏议和条约，这充分说明间谍在宋廷制定正确的外交方针和政策中起到了特殊的历史作用。

尽管如此，北宋间谍在提供敌方军事情报方面仍然存在一些问题，"今之为间者，皆不足恃。听传闻之言，采疑似之事，其行不过于出境，而所问不过于熟户，苟有借口以欺其将帅则止矣，非有能知敌之至情者也，敌之至情既不可得而知，故常多屯兵以备不意之患"。③ 可见，西北各州军派遣的间谍，提供道听途说、陈旧多诈的假情报之现象是客观存在的，这些假情报的利用价值就要大打折扣了。对于造成这种现象的原因，宋朝臣各抒己见，如陕西经略安抚使田况在《上兵策十四事》中认为，"边臣所遣刺事人，或临以官势，或量以茶彩，只于属户族帐内采道路之言，便为事实，贼情变诈，重成疑惑"。④ 知制诰王存认为，"边臣刺辽事殊疎，此边臣事间不精"⑤ 所致；而张舜民认为，河北边上探事人之所以徒有其名，是因为"酬赏全然微薄，以致觇逻之人不肯探伺，既不知敌人情实"。⑥

第四节　宋政府对边民及其军政机密图书的控制

北宋立国后，辽、夏少数民族政权时时威胁宋的安全。宋政府特别重视对边防军事情报的控制，针对边防军事情报时有泄露的现象，朝廷着力堵塞泄露途径，立法限制边民进出边界，严禁一切事涉军机政要图书的刊行、贩卖及其流通，以防军事情报的泄露。

---

　①　《续资治通鉴长编》卷150，庆历四年六月戊戌，中华书局1992年版，第3626页。

　②　《续资治通鉴长编》卷150，庆历四年六月戊午，第3640页。

　③　（宋）苏辙：《栾城集》卷21之13，上海古籍出版社影印文渊阁《四库全书》本1987年版，第231页。

　④　《续资治通鉴长编》卷132，庆历元年五月壬申，第3133页。

　⑤　《宋会要辑稿》第196册《蕃夷》2之27，第7705页。

　⑥　《宋朝诸臣奏议》卷132，张舜民《上徽宗论河北备边五事》，上海古籍出版社影印文渊阁《四库全书》本1987年版，第799页。

1. 对边民进出境的限制和约束

严格限制边民进出边界，主要目的是防范辽、夏谍报人员混入西、北边疆侦察防务、窃探军情。根据文献记载，终北宋一朝，辽、夏两国经常派"刺探""刺事人""谍者"（均指间谍）到缘边地带侦察北宋的军政情报，而且他们窃取宋军事机密情报的手段和技术非常高明，这是北宋边防军事情报屡屡泄露的又一个重要原因。防范和改变由于情报泄露而带来的被动，对于边防安全和战略战备至关重要。为此，北宋朝廷加强立法，严格边界进出制度，对缘边私越渡关塞、私出入边境、透漏失察等违法行为，按律论罚。与此同时，对边界进出者之身份，严查甄别，从源头上防范辽、夏奸细、"谍者"透入，确保边防军事情报的安全。《宋刑统》和《庆元条法事类》都有这方面的明确规定，诸私度关者"徒一年，越度者加一等，已至越所而未度者减五等。"① 诸越度缘边关塞者，"徒二年"②。又规定："诸随化外人出中国者，徒三年、配淮南，未过界者减一等、淮南编管，其往西北界者，仍奏载。诸透漏化外及中国人私出入边界者，巡防官将校、兵级各杖八拾。诸北界人私入国中者，许人告，其知情容止者，徒一年。"③

宋太宗时期，诏禁"缘边贩卖人口入蕃"，并对边境州、府、县、镇捉拿人贩、停居勘验等订立了严厉的刑罚。太平兴国八年（983）二月，宋诏"应有蕃部将带人口入蕃界者，宜令所经历及次边州县、军镇常切验认收捉，不得放去，如有将人口货卖与蕃人及勾该居停住，并依格律处死。验认到人口，便仰根问来处，牒送所属州府付本家，仍令逐处粉壁晓示"。④ 淳化二年（991）六月，诏"西路诸州山川、路口、镇寨，不得放过贩卖人口入蕃，及指挥汉户不得停泊，如有违，官中察探得知或被人陈告，勘鞫不虚，所犯人当行严断"。⑤ 景德元年（1004）五月，宋真宗诏令："自今中国人不得辄随外国进奉人等出境。边吏专知伺察，违者论

---

① （宋）窦仪等：《宋刑统》，卷8《卫禁律》，中华书局1984年版，第136页。
② 同上书，第140页。
③ 《庆元条法事类》卷78《蕃蛮出入·卫禁敕》，续修《四库全书》，上海古籍出版社1995年版，第644页。
④ 《宋会要辑稿》第185册《兵》27之1，中华书局1957年版，第7247页。
⑤ 《宋会要辑稿》第185册《兵》27之3，第7248页。

如律，仍缚送阙下，所在粉壁写诏书以示之。"① 天禧三年（1019）六月诏，"自今诸色人将带人口契丹界货鬻者，所卖人及勾诱人首领并处死，如未北界彰败者，决杖刺、配淮南州军牢城"。②

仁宗宝元、康定年间（1038—1040），"元昊初叛，契丹亦以重兵压境"。③ 由于西北边防形势的恶化，宋朝廷重申边境禁令，严格限制西北边境蕃汉民众、商旅和僧人等进出入边境，并在原有刑罚的基础上，加大了对违法者的惩处力度。康定元年（1040）二月，诏"禁僧道往河东及度潼关以西"④。同年六月，枢密院奏请宋仁宗下诏，"缘边部署司，应山险处，并沟堑以绝奸细出入之路"。⑤ 康定三年（1042）十月，臣僚上言，"日近河北诸州军有停闭、丁忧、不及第人，亦非乡土，多经游边境。停闭者不思己过，至犯律法；丁忧者不执亲丧，惟求经营谒托，稍不如意便有诽谤；下第者不言文理纰缪，无由进取凡得聚首，例生怨嗟。况国家西事未宁，宜杜绝此辈"。⑥ 诏令河北、河东、陕西都转运司依所奏，禁止落第之士人前往西北缘边州军游历，并令辖下州县，常令觉察，无致聚集，不是土居者断绝游边。嘉祐五年（1060）七月，边臣上疏，"两地供输人，旧条私出本州界并坐徒，后仍更从杖，恐渐入近南州军刺事，难以辨奸诈"。宋复诏《私出本州界罪》："河北两地供输人辄过黄河南者，以违制论。"⑦ 绍圣三年（1096）三月，枢密院上奏，"日近多西人投汉，虑诸路失于防察，致有奸细"。哲宗诏，"逐路经略司体问投汉事因，如有亲戚保认，方许责付住坐，仍严戒保认蕃部及本族地分，官羁縻之。若迹有可疑及无信实蕃部，保明即送近襄州军羁管，仍具闻奏"。⑧

2. 对边防军政机密图书的控制

北宋时期，西北边防军事情报泄露的现象比较严重，"自与通好，略无猜情，门市不讥，商贩如织，纵其来往，盖示怀柔，然而迹稔则容奸

---

① 《宋会要辑稿》第185册《兵》27之10，第7251页。

② 《宋会要辑稿》第185册《兵》27之21，第7257页。

③ （宋）叶梦得：《石林燕语》卷8，中华书局1984年版，第119页。

④ 《续资治通鉴长编》卷126，康定元年二月己丑，中华书局1992年版，第2973页。

⑤ 《续资治通鉴长编》卷127，康定元年六月辛亥，第3021页。

⑥ 《宋会要辑稿》第165册《刑法》2之26，中华书局1957年版，第6508页。

⑦ 《续资治通鉴长编》卷192，嘉祐五年七月庚寅，第4634页。

⑧ 《宋会要辑稿》第186册《兵》28之38，第7288页。

事，久则生变，故我道路之出入，山川之险夷，国用之虚实，莫不周知而熟察"①。究其原因，泄密的一个主要渠道就是事涉军机政要的各类奏文和图书的外传，天圣五年（1027），中书门下言，"北戎和好以来，岁遣人使不绝，及雄州榷场商旅往来，因兹将带皇朝臣僚著撰文集印本传布往彼，其中多有论说朝廷防遏边鄙机宜事件"。② 大观二年（1108），一些"夹带论议边防兵机夷狄之事"③ 的宋朝文集、书册在辽朝"见行印卖"导致边防军机泄露。因此，宋政府规定，严禁一切事涉军政机密的图书擅行雕印、货卖和流通。从宋代史籍看，北宋限禁情报图书的范围十分广泛，禁书的类别主要有三个方面。

（1）禁文集

宋朝廷首次以诏令形式颁布的图书禁律是宋真宗景德三年（1006）诏令："民以书籍赴缘边榷场博易者，自非九经书疏，悉禁之。违者案罪，其书没官。"④ 天圣五年（1027），宋、辽和好，由于使节不断，加之雄州置榷场贸易、商旅频繁，致使北宋一些大臣撰写的其中有论说国家边防机密文字的文集印本传到辽国，故宋仁宗下诏："今后如合有雕印文集，仰于逐处投纳，附递闻奏，候差官看详。别无妨碍，许令开板，方得雕印。如敢违犯，必行朝典，仍候断遣。讫收索印板，随处当官毁弃。"⑤至和二年（1055），翰林学士欧阳修上奏说，"京师近有雕布宋贤文集，其间或议论时政得失，恐传之四夷不便，乞焚毁。"⑥ 从之。哲宗时期，根据欧阳修的建议，宋下令开封府"访求版本禁毁及止绝书铺，今后有不经官司详定妄行雕行文集，并不得货卖。……其雕板及货卖之人并行严断。"⑦ 大观二年（1108）三月，宋徽宗颁降指挥（宋法律的一种形式）于沿边州军：现行印卖文集、书册之类，严行禁止"修立不经看验、校

① （宋）赵汝愚：《宋朝诸臣奏议》卷131，富弼《上仁宗论西夏八事》，上海古籍出版社影印文渊阁《四库全书》本1987年版，第632页。

② 《宋会要辑稿》第165册《刑法》2之16，中华书局1957年版，第6503页。

③ 《宋会要辑稿》第165册《刑法》2之47，第6519页。

④ 《续资治通鉴长编》卷64，景德三年九月壬子，中华书局1992年版，第1425页。

⑤ 《宋会要辑稿》第165册《刑法》2之16，第6503页。

⑥ 《续资治通鉴长编》卷179，至和二年五月甲申，第4341页。

⑦ （宋）欧阳修：《文忠集》卷108《论雕印文字答子》，上海古籍出版社影印文渊阁《四库全书》本1987年版，第110页。

定文书擅行印卖。……仍应贩卖藏匿出界者，并依铜钱法出界罪赏施行"。①

（2）禁兵书、地图

宋太宗时颁行的《宋刑统》明确界定了对兵书、图像的禁令，"诸玄象、器物、天文、图书、谶书、兵书、七曜历、《太一雷公式》，私家不得有，违者徒二年"。② 宣和四年（1122）十二月，权知密州赵子昼奏："窃闻神宗皇帝正史多取故相王安石《日录》以为根柢，而又其中兵谋政术往往具存，然则其书固亦应密。近者卖书籍人乃有《舒王日录》出卖，臣愚窃以为非便，愿赐禁止，无使国之机事传播闾阎或流入四夷，于体实大，仍令开封府及诸路州军毁板禁止。"③ 从之。

除了禁止民间收藏和传播兵书、地图外，皇祐五年（1053），鉴于一些地方州军的驿舍、驿站内张贴的某些地图，涉及关于边防防御的地理、地形等十分重要的军事部署秘密，因此仁宗于二月二十一日诏令国信所，"申明旧条，密谕河北州军，今后人使驿舍，不得供设置州府图阵"。④ 严禁西北边境州军驿舍之内张贴地图。私绘宋朝地图者，查捕重罚，元丰元年（1078），辽人郝景在宋辽缘边榷场暗画宋朝地图，被宋廷"密遣人收捕"。⑤

（3）禁《会要》《实录》和国史等

元祐五年（1090）七月，礼部应苏辙请求，拟定《会要》《实录》及国史等雕印、传写之禁律，"凡议时政得失、边事军机文字，不得写录传布，本朝会要、实录不得雕印，违者徒二年，告者赏缗钱十万。内国史实录仍不得传写，即其他书籍欲雕印者，选官详定，有益于学者方许镂版候印，讫送秘书省。如详定不当，取勘施行。诸戏亵之文，不得雕印，违者杖一百"。⑥

与上述禁令同步，宋朝廷还订立了诸多《告赏法令》，鼓励诸色人告发各种泄露边防机密的违法犯罪者，凡告捕即赏。康定元年（1040），仁

---

① 《宋会要辑稿》第 165 册《刑法》2 之 47，第 6519 页。

② （宋）窦仪等：《宋刑统》卷 9《职制律》，中华书局 1984 年版，第 155 页。

③ 《宋会要辑稿》第 165 册《刑法》2 之 86、87，中华书局 1957 年版，第 6538、6539 页。

④ 《宋会要辑稿》第 78 册《职官》36 之 39，第 3091 页。

⑤ 《宋会要辑稿》第 186 册《兵》28 之 20，第 7279 页。

⑥ 《宋会要辑稿》第 165 册《刑法》2 之 38，第 6514 页。

宗诏"访闻在京无图之辈及书肆之家，多将诸色人所进边机文字镂版鬻卖，流布于外，委开封府密切根捉，许人陈告，勘鞫闻奏"。① 元丰元年（1078），宋廷再次重申《卖书北客罪赏法》："诸榷场除九经疏外，若卖余书与北客，及诸人私卖与化外人书者，并徒三年，引致者减一等，皆配邻州本城，情重者配千里。许人告捕给赏，著为令。"② 宋哲宗时期，诏令：今后如有不经官司详定妄行雕印文集者，"许书铺及诸色人陈告，支与赏钱二百贯文，以犯事人家财充"。③ 宣和四年（1122），宋徽宗诏禁兵谋政术传播间阎或流入四夷，"如违，许诸色人告，赏钱一百贯"。④

3. 对相关犯罪的严惩

严惩间谍是北宋控制西北边防军事情报泄露的又一个重要措施，主要目的在于严厉打击已潜入宋朝的外国间谍，尽可能地减少军政机密情报的外泄。为此，宋朝廷制定了许多惩间法令，这些法令是边防反间谍法律的核心内容。"（夏）竦集幕职兵官，议五路进讨，凡五昼夜，屏人绝吏，所谋秘密，处置军马，分擘粮草，皆有文字，已成书。两人之力不能举，封钥于一大柜中。一夕，失之，竦进兵之议遂格。"⑤ 可见，北宋此次准备对西夏的五路进讨计划，由于西夏间谍非常神秘地窃取了军事行动的战略计划而只好取消。为了防范这种由于边防军事情报被间谍盗窃而带来的被动，宋廷加强了对可能已潜入宋辖内的外国间谍的勘查缉拿，捕获者从严从重治罪，并就边境地区蕃汉人等隐藏间谍、知情不告及官吏失察等违法犯罪行为，制定了相应的刑罚，主要如下：

其一，"擅入中国刺事人罪"。

擅入宋朝刺事者（即国外间谍），勘实论斩、毫不宽恕，如熙宁六年（1073），宋朝抓获了辽国间谍王千，神宗诏令：斩王千、家属送潭州编管。⑥ 元丰二年（1079），环路经略司俞充上疏，"蕃部昌宁为西界首领，

---

① 《宋会要辑稿》第 165 册《刑法》2 之 24，第 6507 页。

② 《续资治通鉴长编》卷 289，元丰元年夏四月庚申，中华书局 1992 年版，第 7068 页。

③ （宋）欧阳修：《文忠集》卷 108《论雕印文字答子》，上海古籍出版社影印文渊阁《四库全书》本 1987 年版，第 110 页。

④ 《宋会要辑稿》第 165 册《刑法》2 之 86、87，第 6538、6539 页。

⑤ （宋）孔平仲：《孔氏谈苑》卷 1，《宋元笔记小说大观》第二册，上海古籍出版社 2001 年版，第 2241 页。

⑥ 《续资治通鉴长编》卷 245，熙宁六年五月乙卯，中华书局 1992 年版，第 5952 页。

使诈归投来刺边事，续来理索，并熟户蕃部苏尼亦入汉界刺事，若依法处置昌宁，恐生其疑，乞牒还西界，苏尼乞刺配近里州军。"① 但神宗诏令："斩苏尼、昌宁。苏尼有死罪二，一犯十恶，法当缘坐，今幸败获，所宜明正典刑，不知有何情理可矜？特为未减。昌宁虽本西人，自是入中国刺事，理亦不可牒还。可令依法施行。"② 事实上，擅派人窃探宋朝国家情报，已构成现代刑法意义上的"间谍罪"和"特务罪"，理应严惩不赦。这样的事例还有，宋神宗时期，"西人张灵州奴伪为汉人，来侦边事"，尽管恰逢宋德音大赦天下罪犯，但神宗仍强调，张灵州不予宽赦，"刺配郴州牢城"。③ 宋哲宗时期，环庆蕃兵吃多通泄露宋朝军情给西夏，结果被处死。

其二，隐藏间谍与知情不告罪。

宋法律规定：隐藏间谍者，严惩不贷；知情不告与同罪。康定元年（1040）六月，仁宗诏：隐匿西夏间谍者，"家长斩，妻子配流"。④ 知情不告与隐藏同罪，"知而不告者，法外重诛之，其妻孥仍配广南编管"。⑤ 但宋徽宗时期，经尚书省建议，宋对《知情告捕间谍法》作了一些修订，建中靖国元年（1101）二月颁布的新法规定：隐藏间谍之人，若能悔改告发，可将功补过予以免罪："诸化外人为奸细并知情藏匿过致资给人皆斩，今敕改云：能自获犯人者，虽已发，原其罪。"⑥ 原因是"旧藏匿过致资给奸细之人，能自捕获者皆许原罪，盖欲广开屏除奸细之路或告捕因而获者皆得原罪，今敕止言，自获若只告而他人获者，既拘文不免，如此则身力不加或羸弱等人既不能擒捕，必须自然不敢告，言甚非，设法屏除奸细之意，欲冲改本条不行"。⑦

到南宋时，告捕免罪的情况变得更加宽恕，只要能告捕间谍者不但可以免罪，还可"推恩"获赏⑧，这个比较宽松的知情告捕法，其适用范围

---

① 《续资治通鉴长编》卷297，元丰二年三月丁丑，第7218页。

② 同上。

③ 《续资治通鉴长编》卷301，元丰二年十二月己亥，第7326页。

④ 《续资治通鉴长编》卷127，康定元年六月戊申，第3020页。

⑤ 《续资治通鉴长编》卷126，康定元年正月乙酉，第2971页。

⑥ 《宋会要辑稿》第186册《兵》29之1，中华书局1957年版，第7293页。

⑦ 同上。

⑧ 《宋会要辑稿》第186册《兵》29之1、2，第7293页。

广及甘青藏边河北、陕西、河东路诸州军，根本目的是尽可能及时有效地将边境地区的辽、夏间谍抓捕归案、绳之以法。

其三，官吏失察间谍罪。

从处刑原则来看，宋廷对官吏《失察间谍罪》的处罚一般从重论处，如在康定元年（1040）六月，仁宗就曾下诏：对于西夏间谍，当职官吏"失觉者，重劾其罪"。① 庆历六年（1046）十二月，应判大名府兼河北安抚使夏竦请求，宋政府规定，如果有辽国间谍潜入宋境，沿边官吏、守把巡拦人必须收捉缉拿，如果"辄敢取财物不捉送官，从违制论"。② 元丰四年（1081）三月，北宋立《告捕重赏格》：沿边官吏失察逃亡兵士及间谍嫌疑犯者，"等第别立赏罚"③。

与上述惩治间谍刑律相佐，宋廷屡颁《告赏法令》，倡导和鼓励边民积极告发间谍，并对所有告发者给予奖赏和补官迁职的经济、政治诱惑。其事例有：康定元年（1040）正月的《告赏条例》规定，"捕索元昊刺事人，获一名者赏钱三十万，公人仍转两资，百姓优与厢镇"。④ 同年六月的《告赏条例》规定，"元昊刺事人自今获一人者，赏钱百万，补班行"。⑤ 赏钱的数目从三十万竟提高到一百万，赏额之大实为史所罕见，加之告捕补官，这无疑是对告发者巨大的经济和前途之诱惑。皇祐二年（1050），仁宗下诏河北转运司重申《重赏法令》："沿边四榷场，有能察捕得北界刺事者，当重赏之。"⑥ 重赏之下，必有勇夫，这些告赏法令必将对彻底清查、缉获和惩治辽、夏间谍起到重要作用。然而，告发一名间谍动辄以万计之赏制，也从另一个侧面反映出北宋在与辽、夏对峙的政治格局中巨大的边患压力。

第五节　余论

综上，宋朝对西北边防军事情报的控制，其措施既有对文化图书的审

---

① 《续资治通鉴长编》卷 127，康定元年六月戊申，中华书局 1992 年版，第 3020 页。
② 《宋会要辑稿》第 185 册《兵》27 之 39，第 7266 页。
③ 《宋会要辑稿》第 186 册《兵》28 之 24，第 7281 页。
④ 《续资治通鉴长编》卷 126，康定元年正月乙酉，第 2971 页。
⑤ 《续资治通鉴长编》卷 127，康定元年六月戊申，第 3020 页。
⑥ 《续资治通鉴长编》卷 168，皇祐二年四月庚申，第 4037 页。

批、出版和流通全过程的限制，又有对边防进出境者的严格约束；尤其重要的是，针对西北边疆地区辽、夏间谍刺探宋朝廷机密致使军事情报外泄的现象，宋王朝制定了全面的以防范与惩治间谍为核心内容的反间谍法律，从重论罪、从严处罚。

不仅如此，宋朝廷还针对西北边区州军在情报管理中出现的一些漏洞，如河北诸将及副职中有军班出身者，把宋边防军队的将佐、兵马之数，"与旧同辈谈说，致此张皇"。① 还有某些沿边州军把"边机之事，但同寻常事与官吏四散商量，便有行遣，或致漏泄"。② 首先加强了对情报的管理，明确界定了对情报的保密原则以及各情报机构的职责，禁止一般官员参与情报事务。天禧二年（1018）十一月，真宗诏，"河东州军自今所降文字，涉机密并付机宜司置籍收领，不得便付开析司"。③ 元祐六年（1091）十二月，枢密院言，"昨自元丰军兴已来，御前降下陕西、河东处置边防机要，处分多是直付边臣亲收，深虑后来替移有失照据"。哲宗诏："诸路帅臣亲收遵行不得下司外，每遇替移，亲相交付。"④ 其次，严格限制情报范围。大中祥符三年（1010）二月，就北方一些沿边州军官吏把边防军事机密当作寻常事四处商量以致泄露的情况，宋真宗诏示枢密院，"可密谕之，只令知州军与逐处通判、钤辖、都监商议施行，其余官员使臣不得辄有干预"。⑤

另外，宋朝廷还着力堵塞军政机密可能的泄露途径，如至道二年（996），曹玮知秦州时，曾与客弈棋，军吏报：有军卒叛投西夏，曹玮没有理会、照常下棋。军吏再次报告，他徐顾吏曰："此吾遣使行，后勿复言也。"德明闻之，"杀投者"。⑥ 表明知秦州曹玮巧妙使用"反间计"、将计就计，防止了北宋叛徒的出卖而导致军政机密泄露。又，熙宁七年（1074），神宗诏，"诸将官及使臣等所授朝廷约束及兵数文字，凡干机密，不得传播，如违，并科违制，不以赦降去官原减，事理重者取裁"。⑦

---

① 《续资治通鉴长编》卷258，熙宁七年十二月辛卯，中华书局1992年版，第6305页。

② 《宋会要辑稿》第185册《兵》27之16，中华书局1957年版，第7254页。

③ 《宋会要辑稿》第185册《兵》27之20，第7256页。

④ 《宋会要辑稿》第186册《兵》28之34，第7286页。

⑤ 《宋会要辑稿》第185册《兵》27之16，第7254页。

⑥ （宋）叶梦得：《石林燕语》卷10，中华书局1984年版，第156页。

⑦ 《续资治通鉴长编》卷258，熙宁七年十二月辛卯，第6305页。

元丰四年（1081），上批"闻贺正北史至恩冀，闻从人于驿舍群聚合诵教法，声闻于外，接伴祗应人有听闻者，此乃沿边机防，不谨，有阑出亡卒露泄其事，宜重告捕赏典"。① 可谓措施全面、手段多样。正是由于宋中央政府和西北各州军的高度重视和有效控制，才避免了许多重要军政机密的外泄，史载：元丰元年（1078），西夏诱边民刘勃怡入宋探虚实被捕杀后，又派遣蕃户嵬心入环州刺探军情，同样被宋朝察觉缉获而诛。元丰二年（1079），西夏派遣蕃户昌宁到宋西北的鄜延路（今陕西延安市）诈降"刺探边事"以报西夏，久之事露，为鄜延经略司所诛。尽管情报并不是战争的决定性因素，但军事情报的泄露将给边防防务带来极为不利的影响，因此，严格控制情报外泄是西北边防安全的基本要素，其根本目的就是防范外敌入侵、维护宋国家之安全。这是值得肯定的。

当然，北宋对西北边防军事情报的控制与惩治措施依然存在一些问题，虽然宋法律规定，泄露国家机密"大事应密者绞"②，但从"知制诰王存言，切见辽人觇中朝事颇详"③ 句，我们不难看出，北宋军政机密的泄露现象在一些时期依然是比较严重的。另载：淳化四年（993）八月，"继迁侦知虚实，率兵入原州"。④ 熙宁五年（1072）十月，"西戎欲入寇，先使人觇我虚实。逻者得之，索其衣缘中，获一书，乃是尽记熙河人马刍粮之数"。⑤ 可见，在这次西夏准备对北宋的攻掠行动前，西夏间谍已得到了宋边备虚实的准确情报。此外，受宋夏、宋辽外交关系变化的影响，北宋对外国间谍的防惩，其法的司法实施有时与法原则的严惩性并不一致。

---

① 《宋会要辑稿》第186册《兵》28之24，中华书局1957年版，第7281页。

② 《宋刑统》卷9，《职制律》，第154—155页。

③ 《宋会要辑稿》第196册《蕃夷》2之27，第7705页。

④ （清）戴锡章撰（罗矛昆校点）：《西夏纪》卷1，宁夏人民出版社1988年版，第50页。

⑤ （宋）沈括：《梦溪笔谈》补笔谈卷2，《传世藏书》第5卷，华艺出版社1997年版，第3797页。

第三章 论宋代民族地区纠纷
解决的法律机制

两宋时期，由于西北、西南边区民族分布众多、形势复杂等因素，宋中央朝廷对民族地区各类纠纷的法律处置比较谨慎，其法律解决机制以习惯法为基本原则，逐渐加大国家制定法纠纷解决的渗透和力度，并形成民族边区国家法权威的主导性。灵活有效的法律机制对于确保民族地区社会统治秩序产生了积极作用。

宋辽夏金时期，在西北、西南少数民族地区，族内族间的伤害、仇杀等矛盾纠纷事件屡有发生，由于边塞之俗，以不报仇恶为耻，于是蕃人多"自相仇劫"，这给各族民众带来了严重财产损失和精神痛苦。史载，"南江诸蛮虽有十六州之地，惟富、峡、叙仅有千户，余不满百，土广无兵，加以荐饥。近向永晤与绣、鹤、叙诸州蛮自相仇杀，众苦之"，"广源州蛮侬氏，州在邕州西南丽江之源……俗椎髻左衽，善战斗，轻死好乱。其先，韦氏、黄氏、周氏、侬氏为首领，互相劫掠"。① "至和初，黎人符护者，边吏尝获其奴婢十人，还之。符护亦尝犯边，执琼、崖州巡检慕容允则及军士。"②

宋代法律对待这些民族纠纷，规定以诸民族之习惯法，即各族"本俗法"为适用原则。《宋刑统》中就有类似于习惯法的若干条款，规定本民族和异民族的法律纠纷中，对"同类自相犯者"依"本俗法"，异类相犯者以汉法论。其实，宋辽夏金时期的各国法律，这种对本民族和异民族的法律规范，适用"习惯法"原则是普遍存在的，例如《辽律》规定："凡四姓相犯、皆用汉法；本类自相犯者，用本国法"，《金律》规定："诸同类自相犯者，各从本俗法。"在实践中，宋朝遵从各民族传统习俗，

---

① 《宋史》卷495《蛮夷列传三·广源州》，第14214页。
② 《宋史》卷495《蛮夷列传三·黎峒》，第14219页。

坚持在西北、西南民族边区用"和断"解决蕃族之间仇杀纠纷，而且国家制定法中也承认和保留少数民族的习惯法规，但对其进行改制，随着对边疆民族地区统治的逐渐深入，加大国家法取代民族习惯法以实现民族地区法制同一化步伐，最终形成民族边区国家法权威性。

第一节　民族习惯法对民族地区纠纷的解决

民族习惯法是民族的重要组成部分，是民族地区的传统。传统作为一个社会、群体的文化遗产，是人类过去所创造的种种制度、信仰、价值观念和行为方式等构成的表意象征，给人类生存带来了秩序和意义。宋代民族习惯法源于南北方少数民族内部的固有法规定，是少数民族内部约定俗成、被全体成员共同认可的法律规范，它体现着少数民族内部以及民族间法律上错综复杂的权利、义务关系，在解决民族地区纠纷中，随时都扮演着权威大法的作用。与此同时，在西北和西南民族边区，还有一些叫作"蕃法""夷法"的民族习惯法被宋朝政府确认或认可，并成为宋朝调控蕃（夷）族内部矛盾和纠纷的重要法律依据。总之，在宋代民族社会中，以蕃、夷之法为核心的民族习惯法颇具权威性，对民族社会成员具有普遍约束力，它能有效调控矛盾、制止违法犯罪，维护民族社会秩序，因而对南北方少数民族的观念、行为、制度等各个方面产生了广泛而深远的影响。

（一）纠纷解决的法律原则

北宋制定的针对边疆地区的法律规范，因受边地民族与社会诸问题的影响，其刑法原则与内地存在着很大的差别，基本特点是将法律政策与民族政策有机结合而轻重其刑、灵活处罚，故不论是中央司法机关还是地方州县长官在边疆民族地区的纠纷解决中，均贯彻一个基本法律原则，即："同类相犯，依本俗法"原则。此原则规定，蕃、夷内部矛盾和纠纷以"本俗法"和断解决，即不按宋刑律量刑定罪。"本俗法"就是少数民族习惯法，称为"蕃法"或"夷法"，它规定：少数民族内部法律事务应以"和断"罚纳的方式，即罚缴钱物代为处罚，这是宋朝处理蕃族事务的基本法律原则。《唐律疏议》中，就有对化外人犯罪的处罚原则的记录："诸化外人，同类自相犯者，各依本俗法；异类相犯者，以法律论。"其解释为："化外人，谓藩乙之国，别立君长者，各有风俗，制法不同。其有同类自相犯者，须问本国之制，依其俗法断之。"

"同类相犯，依本俗法"原则在处罚方面表现为以罚钱物代替刑罚。北宋罚纳刑制并不是只适用于边地少数民族，内地汉族百姓及官僚贵族犯法者也可罚交钱物而抵消刑罚，但不同的是，边地少数民族犯法者罚纳代刑的适用范围较广，蕃民即使杀人致死也可仍依"蕃法"罚纳处罚，"旧羌杀中国人，得以羊马赎死，如羌法"[1]，而汉民死罪犯者属重刑犯，一般不能罚纳钱物处断。但此法也经历了一个发展变化的过程，适用范围由蕃汉各族之间逐渐限制为蕃族之间。如仁宗时期，知秦州曹玮改变了原来少数民族杀戮缘边居民，只出羊马赎罪免死的"和断"旧法，采用汉法制止缘边蕃汉各族之间的冲突与杀掠，明确规定："羌自相犯，从其俗；犯边民者，论如律。"[2] 熙宁八年（1075），宋朝根据知黔州张克明建议颁布了"黔州法"，其法令规定：黔南狄人"同类相犯，杀人者罚钱百五十千，伤人折二支，已下罚自二十千至六十千，窃盗视其所盗数罚两倍，强盗视所盗数罚两倍；其罚钱听以畜产、器甲等物计价准当"。[3] 元丰元年（1081），《泸州法》规定：泸州生夷"同类相犯，即比照黔州蛮五等罚法"。[4] 元丰四年（1081），宋政府颁布针对溪洞民户管理的法规："微、诚州归明团峒，应未建城寨以前有相仇杀及他讼，并令以溪峒旧法理断讫。"[5]

哲宗元祐五年（1090）规定：应泸州新投降、招附生界夷人"若是同类相犯，乞比附黔州见行蛮人条例，以五刑立定钱数，量减数目断罚入官。应笞罪三贯，杖罪五贯，徒罪十贯，流罪二十贯，死罪三十贯。如无现钱送纳，即乞以器甲或畜产，并土产物竹木之类估价折纳入官"。[6] 南宋高宗绍兴三十一年（1161）敕旨："夔州路所部州军自今熟夷同类自相

① （宋）王安石：《临川文集》卷90《彰武军节度使侍中曹穆公行状》，影印文渊阁《四库全书》本，台湾商务印书馆1972年版，第746、747页。

② 《续资治通鉴长编》卷109，天圣八年正月甲戌，中华书局1992年版，第2534页。

③ 《续资治通鉴长编》卷263，熙宁八年闰四月乙巳，第6437页。

④ 《宋会要辑稿》第198册《蕃夷》5之30、31，中华书局1957年版，第7781、7781、7782页。

⑤ 《宋会要辑稿》第198册《蕃夷》5之87，第7810页。

⑥ 《续资治通鉴长编》卷453，元祐五年十二月乙卯，第10872页。

杀伤，罪至死者，于死者上减等，泸州夷人与夔路夷人一同欲依。"① "于死者上减等从流罪，不至死并依本俗专法，余沿边溪洞有熟夷人亦乞依此施行。"② 南宋孝宗法令仍然执行《夔州路法》（高宗绍兴三十一年制定）施行，即不至死罪者"依本俗专法"，以"庶边境绥靖而远人获安也"。③

（二）"和断"

宋代民族习惯法对民族地区纠纷的解决，完全遵从民族传统习俗。例如，在西北、西南边疆民族地区，"和断"是蕃族之间解决仇杀纠纷的办法。"和断"法规定了蕃族内部的纠纷用"和断"方式解决，即通过纳钱或纳物代替处罚，实施以罚代刑制度。吐蕃民族就有一种约定俗成的"骨价赔偿法"和"羊马赎死罪法"，前者规定汉人杀夷人致死，仍偿其资，谓之"骨价"，后者规定黠羌杀人，"以羊马自赎"，即依蕃俗纳物代刑。

"和断"解决民族地区纠纷，在宋代文献中多有记载，如淳化五年（994），宋琪上奏说，"臣顷任延州节度夷判官，经涉五年，虽未尝躬造夷落，然常令蕃落将和断公事"④；景德元年（1004），野鸡族侵掠环庆界，真宗诏："边臣和断。"⑤ 景德四年（1007），璘、美族人怀正"又与璘互相仇劫，侧近帐族不宁"，真宗派使臣召而盟之，"依本俗法和断"⑥。大中祥符二年（1009），"西州进奉回纥卒顺与西南蕃人贡提人斗死"，礼宾院"押赴开封府依蕃部例和断，收偿命价"。⑦ 大中祥符五年（1012），杨知进"正月与译人郭敏伴送翟符守荣般次赴甘州，缘路为浪家、禄厮结家、乞平家、尹家所钞夺之，争斗及和断"⑧。同年五月，"万安州言黎洞夷人互相杀害，巡检使发兵掩捕，士有伤者。上闻而切责之，曰：'蛮夷相攻，但许边吏和断，安可擅发兵甲，或致扰动！'即令有司更选可任

① 《宋会要辑稿》第 198 册《蕃夷》5 之 97，第 7815、7815 页。

② 同上。

③ 《宋史》卷 494《蛮夷传》，第 14196 页。

④ 《续资治通鉴长编》卷 35，淳化五年正月癸酉，中华书局 1992 年版，第 768 页。

⑤ 《宋史》卷 491《党项传》，中华书局 1985 年版，第 14146 页。

⑥ 《宋史》卷 491《党项传》，第 14147 页。

⑦ 《宋会要辑稿》第 73 册《职官》25 之 7，中华书局 1957 年版，第 2914 页。

⑧ 《宋会要辑稿》第 197 册《蕃夷》4 之 7，第 7717 页。

者代之"。① 天禧元年（1017）九月，"宗哥唃厮啰贡马，乞和断"，天圣七年（1029），仁宗下诏："戎州夷人犯罪，委知州和断之。"② 庆历初，知庆州范仲淹制定的"临时约法"规定：蕃民"仇已和断，辄私报之及伤人者，罚羊百、马二"。③ 曾巩《隆平集》卷二十记载："蕃族有和断官，择气直舌辩者为之，以听公之曲直。"④

通过"和断"，双方和好，纠纷化解。当然，和解结束的前提是，犯者要缴纳数量不等的"代罚物"，"和断"对罚物的规定有：

罚羊或马，指向被伤害者或者官府缴纳一定数量的羊或马，"蕃部罚纳，献送羊马"⑤。

罚赀，指蕃、夷族犯人缴纳财物。赀刑主要有二类：一类是赀金，另一类是赀物。"蕃部有罪纳赀为赎"⑥。

罚钱，指蕃、夷族违法犯罪者缴纳一定数量的钱。"范雍等还自陕西，言'蕃部因罪罚羊者，旧皆输钱五百，比责使出羊，而蕃部苦之，自今请复令输钱'，从之"。⑦ 这是天圣三年（1025）宋臣范雍等人的奏请，从宋初民族习惯法先后在西北、西南地区实行到天圣三年的四五年间里，罚纳形式经过了罚羊、罚马、罚钱的反复变化，罚钱数：每人 500 文。之所以发生如此变化，可能主要有两个原因，一是纳羊或纳马罚刑律文简单，但实际操作困难，故而"蕃部苦之"；二是随着民族边区商品经济的发展和蕃汉交往的日益增加，蕃部居民通过贸易、交换等途径获得了钱币的机会增多，且纳钱易于执行，因而钱赎形式日益普遍。

（三）盟誓

宋代有些部落民族，在矛盾双方纠纷化解后，还有一个重要程序，那就是盟誓，谓"解仇结盟"。盟誓是蕃族社会的一种古老习俗，"在古代

---

① 《续资治通鉴长编》卷 77，大中祥符五年五月辛巳，第 1765 页。

② 《续资治通鉴长编》卷 108，天圣七年八月壬子，第 2522 页。

③ 《续资治通鉴长编》卷 132，庆历元年五月壬申，第 3129 页。

④ （宋）曾巩：《隆平集》卷 20，文渊阁《四库全书》本，台湾商务印书馆 1972 年版，第 371 册 199 页。

⑤ 《续资治通鉴长编》卷 60，景德二年五月辛亥，第 1335 页。

⑥ 同上。

⑦ 《续资治通鉴长编》卷 103，天圣三年九月庚辰，第 2388 页。

藏族社会，人们之间出现是非、善恶争辩时，主要通过盟誓的方式来解决"①。而且，有时为了解决争端，当是非难以判断时，"请地方神祇护法作证，立誓赌咒"②，使盟誓成为一个明辨是非的标准。源于此，蕃人矛盾"和断"之后，执法者要求犯人赌咒发誓，从而表示其和好之心永远不变，不再相犯、相互仇杀，通过盟誓来强化"和断"之成果，解决纠纷。盟誓方式有多种，如吐蕃民族的折箭盟誓，对于违盟背誓、不守信约之举，吐蕃人则以为耻。

（四）"草断"

宋代苗族已广泛散布在今湘西、贵州等地，五溪蛮因其地有雄、樠、潕、酉、辰五溪而得名，约相当于今湖南省沅江上游一带。据记载，靖州蛮有首领蛮酋统帅其民，"男丁受田于酋长，不输租而服其役，有罪则听其所裁，谓之草断"，作为酋长的领主，拥有土地所有权；而田丁向酋长领取份田耕种并担负一定劳役，有罪时还要按酋长的意志受其"草断"。这表明田丁是有着一定人身依附关系的农奴，农奴"病不谒医，但杀牛祭鬼"，实行姑舅表婚，以及兄终弟及的弟娶寡嫂婚，各属一定的社会组织"门款"，门款之间互相战斗，"志在于掠而不在于杀"，以获得对方财物而进行拼搏厮杀，荆湖南、北路，如武冈、桂阳之属瑶民大略如此。

（五）"都老"酋僧调解

在处理和解决族内和族际间财产纠纷、人命伤害甚至族际仇杀报复的法律事务中，诸族习惯禁忌、族规族理乃至酋首言论等都扮演着法律准则的角色，甚至因一些少数民族多有崇神尚鬼之俗，从神论罚、由神灵解决纠纷的现象也较为常见。

"都老"和解：西南夷"刻木为契，不能相君长，以财力雄强。每忿怒则推刃同气，加兵父子间，复仇怨不顾死"。矛盾的化解以习惯法的方式得到解决，狱从"都老"。"其族铸铜为大鼓，初成，悬庭中，置酒以召同类，争以金银为大钗叩鼓，去则以钗遗主人。相攻击，鸣鼓以集众，

---

① 王双成：《藏族盟誓习俗探微》，《西藏研究》1998 年第 2 期。

② 萨迦·索南坚赞著，陈庆英、仁庆扎西译注：《王统世系明鉴》，辽宁人民出版社，1985年版，第 61 页。

号有鼓者为'都老'，众推服之。"① 甚至"出入腰弓矢，匿草中射人，得牛酒则释然矣"。

酋首决讼：以僮族习惯法考察。宋代广西地区的僮族有依、黄、莫等大姓，依氏主要居住在安平、武勒、思浪、七源等州，黄氏主要居住在安德、归乐、归城、田州等州，莫氏主要居住南丹等州，这些地区至今也还是壮族的聚居地。自唐代在广西地区建立羁縻州峒，"分析其种落，大者为州，小者为县，又小者为洞"，宋代以降，一依其旧，在广南西路邕州左、右江一带设置了许多羁縻州、县、峒。在僮族地区的村寨中，平民家中的壮丁，平时耕作、战时出征，称作"峒丁"，是亦兵亦农的地方武装力量，"峒丁有争、各讼诸酋"，若不能决，可上讼至寨官、提举或邕州都督府，实际上往往"生杀予夺，尽出其酋"。

僧人调解：以白族为例，佛教在南诏国时传入云南，至大理国时普遍流行，它取代了原始的巫鬼教而成为正宗。大理佛教主要是瑜珈密宗，僧侣被称为"师僧"。佛教的普遍流行，使佛儒结成一体，当时儒生无不崇奉佛法，僧侣也必诵读儒书。大理国时的佛儒结合，是其地主经济发展的需要，白族地区不但佛教思想浓厚，而且佛教高僧也在处理白人纠纷事务中起到了重要作用。

第二节　国家制定法对民族地区纠纷的解决

北宋建立之初，基本沿用唐、五代的法律。但为了巩固政权，宋朝廷着手统一封建法制工作。宋太祖建隆初年，工部尚书判大理寺窦仪等开始主持修律，于建隆四年（963）修成《宋刑统》，并经宋太祖批准颁行天下，成为中国历史上第一部刊版印行的封建法典。在体例上，《宋刑统》借鉴了唐末五代以来刑律统类的编纂方式，律条和疏议基本沿袭唐律的内容，但它又不是唐律的简单翻版。整部法典分为名例、卫禁、职制、户婚、厩库、擅兴、贼盗、斗讼、诈伪、杂律、捕亡、断狱12篇，篇下设门，共213门。每一门都是一个独立的单元，并新增加了"起请条"和"余条准此"，先列明律条及疏议，再在"准"字以下按照时间顺序编列

---

① 《宋史》卷495《蛮夷列传三·抚水州》，第14209页。

前朝和宋初的令、式、格、敕。这种编排方式，将同一功能的各种法律规范集中汇编，更便于检阅。在内容上，它创制了"折杖法"，实质上变革了隋唐以来的五刑制度，并增加了许多民商事法律规范。《宋刑统》编成后，太祖诏"刊板模印颁天下"，成为中国历史上最早刻印的法典，是一部综合性的封建成文法典。宋代后期，法律形式和内容虽多有变化，但它作为宋国家根本法律，"终宋之世，用之不改"。

除了修《宋刑统》之外，北宋前后还进行了诸多立法活动，主要有编敕、编例、条法事类等。敕是皇帝针对特定的人或者事发布的命令，是断案的依据。北宋法制沿用唐朝律令、格式，为适应需要"而随时损益"作某些变更或补充，诏敕积累到一定数量，编辑起来，称为《编敕》，"一司、一路、一州、一县又别有《敕》。各司、路、州、县又都有各自的《敕》"。① 《宋史·刑法志》曰："神宗以律不足以周事情，凡律所不载者一断以敕，乃更其目曰敕、令、格、式，而律恒存乎敕外"②，何谓敕、令、格、式？"禁于已然之谓敕，禁于未然之谓令，设于此以待彼之谓格，使彼效之之谓式。"③ 敕的性质相当于对犯罪与刑罚的规定，"凡人答、杖、徒、流、死，自名例以下至断狱，十有二门，丽刑名轻重者，皆为敕"。④ 神宗熙宁初，北宋置局修敕，"诏中外言法不便者集议更定，择其可恒采者赏之。元丰中，始成书二十有六卷，复下二府参订，然后颁行"。⑤ 编敕是北宋经常而重要的一种立法活动。从宋太祖时期《建隆新编敕》制定之后，凡新继位皇帝或每次改年号都要编敕，有宋一代，最重要的编敕是宋太宗时期《太平兴国编敕》《大中祥符编敕》等。

例最初是针对特定事件设定的临时性规范，但是经过编纂程序，例具有了普遍效力，被广泛运用于司法实践。北宋颁例非常之多，宋神宗朝有《熙宁法寺断例》12 卷，宋哲宗朝有《元符刑名断例》等。宋代判案时，"凡律、令、敕、式或不尽载，则有司引例以决"，这是补充法律不足的一种手段，但案例所判轻重未必恰当，官吏因而也可上下其手，或加重刑

---

① 《宋史》卷 199《刑法志一》，中华书局 1985 年版，第 4962 页。
② 同上书，第 4963 页。
③ 同上书，第 4964 页。
④ 同上。
⑤ 同上。

罚，或从轻判处，甚至"引例破法"①，编辑"断例"，对以往判决的案例进行选择并编集成册以供引用，成为以法判案的组成部分，《熙宁法寺断例》就是规范引例判案的专书。

宋代的例包括三种法律规范：（1）条例，即皇帝发布的特旨。（2）断例，是审判案件的成例。"熙宁以来得旨改例为断，或自定夺，或因比附辨定、结断公案勘为典型者，编为例"。（3）指挥，是尚书省签发的对下级官署下达的命令。

在敕、令、格、式和编敕的基础上，按照事类进行归类，分门编纂的法典编纂，目的是防止"官不暇遍阅，吏因得以容奸"。条法事类始于南宋孝宗《淳熙条法事类》，"淳熙初，诏除刑部许用乾道刑名断例，司勋许用获盗推赏例，并乾道经置条例事指挥，其余并不得引例。既而臣僚言：'乾道新书，尚多牴牾。'诏户部尚书蔡洸详定之，凡删改九百余条，号《淳熙敕令格式》"。② 孝宗时期，开始改变北宋时期的法典编纂方式，采取以事为类，统编敕、令、格、式等法律形式的法典编纂方式，以这种方式编纂的法典，称作"条法事类"。宁宗庆元年间（1195—1200）编撰《庆元条法事类》437 卷（分为职制、选举、文书、禁榷、财用、库务、赋役、刑狱等 16 门），现存的有《庆元条法事类》70 卷。

总之，北宋法律形式一如唐代，以律、令、格、式为基础，除此之外，敕与例是宋朝重要的法律形式，南宋还编纂了条法事类，形成律、令、格、式、敕、例并行的局面。《宋刑统》是包括刑法、民法、诉讼法的法律条文，是判案定罪的主要依据；"令者，尊卑贵贱之等数，国家之制度也"，主要是有关制度的规定；"格者，百官有司之所常行之事也"，是朝廷机构日常处理事务的规定；"式者，其所常守之法也"③，是朝廷的公文程式和行政细则，律为法律，令、格、式则多属法规。另以《编敕》以及一司一路一州一县《敕》等作补充。为了逐步恢复和确立边疆地区的国家法权威，确保北宋朝廷在西北、西南民族地区的统治秩序，国家制定法对边疆民族地区纠纷的解决主要有二。

---

① 《宋史》卷 199《刑法志一》，中华书局 1985 年版，第 4964 页。

② 同上书，第 4966 页。

③ 《续资治通鉴长编》卷 4，中华书局 1992 年版，乾德元年七月己卯。

（一）对民族习惯法的认可和改革

适当承认和保留少数民族的习惯与俗规，并对其进行改革，理论上源于宋朝的边疆民族政策。因为国家法在遏制边疆民族地区的各类违法犯罪行为的同时，还要"恩信怀柔"蕃族、保证边地社会的根本稳定，所以宋朝对少数民族纠纷的解决，"恩信"与诛罚兼而有之，且通常情况下从轻论罚。在具体操作上，仍然实行习惯法的罚物代刑制度。宋朝皇帝曾多次下达诏令、颁布新法，强调司法机关和地方政府对民族地区法律纠纷的处理可"依本俗法"。如元丰四年《微州法》："微诚州归明团峒，应未建城寨以前有相仇杀及他讼，并令以溪峒旧法理断讫。"① 熙宁八年《黔州法》：黔南狄人"同类相犯，杀人者罚钱自五十千，伤人折二支，已下罚自二十千至六十千；窃盗视其所盗数罚两倍，强盗视所盗数罚两倍；其罚钱听以畜产器甲等物计价准当"。② 南宋高宗绍兴三十一年《夔州路法》：缘边熟夷同类相杀，"不至死罪者"，仍然"依本俗专法"。宁宗嘉定七年《湖广法》："湖、广监司檄诸郡，俾循旧制毋废，庶边境绥靖而远人获安也。"③

这些法令全都体现了对西南夷族"和断"的纠纷解决原则，凡是涉及夷人内部的杀人、伤人以及窃盗等法律纠纷，都可通过缴纳不同数量的赎罪物得以最终化解。这是从法律条文上对少数民族地区纠纷解决的规定。其实，在实践中，由于民族地区地处边疆、民族情状复杂因素，宋对蕃汉民众之间纠纷的法律处置比较慎重，曾多次减释蕃人死罪、流配刑罚，并要求"缘边诸寨，有犯大辟者，送所属州军鞫之，毋得辄断"④，以免枉法杀人。这些释罪或赦免的情况，是宋朝根据"恩信招怀"的民族政策和边疆实际情况或政治军事斗争的需要随机制定的，由皇帝以发布诏令的形式对外公布，所以在宋史文献中，我们经常会看到宋朝皇帝对蕃族酋首或百姓下的"悉赦其罪"诏书。如太平兴国三年诏书：悉赦秦州

---

① 《宋会要辑稿》第198册《蕃夷》5之87，中华书局1957年版，第7810页。
② 《续资治通鉴长编》卷263，熙宁八年闰四月乙巳，中华书局1992年版，第6437页。
③ 《宋史》卷494《蛮夷传》，第14196页。
④ 《续资治通鉴长编》卷2，建隆二年八月辛亥，第52页。

内属三簇戎人之罪①；咸平五年诏书：赦泾原内属蕃部谋判蕃人九十一人②；景德元年诏书：灵、夏、绥、银、宥等州蕃族率部下归顺者，原叛朝廷之罪并释③。各类赦免是为了拉拢人心、缓解政府与蕃族之间的纠纷和矛盾，以期巩固统治。当然，赦免作为一种恤民的手段，可以给犯罪人以改过自新的机会，有利于矛盾纠纷的进一步化解。

　　为了惩戒犯罪，国家制定法对习惯法中的一些内容进行了改革，如法律规定，蕃汉法官对违法蕃人判处应罚纳的物品和数量后，由蕃族酋首协同边区地方官吏实施罚纳的执行。如果违法者是蕃族首领，则规定蕃部首领须亲自托送罚物，"缘边蕃部使臣、首领等，因罪罚羊，并令躬自送纳"。④ 这实际上是一种变相的名誉刑罚。但又规定，罚刑生效后，地方官吏或蕃族首领不得对犯者家族人户非理科敛，以确保蕃首家庭利益不受侵犯。"缘边蕃部使臣、首领等，因罪罚羊，并令躬自送纳，毋得却于族下科敛入官，犯者重断之。"⑤ 另外，为了防止蕃人"和断"后，仍然不思悔改，继续做出不利于统治的违法行为⑥，法律还规定实施"纳质"制度，收管犯者家属作人质，以其"子弟为质"⑦ 制蕃族。史载，天禧二年（1018），"缘边诸蕃部纳质者七百五十六帐"⑧，秦州质院，"质诸羌百余人，自少至老，扃系之，非死不出"⑨，被纳为人质者，不能随便释放，否则将被视为违法。这种"纳质"制度之根本目的是严格控制蕃部，使蕃族长期顺从、效命于宋廷。

（二）对边疆地区违法犯罪的严惩

　　为了确保民族地区社会稳定和政令的畅通，北宋王朝以国家法律为准绳严惩，加大了对以下严重危害国家、个人财产安全等十恶不赦违法犯罪

---

① 《续资治通鉴长编》卷19，太平兴国三年正月辛亥，第421页。

② 《续资治通鉴长编》卷53，咸平五年十月辛巳，第1156页。

③ 《续资治通鉴长编》卷56，景德元年二月戊午，第1229页。

④ 《续资治通鉴长编》卷106，天圣六年十一月庚子，中华书局1992年版，第2484页。

⑤ 同上。

⑥ 《宋史》卷492《吐蕃传》，中华书局1985年版，第14158页。

⑦ 同上。

⑧ 《续资治通鉴长编》卷91，天禧二年四月庚子，第2110页。

⑨ 《宋史》卷328，《蔡抗传》，第10578页。

者的处罚，加大国家法取代民族习惯法的力度，以实现少数民族地区与中原汉区法制同一化的步伐，最终形成少数民族地区国家法权威的唯一性。北宋边疆法律中涉及的刑事犯罪罪名非常之多，主要有盗窃、劫杀、谋杀、故杀、斗杀、放火、强劫、正枉法赃、厌魅咒诅、造妖书妖言、传授妖术、合造毒药、禁军诸军逃亡罪、出入境等。根据文献记载，北宋边疆民族地区的犯罪行为是比较严重的。

1. 盗窃罪

"盗"，是伴随着私有制的产生而产生的。早在先秦文献中就出现过"盗"与"窃"的字眼。"盗"与"窃"的意思相近，都有非法取财之意，说的就是这种侵犯财产罪，但二者又有细微差别。《晋律注》："取非其有谓之盗。"《唐律疏议》又进一步对"盗"予以划分，曰："强盗，谓以威若力"，"窃盗，谓潜形隐面而取"。唐律所下的定义，直接为《宋刑统》《大明律》和《大清律例》所承继。

窃盗罪的计赃量刑标准，宋太祖建隆三年敕为：赃满五贯文足陌，处死。不满五贯文，决脊杖二十，配役三年；不满三贯文，决脊杖二十，配役二年；不满二贯文，决脊杖十八，配役一年；一贯文以下，量罪科决。尽管同唐代相比，宋太祖时期对窃盗罪计赃量刑有所放宽，处罚仍然较重。根据文献记载，宋代民族边区的盗窃犯罪比较猖獗，盗窃罪属于严重危害封建国家社会秩序的犯罪，它侵犯了统治阶级的人身财产和利益，所以北宋对其犯者严惩不赦。如神宗熙宁九年（1076）三月，内殿崇班德顺军静边寨主田璟说："边事之作，未有不由熟户者"，他们平时窃入西夏境内盗孳畜人户等，但当西夏人来论理索还时，却反称西夏人进入宋境窃盗。更为可恶的是，蕃部盗孳畜人户，"未有酋首、邻族不知者"，但他们都上下蒙蔽，而边臣"或未晓彼情，或希功赏，增饰事状，更致掩杀无辜"。① 造成边境矛盾和摩擦，为了打击进入西界做贼盗窃者，宋廷"重之赏格，许人陈告"②，捕获者依法严惩。然而，在西南边疆地区，"海隅之俗，习性贪冒，穿窬攘窃，乃其常也"，所以宋初对广南民犯窃盗罪者减轻罚刑，"赃满五贯者，止决杖、黥面配役，十贯者弃市"。③

① 《续资治通鉴长编》卷273，熙宁九年三月辛巳，中华书局1992年版，第6696页。
② 同上。
③ 《续资治通鉴长编》卷16，开宝八年四月庚午，第339页。

2. 反叛罪

叛逃罪主要指已归顺宋朝廷统治的蕃首及部民，率属或家人逃投蕃部或西夏、辽等外国的政治犯罪。宋辽夏金时期，沿边蕃人叛降无常的情况极其普遍，这是由当时民族纷杂、政治势力削长变化的时代背景决定的。如宋初开宝时期，西南民族边区反宋叛宋的刑事案件经常发生，据文献记载，开宝五年七月发生了邕、容等州獠人的叛乱；开宝八年五月，发生了梅山峒蛮侵寇潭、邵州的动乱；开宝九年九月，发生了江南土豪黎、罗二姓依山聚党作乱事件。对于反叛罪，宋政府采取法律上重惩重压的政策，或以军事方式镇压，其实，在平定江南后，宋太祖"虑人心未一，分禁旅以戍之"，以便于对边州军县地方夷族的叛乱镇压。① 因此，上述叛乱很快都被宋军先后镇压，如邕、容州獠人之乱被宋军平息②，黎、罗二姓，依山聚党叛乱，被虔州通判杨澈讨平。

嘉祐五年（1060）七月，保安军蕃官胡守中叛逃西夏；治平元年，环州界蕃官思顺族逃入西夏。③ 熙宁五年（1072）六月，蕃官章威等投逃西夏；熙宁八年（1075）五月，蕃官殿直奇默特与母亲伊罗勒"谋并家属走西夏"；又有鬼章侵犯宋朝西北边境，蕃族讷儿温、禄尊首率部族叛附鬼章，边事宁息后归顺投宋，但元丰元年，"又阴附董毡、鬼章"。对讷儿温和禄尊的叛降无常，宋神宗旨意知岷州种谔"集蕃官出纳儿温及禄尊，众论所犯，凌迟处斩。妻田产并赐包诚，子年十五以上配广南牢城，十四以下听随行"。④ 宋哲宗元符二年（1099），知鄯州王赡奏曰："有大首领结兀龊、心牟钦毡、蔺逋叱等九人于洗纳阿结家，谋遣逐族质户入城，欲于闰九月九日夜内外相应，复夺青唐城，已将结兀龊等处置。讫依前降指挥，发遣赴阙。"⑤ 由于边厮波结兄弟虽系反叛人结兀龊之子，但已认罪归汉，故哲宗诏：经略司执行"监管"处罚，其余家属"管押赴阙"⑥，交皇帝直接裁决。

---

① （宋）王栐：《燕翼诒谋录》卷5，中华书局1981年版，第49页。

② 《宋史》卷3，《太祖本纪三》记载：开宝五年八月，广州行营都监朱宪大破獠贼于容州。十一月，李继明、药继清大破獠贼于英州。

③ 《宋会要辑稿》第186册《兵》28之1，中华书局1957年版，第7270页。

④ 《宋会要辑稿》第199册《蕃夷》6之14，第7825页。

⑤ 《宋会要辑稿》第199册《蕃夷》6之34，第7835页。

⑥ 《宋会要辑稿》第199册《蕃夷》6之34、35，第7835、7836页。

除了重典治罪，北宋还用军事镇压的手段和方式予以严厉打击，"甲戌，庆州言怀安镇属国戎人诱诸族为寇，护军赵继升率兵击败之，获羊马数千计，斩首三百级"。① 《宋史》卷一百九十一《兵志》记述：王韶"讨平河州叛蕃"②，卷四百九十二《吐蕃传》亦记：哲宗元符二年（1099）"山南诸羌叛"，王赡遣将破之，"戮结兀龊及钦毡等九人"。③

3. 渎职罪

按照蕃官行政法规规定，蕃官作为边区特别行政官吏之一，应与当地派遣汉官守将一道，有职责对蕃部滋事扰边、窃盗孳畜、滥杀无辜以及擅入禁地贸易等边境违法犯罪行为给予追究和打击，以维护当地社会稳定和民族团结，反之则视为玩忽职守，构成失职渎职犯罪。嘉祐七年（1062），环州都巡检内殿崇班柴元肃、平远寨监押右侍禁安镇、寨主陈玉"擅用蕃法和断"④，属于渎职行为，因为政府明确规定缘边官吏不能随意运用"和断"之法。宋律规定，边臣不能擅放蕃族人质，否则为违法，知泾原路都钤辖周文质与总管王谦、史崇信"与知谓州马洵美同放质子，有违宣命"。⑤

玩忽职守、无辜生事也属渎职犯罪。熙宁五年（1072），蕃官臧嵬等投逃西夏，庆州荔原堡都监内殿承制窦琼、内殿崇班朱辛、管勾蕃部司公事任怀政未能及时觉察此次逃叛事件，⑥ 又元丰元年（1078），知庆州刑部郎中直龙图阁范纯仁未能追捕"作过熟户蕃部"。⑦ 熙宁六年（1073），均属玩忽职守。"延州蕃官刘绍能以兵袭逐顺宁寨蕃部逃入西界者，不及，及捕西人为质，致使人情愤激，无故生事"⑧；元祐二年（1087），蕃官东头供奉巡检慕化，"擅入西夏界侵略"⑨，属无故扰边生事。

---

① （宋）钱若水：《宋太宗实录》（燕永成点校）卷78至道二年秋七月，甘肃人民出版社2005年版，第185页。

② 《宋史》卷191《兵》5，中华书局1985年版，第4759页。

③ 《宋史》卷492《吐蕃传》，第14167页。

④ 《宋会要辑稿》第98册《职官》65之22，第3857页。

⑤ 《宋会要辑稿》第97册《职官》64之27，第3834页。

⑥ 《续资治通鉴长编》卷234，熙宁五年六月乙卯，中华书局1992年版，第5674页。

⑦ 《续资治通鉴长编》卷289，元丰元年五月戊戌，第7080页。

⑧ 《宋会要辑稿》第186册《兵》28之13、6，第7276、7272页。

⑨ 《宋会要辑稿》第98册《职官》66之37、6、29，第3886页。

4. 泄密罪

泄密罪就是泄露国家机密的犯罪，与现代刑法意义上的泄密犯罪相当。泄密违法犯罪的出现于宋夏、宋辽、宋金军事、外交关系密切相关，因为在战争频仍的时代环境中，各方政治势力为了获得战争的主动权，特别注重从各种渠道搜集与"外敌"有关的具有重要价值的军政情报，并给予提供敌情者重奖，这就滋长了泄密犯罪者生存和发展的土壤。

宋仁宗康定中，元昊上言"为诸羌所扰，不得已，请朝廷加一名号"[①]，到宋英宗治平三年（1066），西夏进攻大顺城，宋夏双方的关系在和议不到 20 年之后又开始紧张起来，此后双方不断争战，为了获得战争的主动权，宋朝一方面注意从各种渠道搜集与"外敌"有关的具有重要价值的军事情报，"知秦州曹玮奏羌人潜谋入寇，请大益兵为备。既而虏果大入寇，玮迎击大破之"[②]。并给能在战前或战争中提供敌情者以重奖；此外，严格防范边境军情外泄，措施之一是对事涉边情人员的严格控制，如熙宁四年（1071）十一月，宋夏通和，战事稍息，环州原有西夏降宋蕃部三人，"熟知彼国事，旧来留在本州询问敌情"，知环州种诊认为"今夏国既通，无所用之，乞发遣于近里州军安排"[③]。神宗严加训责，"今诊乃及敢轻妄便谓通和，窃恐边防亦已弛备，缓急有误国事"[④]。令王广渊严戒沿边"谨敕边备"。措施之二就是对偷窃、泄露军情者严厉处罚，元丰二年（1079），环路经略司俞充言："蕃部昌宁为西界首领，使诈归投来刺边事，续来理索，并熟户蕃部苏尼亦入汉界刺事，若依法处置昌宁，恐生其疑，乞牒还西界，苏尼乞刺配近里州军。"[⑤] 但神宗批复：斩苏尼、昌宁，因为苏尼有死罪二，"一犯十恶，法当缘坐，今幸败获，所宜明正典刑，不知有何情理可矜？特为未减。昌宁虽本西人，自是入中国刺事，理亦不可牒还。可令依法旅行"[⑥]。同时令沿边鄜延路、宥州等地，对蕃族首领"擅遣人入中国刺事人罪"[⑦] 严加诫断。事实上，擅派人

---

① （宋）王铚：《默记》，中华书局 1981 年版，第 42 页。

② （宋）欧阳修：《归田录》佚文，中华书局 1981 年版，第 43 页。

③ 《宋会要辑稿》第 186 册《兵》28 之 12，第 7275 页。

④ 同上。

⑤ 《续资治通鉴长编》卷 297，元丰二年三月丁丑，第 7218 页。

⑥ 同上。

⑦ 同上。

窃探宋朝国家情报，已构成现代刑法意义上的"间谍罪"和"特务罪"。又"西人张灵州奴伪为汉人，来侦边事"，虽然正好赶上宋朝德音释罪，但神宗诏令"不释，刺配郴州牢城"。①《曾公遗录》卷七载，宋哲宗时期，环庆蕃兵吃多逋把投顺宋朝的军情报告给西夏，结果被处死。

5. 谣言惑众罪

谣言惑众罪是指在宋夏、宋辽边境地带造谣生事，故意煽动蕃部滋事扰边，引起边疆社会不稳定的政治犯罪。在鼎立对峙的国际关系格局下，宋朝对这类犯罪非常关注，强调用"特别法"严厉惩处，并采取严惩与告赏相结合的手段，给告发者优与恩赏，"勘令环庆路日近频有属户蕃部惊疑作过，虑有奸人造作语言，动摇部族"。② 令：本路常切觉察，民于蕃处委说事端，情涉煽动造谣者，"许知情人密告官府，查究属实，当法外特行处置"。③

6. 受贿罪

受贿罪就是官吏接受贿赂的经济犯罪。宋初，当时地方官员继承了五代时的陋习，贪污、虐待百姓，因此朝廷对贪污罪处罚得特别重。开宝四年，岭南刚刚才平定，王元吉为英州太守，"月余，受赃七十余万"。对于这种搜刮民脂民膏的边官，宋太祖"特诏弃市"，将其处死。咸平年间，有三司军将赵永昌素凶暴，督运江南时多为奸赃。知饶州韩昌龄廉得其状，乃移转运使冯亮，坐决杖停职。遂挝登闻鼓，讼昌龄与亮讪谤朝政，仍伪刻印，作亮等求解之状。真宗察其诈，于便殿自临讯，永昌屈服，遂斩之，释亮不问，而昌龄以他事贬郓州团练副使。

7. 传习妖教罪

传习妖教罪指以传学旁门左道来扰乱社会秩序，妖言惑众的犯罪行为，是历代君主都不赦免的犯罪，到了宋代更是加重了对它的防范处罚。"凡传习妖教，夜聚晓散，与夫杀人祭祀之类，皆着于法，诃察甚严"。

8. 劫杀罪

劫杀罪是指杀掠沿边军民的政治犯罪。"蕃首啸聚大罗苏木嘉族，改

---

① 《续资治通鉴长编》卷 301，元丰二年十二月己亥，第 7326 页。
② 《宋会要辑稿》第 186 册《兵》28 之 10，中华书局 1957 年版，第 7274 页。
③ 同上。

焚峰贴峡寨，杀寨官军民。"① 熙宁元年八月，"生户延厮铎并青唐家首领余龙琦等与熟户相杀，延厮铎累冠边，今又勾引青唐族劫掠熟户"。②

9. 诬告罪

诬告罪就是制造虚假事实，冤枉无辜民众的犯罪。宋代边民被诬告的情况时有发生，仁宗时期，秦州陇安县有个县民诬告五个平民是强盗，州县官员不按照理法办事，未做调查就把他们都抓了，一个人在受刑的时候死了，其余四个人就招供并判了死刑，结果造成冤假错案。宋法律对"诬告"者严加防治，"蜀公复论御史以阴事诬人，是妄加人以死罪，下诏斩之，以示天下"。③

10. 冒功罪

冒功罪就是蕃汉民户、蕃官、弓箭手等冒功领赏之类的犯罪。《长编》卷三百三十七："鄜府路蕃部有因立功妄冒父祖职名以就酬奖励"④，《长编》卷五百一十二：哲宗时期，秦凤路招诱到西人伽凌第三人，却发现是原来是环庆路熟户伪冒改名"剃发穿耳戴环"假扮成西人，此为冒名犯罪⑤。

从罪名及其刑制来看，边疆法律的处刑逐渐走向汉区刑制。北宋刑罚制度，上承隋唐，并在隋唐五刑的基础上有所变化。北宋中期以后，为惩治盗贼以及窝藏盗贼者，统治者加强了对"盗贼"犯罪的处刑，宋仁宗嘉祐年间朝廷立"窝藏重法"。不久又将京畿开封府诸县划为"重法地"，凡在重法地犯贼盗罪者，均加重处罚。此后，宋英宗、宋神宗相率颁行《重法地法》和《贼盗重法》，加重对犯贼盗罪者的处罚、扩大重法地范围。神宗时期修订《贼盗重法》，扩大了重法地的适用范围，对武装反抗封建国家之类的违法犯罪都依"重法"制裁，没有地区限制，一经缉捕，本人处死、家人编置。为了鼓励人们告发贼盗及窝藏者并立重赏法，另外，神宗朝还加强了地方官吏的督捕责任。

从刑名来看，北宋对边疆地区违法犯罪的处罚，同样适用于宋律中规

---

① 《续资治通鉴长编》卷255，熙宁七年八月己巳，第6232页。

② 《宋会要辑稿》第199册《蕃夷》6之7，第7822页。

③ （宋）叶梦得：《石林燕语》，第103页。

④ 《续资治通鉴长编》卷337，元丰六年七月壬子，第8117页。

⑤ 《续资治通鉴长编》卷512，元符二年七月丙午，第12187页。

定的刑罚。它们主要有：折杖法。即用脊杖和臀杖分别取代原来的流、徒、杖、笞刑制。宋太祖建隆三年（962）制定，建隆四年颁行《宋刑统》时被正式列入《名例律》的"五刑门"中，成为定制，"太祖受禅，始定折杖之制"①。折杖法实际上把原来的笞、杖、徒、流四种刑罚分别折成脊杖和臀杖执行，规定："凡流刑四：加役流，脊杖二十，配役三年；流三千里，脊杖二十，二千五百里，脊杖十八，二千里，脊杖十七，并配役一年。凡徒刑五：徒三年，脊杖二十；徒二年半，脊杖十八；二年，脊杖十七；一年半，脊杖十五；一年，脊杖十三。凡杖刑五：杖一百，臀杖二十；九十，臀杖十八；八十，臀杖十七；七十，臀杖十五；六十，臀杖十三。凡笞刑五：笞五十，臀杖十下；四十、三十，臀杖八下；二十、十，臀杖七下。常行官杖如周显德五年制，长三尺五寸，大头阔不过二寸，厚及小头径不得过九分。徒、流、笞通用常行杖，徒罪决而不役。"② 元丰二年（1079 年）因蕃官军使罗遇"纵火焚新和市"，宋神宗下诏，将蕃官军使罗遇"杖脊"并刺配广南东路牢城。③

刺配。刺配是一种混合刑，将决杖、刺面、流配三种刑罚同时施用于罪犯，《庆元条法事类》卷七十三《刑狱门三·折杖减役》云："刺配者，先具徒、流、杖之刑而更黥刺，服役终身。其配远恶州、军者，无复地里之限。"④ 刺面，属于附加刑，源于古代黥刑，其实是一种侮辱刑，北宋仁宗朝后成为常刑，施用于犯罪百姓及文武官员。如仁宗时期，因秦州陇安县五平民被诬告的冤案，涉及官吏知州孙济贬为雷州参军，其余的人都被官府的典籍除名并流放岭南。熙宁二年（1069），房州知州张仲宣贪赃枉法，应处绞刑而"贷死，杖脊、黥配海岛"，改为"免杖、黥，流贺州"。判刺、配罪人不论原先是不是军人，通常都刺配为各州"牢城"或其他厢军，称为"配军"，还有一种"不刺面"的罪犯，通常也配充"牢城"等厢军从事杂役，也称"配军"。元丰元年，蕃族讷儿温、禄尊叛降无常，结果被凌迟处斩，而"妻儿田产并赐包诚，子年十五以上配广南

---

①《宋史》卷 199《刑法志一》，中华书局 1985 年版，第 4967 页。

② 同上。

③《宋会要辑稿》第 98 册《职官》66 之 37、6、29，中华书局 1957 年版，第 3871 页。

④《庆元条法事类》卷 73，《刑狱门三·折杖减役》，续修《四库全书》本，上海古籍出版社 1985 年版，第 569 页。

牢城，十四以上所随行"。① 元丰二年（1079）因蕃官军使罗遇"纵火焚新和市"，宋神宗下诏，将蕃官军使罗遇"刺配广南东路牢城"。②

编管和安置。编管和安置是施用于官吏和士大夫罪犯的两种刑罚。编管就是官吏、士大夫犯重罪时一般不处死刑，而把他们编入外州户籍，使其接受监督管理，并限制其人身自由；安置是将犯罪官吏贬谪到远恶之地居住，并限制其人身自由的处罚方式。熙宁五年（1072）六月，"蕃部密报，蕃部钤辖、崇仪副使赵绍忠私下与董毡文字往来"，有泄露边防军情的重大嫌疑，宋神宗诏令"押赴秦州经略司知管"③，不得随意出城，对赵绍忠实施编管。"羁管"略低于编管，两犯杖罪以上即可能被判羁管；罪人连坐的家属等也可判羁管。犯罪官吏常被判处编管，也有二千里、邻州等之分；更多的是被贬免官的官员被处以编管、羁管。如前已述，知泾原路都钤辖周文质与总管王谦、史崇信和谓州马涧美因擅放蕃族人质而违法，所以周文质被除名白州编管。此外，重法地区犯劫盗罪者的妻子，连坐的家属，年老及残疾人犯徒罪者，士人犯罪以祖荫听赎罪者等，都在编管之列。凡重法地，"有犯即坐，不计人数，复立《妻孥编管法》"。④ 元符二年（1099），因大首领结兀龊等人谋叛被正法，但其子边厮波结兄弟表示归顺，故由经略司执行"监管"处罚，家属"交付提点赴阙所管押赴阙"⑤。

凌迟。凌迟刑是一种残害犯人肢体，然后缓慢致死的残酷刑罚，这种刑罚至清末法制改革前一直被沿用。《宋史·刑法志》曰："凌迟者，先断其肢体，乃抉其吭，当时之极法也。"⑥ 在西北、西南边疆民族社会，北宋朝廷主要将凌迟之刑用于惩治特别严重的违法犯罪行为。熙宁时期，鬼章侵犯宋朝西北边境，蕃族讷儿温、禄尊首率部族叛附鬼章，边事宁息后归顺投宋，但元丰元年，"又阴附董毡、鬼章"。对讷儿温和禄尊的叛降无常，宋神宗旨意知岷州种谔："集蕃官出纳儿温及禄尊，对众明谕所

---

① 《宋会要辑稿》第 199 册《蕃夷》6 之 14，7825 页。

② 《宋会要辑稿》第 98 册《职官》66 之 37、6、29，第 3871 页。

③ 《续资治通鉴长编》卷 234，熙宁五年六月乙卯，中华书局 1992 年版，第 5674 页。

④ 《宋史》卷 199，《刑法志一》，中华书局 1985 年版，第 4978 页。

⑤ 《宋会要辑稿》第 199 册《蕃夷》6 之 34，中华书局 1957 年版，7835 页。

⑥ 《宋史》卷 199《刑法志一》，中华书局 1985 年版，第 4973 页。

犯，凌迟处斩"①，"妻儿田产并赐包诚，子年十五以上配广南牢城，十四以上所随行"。蕃官殿直奇默特与其母伊罗勒谋逃走西夏，宋廷批准默特于蕃市"凌迟处斩"②，并以家属赍"赏告捕者，以犒蕃部"。③

　　尽管如此，北宋在对边疆地区蕃族反叛盗窃等情节严重的违法犯罪行为实行重法惩处的同时，对情节非属威胁朝廷安全或者情有可原者，仍然量刑较轻。在边疆地区运用国家法解决纠纷及违法犯罪案件时，相关司法部门还注重区分故意与过失犯罪，沿袭了《唐律疏议》中共犯处刑"区分首从"的法律原则，对从犯减一等处罚，这些措施对边疆民族地区的社会稳定具有重要意义。

①　《宋会要辑稿》第 199 册《蕃夷》6 之 14，7825 页。

②　《续资治通鉴长编》卷 264，熙宁八年五月甲申，中华书局 1992 年版，第 6477 页。

③　同上。

第四章　论盟约在宋代民族社会事务中的作用

　　两宋时期，一般统称周边少数民族部落为"蕃部"。在这些蕃族社会中，盟誓作为一种古老文化传统被保留下来，并成为一个明辨是非的标准。当蕃族各大首领商讨和决定蕃族内部重大事务时，总是先定下规矩，立下盟约；而当蕃族之间需要明辨是非、甄别善恶，甚至蕃汉之间出现矛盾纠纷也都通过盟誓方式寻求解决之道。此外，盟誓还被广泛运用于宋与周边民族政权的外交斡旋、条约缔结及其他社会事务中，承担着构建和平、捍卫主权的社会历史作用。盟约对于保障蕃族首领对族人的统治，维护蕃族上层之间、上层和各大小首领之间的联系至关重要，故而被广泛运用。

第一节　唃厮啰政权的立"文法"

　　公元 11 世纪初，吐蕃赞普后人唃厮啰部以今青海东部为中心逐渐兴起成为吐蕃最强大的部族，并在宗哥城（今青海西宁东南）建立起以吐蕃族为主体的地方封建政权——唃厮啰政权。唃厮啰政权的历史前后近百年，基本贯穿于整个北宋时期，是青海历史上一个非常重要的吐蕃族地方政权。其所辖范围主要在洮河、黄河南北上游和湟水流域一带，具体包括白龙江流域的下游一带和黄河流域、洮河流域、大夏河流域及湟水流域的藏区；湟水流域的辖地有今青海湟源、湟中、平安及青唐（治今青海西宁）。黄河流域的辖地有今青海之赤噶（治今青海贵德）、尖扎、热贡（治今青海同仁）及今甘南的碌曲、玛曲、桑曲和噶曲（今甘肃临夏）、巴钦（治今甘肃积石山一带）、巴松（治今甘肃康乐县）、吉戛卡尔（治今甘肃和政县）。洮河流域的辖区有岷州、临洮及会川一带。

　　唃厮啰，既是人名，又是族名，也是地名和地方封建政权名。吐蕃语，意为佛子。唃厮啰家族，属于由山南进入青海地区的雅隆觉阿王系。其世系分为两支：一支是扎实庸陇系，另一支是唃厮啰系。唃厮啰，本名欺南陵温，译成汉文当是"继承王位的业运赞普"。藏文史籍《西藏王统记》中说唃厮啰是吐蕃王朝末代赞普达玛——欧松一系的后裔，生于磨榆国（或译玛域，今西藏阿里地区与印辖克什米尔接壤的地带）。汉文史籍《宋史·吐蕃传》载，唃厮啰十二岁（1008）时，由高昌（今新疆维吾尔自治区吐鲁番市）来到河州（今甘肃省临夏市）。当时，河湟地区吐蕃族部的首领李立遵（据宗哥，即今青海省平安县）和温逋奇（今青海省乐都县），得知唃厮啰系吐蕃赞普之后，可借以号召部众，因为吐蕃人有尊崇贵族的传统，被奉为佛的化身的唃厮啰在河湟吐蕃人中有巨大的魅力，所以他们就迎唃厮啰至廓州（今青海省化隆县境）尊立为赞普，正式建立唃厮啰政权。史载："于是宗哥僧李立遵、邈川大酋温逋奇略取厮啰如廓州，尊立之。"① 但"部族浸强，乃徙居宗哥城，立遵为论逋（论逋，即宰相）佐之"。② 宗哥城经济比较发达，为唃厮啰政权的发展奠定了坚实的经济基础。宗哥"东南至永宁九百一十五里，东北至西凉府五百里，西北至甘州五百里，东至兰州三百里，南至河州四百一十五里。又东至凫谷五百五十里，又西南至青海四百里，又东至新渭州千八百九十里"。③ 加之此后依附唃厮啰部族的日渐增多，势力不断发展强大。

然而，李立遵是一个贪得无厌、喜于杀戮的人，他再三上书宋朝求赞普称号，但北宋知秦州兼泾原仪渭镇戎缘边安抚使曹玮奏言："赞普，可汗号也。立遵一言得之，何以处唃厮啰耶，且复有求，渐不可制"④，因此并未答应，北宋只授其保顺军节度使，赐袭衣、金带、器币、鞍马、铠甲等，这就使他对北宋极为不满，乃动员马街山、兰州、凫谷、毡毛山、洮河、河州等部蕃兵进攻宋军，与曹玮战于三都谷，为曹玮所败。

三都谷之败后，唃厮啰与李立遵不和，乃迁居邈川（今青海乐都），以温逋奇为论逋，有兵六七万。大中祥符八年（1015），"厮啰聚众数十

①　《宋史》卷492《吐蕃传》，中华书局1985年版，第14160页。

②　同上。

③　同上书，第14161页。

④　《宋史》卷258《曹玮传》，中华书局1985年版，第8985页。

万，请讨平夏以自效。"① 北宋朝廷对其防御，"上以戎人多诈，或生他变，命周文质监泾原军，曹玮知秦州兼两路沿边安抚使以备之"。② 大中祥符九年（1016），"厮啰、立遵遣使来献马五百八十二匹，诏赐器币总万二千，计以答之"。③ "明道初，已而逪奇为乱，囚厮啰置阱中，出收不附己者，守阱人间出之。厮啰集兵杀逪奇，徙居青唐"④，北宋授唃厮啰宁远大将军、爱州团练使职，授温逪奇归化将军职。后来，温逪奇对唃厮啰的势力增长甚为不安，想取而代之，于是发动了宫廷政变，囚禁唃厮啰，唃厮啰被守卒放出，以赞普的地位和威望集部众捕杀了温逪奇和其党羽。政变平息后，唃厮啰举族迁徙到青唐（今青海省西宁市）。唃厮啰迁青唐后，结束了受制于地方豪酋的被动局面，并建立起当时统辖洮湟流域数十万属民的以吐蕃族为主体的封建政权，即唃厮啰王朝。此后的近百年间唃厮啰政权以青唐为首府，青唐逐渐成为这一地区吐蕃政治、经济、文化和宗教的中心。

唃厮啰掌握政权后，加强制度化建设活动，"以厮啰居移公城，欲于河州立文法"⑤。立"文法"即立盟约活动。从文献资料看，唃厮啰政权"盟约"活动的主要内容涉及设置官府、建立机构、兴修宫殿、广建佛寺、发展生产等。另有一些藏族部落也有"立文法"的"盟约"活动记载。现将散见于史籍中的唃厮啰政权或某些藏族部落"立文法"的"盟誓"活动资料辑录如下：

> 河州羌河郎业贤客高昌，见厮罗貌奇伟，挈以归，置心城。而大姓耸昌厮啰均又以厮居移公城，欲于河州立文法。⑥
>
> 西羌将举事，必先定约束，号为"立文法"。唃厮啰使其舅赏详丹与厮敦"立文法"于离王族，谋内寇。⑦

① 《宋史》卷492《吐蕃传》，第14161页。
② 同上。
③ 《宋会要辑稿》第199册《蕃夷》6之2，第7819页。
④ 《宋史》卷492《吐蕃传》，第14161页。
⑤ 同上书，第14160页。
⑥ 同上。
⑦ 《宋史》卷258《曹玮传》，第8986页。

会西边言吐蕃唃厮啰作文法，颇为边患。①

边臣飞奏唃厮啰"立文法"召蕃部欲侵边，以（陈尧咨）为陕西缘边安抚使。②

大中祥符八年（1015），"厮啰遗使来贡。诏赐锦袍、金带、器币、供帐什物、茶药有差，凡中金七千两，他物称是。其年，厮啰立文法，聚众数十万，请讨平夏以自效。"③

大中祥符九年（1016），"厮啰使与熟户廓厮敦谋立文法于喱旺族，谓厮敦曰：'文法成，可以侵汉边，复蕃部旧地'。"④

天禧二年（1018），曹玮言："蕃僧鱼角蝉先于故谓州吹麻城聚众立文法，今悉以破散。又河州诸族亦破宗哥族所立文法来归，望令充熟户，依旧出入。诏从其请。"⑤

天禧四年（1020），"西边多言唃厮啰复作文法，虑为边患。"⑥

熙宁元年（1068），"木征者，即唃厮啰之孙，董毡之子也，其木征、瞎药更与自来秦州，多点集不起，广有力量，青唐族相结，谋'立文法'。"⑦

元祐七年（1092），"木正退保山西，收叛亡，稍'立文法'。"⑧

以上所列"立文法"或"作文法"之举动，反映了唃厮啰各部或其他一些较为发达的藏族部落曾进行过很多次订立文字盟约的制法活动，他们每在进行大的活动之前，要先订立规矩契约"盟约"，以便各部遵守，共同行动。

如藏族部落无"文法"，就表明它们的部落制度还不健全。熙宁六年（1073）九月，王韶言："大首领瞎□叱等以岷州来献，赐行营将士特支

①　《宋史》卷463《刘承宗传》，第13545页。

②　《宋史》卷284《陈尧咨传》，第9589页。

③　《宋史》卷492《吐蕃传》，第14161页。

④　《续资治通鉴长编》卷86，中华书局1992年版，第1974页。

⑤　《续资治通鉴长编》卷91，第2108页。

⑥　《续资治通鉴长编》卷96，第2231页。

⑦　（清）黄以周等辑注，顾吉辰点校：《续资治通鉴长编拾补》卷3，中华书局2004年版，第110页。

⑧　《续资治通鉴长编》卷474，元祐七年六月戊寅，第11314页。

钱有差。瞎□叱者，木征诸弟也，居岷州，虽有部族，无文法。今年春，寇临江、洮山寨，至是，乃降。"① 北宋政府时刻关注蕃部动态，以防蕃族"盟誓"统一行动。熙宁四年（1071）八月辛酉，诏言："措置洮河事，止用回易息钱给招降羌人，未尝辄费官本。文彦博曰：工师造屋，初必小计，冀人易于动功。及既兴作，知不可已，乃方增多。上曰：屋坏，岂可不修？王安石曰：主者善计，则自有忖度，岂至为工师所欺？上曰：郭逵亦不肯为此事。彦博曰：西蕃脆弱，不足收。安石曰：星罗结等作过，秦州乃不能捕，况有豪杰能作文法，连结党与者哉！亦岂得言其脆弱也？彦博曰：西人不能立文法。安石曰：唃厮啰、鱼角蝉乃能立文法，此已然之效也。非徒如此，若为夏人所收，则为患大矣。"②

首先，由于"蕃俗重僧"，佛教僧人在蕃族社会"盟约"活动中发挥着非常重要的作用，他们享有崇高的社会地位并起到调解争端、联络部民的作用，所以，唃厮啰建政之后，中心政权与各大首领的隶属关系，主要通过"祭天"这种盟誓形式来维持。其次，吐蕃各部落订立"文法"或盟约后，对它们统治的地域范围、相互权利等都可以起到规范和约束的重要作用。最后，通过政权与法的神性，即以诅咒、神明裁判和带有宗教色彩的盟约形式来沟通中心政权与部落之间的联系，强化对各大小部落的统辖和约束，要求各部落对中心政权尽忠和中心政权对各部落予以保护，加强了蕃族社会内部部落间的互助关系。

第二节　双边盟约

1. 宋夏盟约

西夏党项首领李继迁与其子李德明，以夏、银（今陕西榆林东南）、绥（今绥德）、宥（今靖边东）、静（今米脂东）五州之地为基础，积极向外扩张和发展，攻陷宋的西北重镇灵州（今宁夏灵武西南），攻占回鹘、吐蕃控制的河西走廊和河套地区，势力迅速壮大。1038 年，李元昊称帝，其时西夏已占据瓜州（今甘肃安西东南）、沙州（今敦煌）、肃州（今酒泉），统治领域东至黄河，西界玉门，南接萧关，北控大漠。元昊

---

① 《续资治通鉴长编》卷 247，熙宁六年九月戊午，第 6013 页。

② 《续资治通鉴长编》卷 226，熙宁四年八月辛酉，第 5502 页。

称帝后，要求宋廷承认，但遭拒绝。双边贸易亦中止，宋、西夏关系急剧恶化。从康定元年（1040）开始，元昊连年发动对宋战争，北宋连遭失败。宋朝被迫让步，谋求与西夏和好。西夏虽然连胜，"然死亡创痍者相半，人困于点集，财力不给"①，国内普遍厌战，加上西夏、辽关系破裂，为避免两面受敌，因此也有议和之意。于是，庆历二年（1042）6 月，李元昊派人前往北宋东京议和，宋仁宗愿意接受。第二年，双方开始正式谈判。庆历四年（1044），宋夏达成"庆历议和"。

宋夏盟约的格式由序文、正文、誓言和结尾四部分构成②。正文主要内容是：

> （庆历）四年，始上誓表言："两失和好，遂历七年，立誓自今，愿藏盟府。其前日所掠将校民户，各不复还。自此有边人逃亡，亦毋得袭逐。臣近以本国城砦进纳朝廷，其栲栳、镰刀、南安、承平故地及其边境蕃汉所居，乞画中为界，于内听筑城堡。凡岁赐银、绮、绢、茶二十五万五千，乞如常数，臣不复以他相干。乞颁誓诏，盖欲世世遵守，永以为好。倘君亲之义不存，或臣子之心渝变，使宗祀不永，子孙罹殃。"
>
> 诏答曰："朕临制四海，廓地万里，西夏之土，世以为胙。今乃纳忠悔咎，表于信誓，质之日月，要之鬼神，及诸子孙，无有渝变。申复恳至，朕甚嘉之。俯阅来誓，一皆如约。"③

对以上史料进行分析，可以得到宋夏盟约中相关条款：

其一，宋夏和平友好关系的建立。元昊取消帝号，对宋称臣，由宋册封为西夏国主，"世世遵守，永以为好"④。其二，岁赐。宋每年给西夏银七万二千两，绢十五万三千匹，茶三万斤，共计"银、绮、绢、茶二十五万五千，乞如常数，臣不复以他相干"。其三，自条约建立之日起，宋

---

① 《宋史》卷 485《夏国传上》，中华书局 1985 年版，第 13997 页。

② 参见李华《法律视野下两宋与周边政权盟约研究》，博士学位论文，中国政法大学，2009 年。

③ 《宋史》卷 485《夏国传上》，第 13999 页。

④ 同上。

夏战争中双方"所掠将校民户，各不复还。自此有边人逃亡，亦毋得袭逐"。其四，边界划定：西夏占领的宋朝领土以及"栲栳、镰刀、南安、承平故地及他边境蕃汉所居"地全部归属宋朝，双方可在本国领土上自筑城堡。其五，重开沿边榷场互市，恢复民间商贩往来。

宋仁宗同意元昊要求，十二月，遣使赐对衣、黄金带、银鞍勒马、银二万两、绢二万匹、茶三万斤。册"夏国主印"，册书曰：

> 约称臣，奉正朔，改所赐敕书为诏而不名，许自置官属。使至京，就驿贸卖，宴坐朵殿。使至其国，相见用宾客礼。置榷场于保安军及高平砦，第不通青盐。然宋每遣使往，馆于宥州，终不复至兴、灵，而元昊帝其国中自若也。①

宋夏议和达成后，次年宋仁宗颁布诏书："陕西四路依近降夏国誓诏，毋得招纳西界蕃户"②，要求边界官员遵守盟约中约定的条款责任。宋夏盟约的签订，标志着一度极为紧张的宋夏关系得到缓和，赢得了宋夏近半个世纪的和平。

2. 宋辽盟约

北宋初年，宋朝君臣尚有收复幽云诸州之志。太平兴国四年（979）六月，宋太宗亲率大军伐辽，但被辽朝援军在高梁河畔（今北京城东南）击溃，损失惨重。雍熙三年（986），宋太宗乘辽朝新君初立之机，再派三路大军北伐，结果仍以失败告终。"高梁河之役"和"雍熙北伐"失败后，北宋对辽转为消极防御方针，而辽兵则不断南侵。景德元年（1004）九月，辽圣宗及其母萧太后率二十万大军南下攻宋定州。宋朝宰相寇准力排众议，促成真宗北上亲征御辽，宋辽两军对垒于澶州（今河南濮阳）。宋军用伏弩射死辽军统帅萧挞览，士气大振，辽军受挫，有意退兵，于是双方议和。

景德元年（1004），双方签订和议，是为澶渊之盟，确立了双方平等对峙关系，宋辽盟约的主要内容是：

其一，建立友好关系。宋、辽约为兄弟之国，"北朝与国家为兄弟之

---

① 《宋史》卷485《夏国传上》，第13999页。

② 《续资治通鉴长编》卷156，庆历五年七月壬辰，中华书局1992年版，第3787页。

邦，非藩屏可方也"①。其二，岁币。宋每年纳给辽银十万两，绢二十万匹。其三，边界划定。宋、辽边境维持旧状，仍以白沟河（今河北巨马河）为界。沿边州军各守疆界，两朝城池依旧存守，两地人户不得交侵。其四，自条约签订之日起，双方互不纳叛、互不扰田、互不停藏盗贼。

澶渊盟约签订之后，宋、辽两国进入和平相处的时期。景德二年（1005）宋朝在雄州、霸州（今河北霸州市）、安肃军（今徐水）、广信军（今徐水东），辽在新城、朔州（今山西朔县），分别置榷场，进行双边贸易。这种和平局面维持了一百余年，一直到北宋末年，宋辽边境安定，生产有所恢复和发展。当时的人这样评论："（辽）与朝廷（宋）和好年深，蕃汉人户休养生息，人人安居，不乐战斗。"①

3. 宋金盟约

1127 年五月，宋康王赵构即位于归德（今河南省商丘市），史称南宋。南宋虽有岳飞等抗金名将，但女真贵族采取以战迫和政策，南宋统治者则妥协退让，苟且偷安，一味求和，最终于绍兴十一年（1142）达成和议，史称"绍兴和议"。宋金绍兴盟约规定：（1）金、宋东以淮河中流，西至大散关（今陕西省宝鸡市西南）为界；（2）金与南宋建立君臣关系：宋向金称臣，每岁贡银绢各 25 万两匹。在"绍兴和议"以后的半个多世纪中，宋、金之间虽不再连年进行激烈战争，但小战还时有发生，较大的战争也发生过三次，战后又订有"和议"。

隆兴二年（1164），金兵大规模南下，迫近长江，宋廷最终决定与金重新议和，双方签订"隆兴和议"，这是金与南宋之间对绍兴盟约的第一次修正，最大的变化是将君臣关系修改为叔侄关系。内容如下：其一，南宋不再向金称臣，改为叔侄之国；其二，恢复绍兴时划定的疆界；其三，宋每年给金的"岁贡"改称"岁币"，银绢从二十五万两、匹改为二十万两、匹；其四，宋割商州（今陕西商县）、秦州（今甘肃天水）予金；其五，金不再追回由金逃入宋的人员。此后，宋、金在四十年间未发生大的战争。

嘉定元年（1208），南宋开禧伐金以宋失败告终后，由史弥远主持与金议和，订立了"嘉定和议"，这是双方对绍兴盟约的第二次修正，改金

---

① 《续资治通鉴长编》卷 130，庆历元年正月戊寅，中华书局 1992 年版，第 3087 页。

宋叔侄关系为伯侄关系，并增加了岁币数额。其内容主要是：（1）宋金为"伯（金）侄（宋）之国"；（2）宋输金岁币由银绢二十万两、匹改为三十万两、匹，并另给金犒军钱三百万贯；（3）金归还新侵的土地给宋，双方维持原来的疆界。

宋与辽、夏、金民族政权能够签订盟约是在双方权衡利弊后作出的决策，尽管双方并非自始愿意，但盟约一旦签订后，它对双方都有约束力。故双方都能遵守盟约规定，积极履行各自的义务，盟约在很大程度上得到了履行。宋辽方面，景德元年十二月，宋真宗诏谕河北诸州："今兹二国结欢，共著于盟誓，三边罢警，俱息于战争，将明追咎之诚，惟切在予之责"①；景德四年五月，知雄州李允则决渠为水田，宋真宗下诏曰："顷修国好，听其盟约，不欲生事，姑务息民。自今边城只可修葺城壕，其余河道，不得辄有浚治"②；庆历二年九月，"十月丙寅，契丹遣使来再致誓书，报撤兵"③；上言："朝廷已许契丹和议，但择边将，谨誓约，有言和好非利者，请一切斥去"④，以遵守宋辽盟约之条款。宋夏方面，景德二年春，"召赴阙面授方略，许德明以定难节度、西平王，赐金帛缗钱各四万、茶二万斤，给内地节度奉，听回图往来，放青盐禁，凡五事。而令德明纳灵州土疆，止居平夏，遣子弟入宿卫，送略去官吏，尽散蕃汉兵及质口，封境之上有侵扰者禀朝旨，凡七事。德明悉如约……"⑤ 大中祥符九年，宋真宗诏令鄜延、泾原、环庆、麟府等路"约束边部，毋相攻劫，其有隐蔽逃亡，画时勘送。本国亦宜戒部下，毋有藏匿，各遵纪律，以守封疆"⑥，以遵守宋夏盟约之条款。

可见，通过缔结盟约建立和平外交关系，是两宋与西部民族政权之间关系的重要内容之一。宋与辽、西夏、金民族政权缔结的盟约，主要是确立双方和平友好关系的政治盟约，其中也包括一些经济贸易条款，规定了缔约双方的权利与义务，对缔约国都有约束力，也成为当事方解决纠纷的重要依据，体现着法的功能，在一定程度上就是法律规范。

---

① 《宋大诏令集》卷187《河北诸州诏》，中华书局1962年版，第685页。

② 《宋史》卷95《河渠志五》，第2366页。

③ 《宋史》卷11《仁宗本纪三》，第214—215页。

④ 《宋史》卷324《李允则传》，第10480页。

⑤ 《宋史》卷466《张崇贵传》，第13619页。

⑥ 《宋史》卷485《夏国传》，第13991页。

第三节　非正式盟约

蕃族部落还与汉人也订立类似"文法"的非正式盟约，这些盟约对促进中原王朝与周边少数民族的沟通和联系也起到了一定积极作用。如《西藏王统记·安达·热巴坚事略》记载：安达热巴坚（726）时，唐室僧侣及吐蕃诸受供高僧者出，调停求和，并主盟事。从此唐蕃和盟修好，甥舅互通聘礼，立盟以后，不再相仇："若有背盟破约，吐蕃兴兵扰汉，则汉人于王宫前，三读碑文，而蕃人受其祸殃，若汉人兴兵侵蕃，则三读拉萨碑文，而汉人受其祸殃。"① 这种诅咒和带有宗教色彩的盟约强化了唐蕃和平关系的构建和稳固。宋景德元年，张崇贵"筑台保安北十里许，召戎人会议，与之盟约"②；咸平五年，夔州路转运使丁谓与溪蛮立盟约："不为寇钞，负约者，众杀之。"群蛮曰："天子济我以食盐，我愿输与兵食，自是边谷有三年之积。"③ 庆历元年（1041），知庆州范仲淹到环庆蕃部，以诏书犒赏诸羌，检阅人马并与之"约法四章"："仇已和断，辄私报之及伤人者，罚羊百、马二，已杀者斩；负债争论，听告官办理，辄质缚平人者，罚羊五十马一；贼马入界，追集不起，随本族每户罚羊二，质其首领；贼大入，老幼人保本寨，官为给食，即不入寨，本家罚羊二，全族不至者，质其首领。"④ 这项"约法"要求：西夏军队进攻时，寨内蕃汉民户不论老幼，必须迅速集中，保护蕃寨安全，否则将受到法律惩罚，它显然有利于战争时期联络全寨民众力量抵御侵略、保家保寨。元祐八年（1993），熙河兰岷路经略安抚使范育言："阿里骨遣人以蕃字求各立文约，汉、蕃子孙不相侵犯。得朝旨，令谕之。阿里骨已如所谕，约永不犯汉，复求事汉，如已要结。臣再三计之，边防重事，恐害久远事机，欲且作迤逦之意，详为奏达。枢密院以阿里骨既自要结永不犯汉，若无文字答之，恐其生疑开隙。欲自范育报阿里骨云：汝但子孙久远，常约束蕃部，

---

① 《西藏王统记》第25章《安达·热巴坚事略》。
② 《宋史》卷466《张崇贵传》，第13619页。
③ 《宋史》卷493《蛮夷传》，第14175页。
④ 《续资治通鉴长编》卷132，庆历元年五月壬申，中华书局1992年版，第3129页。

永无生事，汉家于汝蕃界自无侵占。从之。"① 从内容看，该"文约"对于宋朝与吐蕃阿里骨建立和谐友好的宋蕃关系起到了重要作用。

综上，两宋时期，吐蕃赞普后人唃厮啰部以今青海东部为中心逐渐建立起吐蕃地方政权，唃厮啰各部或其他一些藏族部落在进行大的活动时要先订立规矩契约以便各部遵守、共同行动，这种被称为"立文法"的盟约活动是蕃族社会内部缔结的规范性约定，它赋予整个盟约的订立和完成过程深厚的宗教色彩，具有相当的内部约束效力，根本目的是通过盟誓形式统一蕃族社会内部各部族的行动。

除此之外，两宋时期还缔结了一些蕃汉非正式盟约，特别是缔结了许多民族政权之间的属于国家层面的军政外交盟约。这些盟约，尽管其性质殊异，但从宋与辽、西夏、金之间签订的双边盟约的法律约束力来看，盟约是建立在缔约各方既有独立主权又互相往来的基础上的。换言之，缔约各方都要具备缔约能力，既能够独立地承担约定中的义务，也能够享受权利，因而对双方也同样具有制约和规范作用。在结盟期间，不论是蕃族内部，还是宋代各民族政权，其政治、经济、思想和观念都发生了较大的变化，矛盾相对减弱，社会秩序较为安宁，"自景德以来，四方无事，百姓康乐，户口蕃庶，田野日辟"②，这是对盟约带来的"睦邻保境、育物爱人"③ 的社会氛围的生动写照，这对于加强少数民族社会内部联系，构建民族国家间和平友好关系起到了一定的积极作用。

---

① 《续资治通鉴长编》卷 480，元祐八年正月己丑，第 11417 页。
② 《宋史》卷 173《食货志上一》，第 4263 页。
③ 《宋大诏令集》卷 187《政事四十·慰抚上》，第 686 页。

第五章 论法制视域下的宋代
民族地区社会控制

　　法律是时代精神的体现，它体现着社会发展的基本要求。两宋时期，是我国古代民族关系最为复杂的时期。在西北、西南以及各个边疆地区，存在着契丹、女真、党项、回鹘、吐蕃、僮、苗、瑶、黎等少数民族及其由各少数民族的统治阶级建立的政权。有宋一代，这些民族政权与赵宋王朝时战时和，碰撞交融。为了巩固统治，抵抗外侵，宋朝加强了对边疆民族地区的治理和经营。体现在法律方面，宋朝充分发挥法律规范的关键性作用，并根据时势之变迁，着眼于现实社会，探索出了一条适合那个时代社会秩序的民族统治模式。

　　宋代对边疆民族社会的法制构建是以特定的民族社会规范为依据、以法律为主导而实现的，其民族社会规范仍可分为两类：一类是非强制性规范，主要包括习俗、道德、宗教等，违背者将受到社会舆论的谴责和社会互动的压力；另一类是强制性规范，主要包括法律、制度、纪律等重要形式，它靠强制力推行，并迫使人们遵从，违犯这些规范往往要受到处罚与制裁。其中，影响最为深远、广泛而最具权威性的就是法律。"法律规范是由国家制定和认可，反映掌握国家政权阶级的意志，具有普遍约束力，以国家强制力保证实施的行为规则。"① 因此，法律控制依靠国家强制力，并与宋国家对民族地区社会统治和管理相结合，调整蕃汉民族关系，及时制止民族地区违法犯罪行为，维护民族社会秩序。其民族法律关系主要有二：一是宋国家管理形式上的特殊民族关系，二是反映在不同民族间的法律上的权利义务关系，主要是汉族与少数民族以及少数民族之间的关系。

　　宋代对边疆民族地区社会的法律控制，主要途径有二：一是通过民族

---

　　① 葛洪义：《法理学》，中国政法大学出版社1999年版。

法的调控来实现，二是通过宋律，即宋国家大法的调控来实现。不管是对少数民族内部关系的调整或制约，还是对蕃汉各族关系的调整或制约，都体现着赵宋王朝因时而易、因地制宜的民族统治思想，反映了宋代统治阶级治理边疆社会的一种基本模式，其具有以下特点。

第一节 国家法与民间固有法的互动性

宋代民族立法的主要目的是稳定边疆民族地区的社会统治秩序。从内容看，宋王朝在制定边疆法时既承认和保留少数民族的习惯与俗规，也逐渐加大用汉法取代民族习惯法以实现民族地区统一刑律步伐，因此逐渐确立了边疆地区社会控制中的国家法和民族固有法的互动权威模式。

这种模式的形成与宋朝对边疆民族地区统治的逐渐深入密切相关。北宋初期，朝廷在边疆民族地区处理蕃族事务的基本法律依据是"蕃法"或"夷法"。在西北边区，由于西夏李元昊 1038 年称帝后，宋夏矛盾升级，此后军事冲突不断，到了仁宗宝元、康定年间（1038—1040），宋夏战火再燃，宋西北边防受到了有史以来末有的重创，宋辽两国虽然于景德元年（1004）达成停战议和协议，但双方矛盾也时有发生。为了对抗西夏，宋政府竭力争取地处西北的吐蕃、党项、回鹘、达怛等许多部落民族政治势力，对西北各族"因其俗"而治，法制贯彻从俗原则，因此，蕃族内部的纠纷和矛盾主要以"和断"方式解决，而不通过宋律统一处罚。

到了宋仁宗天圣三年（1025），陕西府沿边安抚使范雍曾说："沿边州军及总管司，每蕃部有罪旧例输钱，每口五百文，后来不以罪犯轻重，只令输其羊，乞自今后令依旧纳钱及量罪重轻依约汉法定罚"[1]，说明宋朝一些边防大臣在治理蕃部的法制观念上已有了重大转变。特别是到了北宋后期，蕃汉民族关系、违法犯罪以及其他社会问题变得极为复杂，随着宋政府对民族边区治理的深入，宋国家加强了"汉法"治蕃的力度，"因其俗法"逐步转变为以"汉法"为主。"自用兵以来，迁配京西、江、淮之间者，其数不可计矣"[2]，表明沿边逃叛民户被判迁配刑的规模，除迁配、刺配之刑外，还常有没收家产、徒刑、编管、杖脊、死刑等各种刑

① 《宋会要辑稿》第 185 册《兵》27 之 22，中华书局 1957 年版，第 7257 页。
② 《续资治通鉴长编》卷 466，元祐六年九月辛亥，中华书局 1992 年版，第 11138 页。

罚，而熙宁八年（1075）至十年（1077）全国罚刑"天下大辟五千一百
八十二人，三年内，命官过犯自刺配至赎铜二千五百九十二人"。①它们
几乎包括宋律中从笞杖到斩刑的绝大部分刑名，最终形成以"汉法"为
主的民族边区二元互动封建法制体系。不过，由于终宋一代民族问题的复
杂和军事政策形势的严峻，加之边区地域的差异性和特殊性，用"蕃、
夷之法"处理蕃族内部矛盾和纠纷的情况仍然尚在，"补进奉大首领景青
宜党令支珍州刺史"，以其"叙述和断之劳故也"②。"蕃""汉"各为一
法的边疆法律格局，使得北宋西北民族边区法制体系颇具多元互动模式，
而"蕃法"和"汉法"的实时运用又体现着边地法律运行中的互补性。

　　在西南民族边区，宋朝廷根据不同时期边区政治经济、民族情状和社
会要求之变化，革损旧弊、增益制度，把法律与民族政策结合起来"以
法治边"，用新的面貌、新的方式治理民族边区、巩固统治。由于川贵、
湖广边区之特殊地域、民族情状等因素，宋初对边疆少数民族纠纷的法律
处置同时贯彻"因其俗而治"的原则③，这又形成西南民族边区法律内部
体制的二元并存之特征，即宋国家法与少数民族习惯法并存的状态，而法
制从俗及其恤刑宽政之惠民精神，又从另一方面对西南民族边区社会稳定
起了积极作用。终宋一朝，不论是在西北边疆还是在西南边疆，整个周边
民族地区的法律原则基本如此，"微、诚州归明团峒，应未建城寨以前，
有相仇杀及他讼，并令以溪峒旧法理断讫。自今有侵犯，并须经官陈诉，
如敢擅相仇杀，并依汉法处断。其有逃避，即官司会合擒捕，及本处收捉
施行。"④不过，边疆地区"蕃""汉"各为一法的法律格局，加之一些
"临时法令"的颁行，造成同罪异罚、量刑标准不一的现象，一定程度上
形成量刑论罪的某种混乱和执法处罚的不公平，这种情况宋人时已觉察。
尽管如此，在整个边疆地区，"蕃""汉"二法的并行运作及其逐步走向
统一，对于宋朝加强边疆民族社会的统治、维护民族地区社会稳定起了重
要作用。

①　（宋）方勺：《泊宅编》卷10，中华书局1983年版，第58页。
②　《宋会要辑稿》第199册《蕃夷》6之15，中华书局1957年版，第7826页。
③　《续资治通鉴长编》卷13，开宝五年二月庚戌条：平定岭南后，宋太祖说，"琼州遐荒
炎瘴，不必别命正官，且令仁俊择伪官，因其俗治之"，即夷人内部的矛盾和纠纷以"和断"解
决，中华书局1992年版，第281页。
④　《宋会要辑稿》第198册《蕃夷》5之87，第7810页。

第二节　纠纷解决机制中的民族性

　　宋代民族法制的形成，较多地受到了民族政策因素的影响，且在实践中表现得极为灵活实际。如为了构建宋蕃军事联盟共抗西夏，北宋王朝在西北边疆少数民族地区实行恩信稳蕃部、"联蕃制夏"的民族政策，哲宗时期，鄜延路经略使范纯粹分析宋夏关系时说，"臣窃惟元祐以来，朝廷之所以御夏人处边画者，莫非以礼义为本，以恩信为先，虽彼屡肆跳梁，边民被害，而一切容贷，期于息兵"。① 这种边地民族政策，影响了宋廷在对违法者执行处罚时的刑法原则，因为既要遏制边疆民族地区的各类违法犯罪行为，更要"恩信怀柔"蕃族，保证边地社会的根本稳定，加之蕃部之情，"视西夏与中国强弱为向背，若中国形势强，附中国为利，既不假杀伐，自当坚附。矧蕃部之俗，既宗贵种，又附强国，今用本征贵种等三人，又稍以恩信收蕃部，则中国形势愈强，恐不假杀伐，而所附蕃部自可制使"。② 故，宋政府对少数民族违法犯罪行为，"恩信"为先，其次诛罚，许多情况下按照从轻论罪处罚，甚至以说服教育令其悔改的方式处理，这是依据边情灵活运用法律法规的理论和实践。熙宁五年（1072），西夏把荔原堡逃叛熟户嵬通等七十八人送还宋朝，其中两户为新招附部族，十五户为宋英宗治平年间招附的蕃户。按照宋朝法律，叛逃乃属"十恶"犯罪，是两宋刑法严惩的犯罪行为之一，宋神宗问王安石对这些蕃部犯法者如何处罚，王安石说："但顾我恩信方略如何，不在诛戮此数十口，然后能使人不逃叛"，况且如果"因而抚存此蕃户，给足田土"，蕃民则"蒙恩更生，"其余蕃户见朝廷如此对待，"岂不感悦?"不然，"徒诛戮此举，有伤仁政，于边防大计实无所补"。即按照宋朝法律，两户"法皆斩"，但是，这些蕃户叛逃西夏事出有因，应区别对待，譬如二户罪犯家中的弱妇幼童，"若强状要走，女弱何缘不随?"另十五户犯者其实因当地官员"措置乖方，给地不足"以致逃叛，因此主张"宜贷其女弱""不须行法"③。神宗担心"若释之，今后逃叛何可复禁?"在王安

---

① 《续资治通鉴长编》卷 466，元祐六年九月辛亥，中华书局 1992 年版，第 11136 页。
② 《宋史》卷 191《兵》5，中华书局 1985 年版，第 4758 页。
③ 《续资治通鉴长编》卷 234，熙宁五年六月癸亥，中华书局 1992 年版，第 5679—5680 页。

石的建议下，神宗欣然同意七十八户蕃民免罚，依旧住边营生。

熙宁七年（1074），泾原路经略司奏："乞自今汉、蕃户盗西界牛马，听逐路依收接条例，于沿边处界首说谕给还。"①　绍圣三年（1096），吐蕃青唐政权大首领阿里骨新逝，其子瞎征接袭，此时的吐蕃部族内部极不稳定，而西夏却正想方设法意欲联结吐蕃对抗北宋，就在这种对宋朝极为不利的危险时期，却发生了岷州管下衣彪族首领当征结等四十户投奔西蕃结兀捉事件。在这种特殊的政治背景下，宋廷对此次叛逃事件的处理采取了劝说晓谕、释免逃罪的方式处理。元祐七年（1092），阿里骨请求与宋订立条约，并要求宋承诺"不侵占蕃家地土"，枢密院的答文是："汝但不于汉家作过，汉家自是于汝蕃家别不生事"②，该答文明确表达了北宋对吐蕃"你不犯我，则我不犯你"的宋蕃边境"互不侵犯"的基本外交政策。可见，与北宋内地重法区相比，边疆民族地区的法律规范对蕃族人户的违法，除了谋叛、威胁宋国家安全等"十恶"类犯罪行为之外，一般情况下贯彻宽恕轻缓和自首免刑等法律从轻原则。

在中国封建时代，赦免是体现皇权的重要标志。经常化、制度化地由皇帝下诏赦免各类犯罪行为，是中国古代司法制度的一大特色。历代帝王颁布各种赦令，出于各种不同的原因，其中一个重要的原因就是在特定的历史时期为了拉拢人心以期巩固统治地位之目的，所以，适当地运用赦免的手段，以宽恕、轻缓的刑事政策来博取民心和社会的安定，对统治者来说是有必要的，这是宋代民族立法的另一个基本原则。

赎罪赦免是对少数民族犯法者实施免罚的一种政策，前者指罪犯通过缴纳一定钱物或服罪认罪而获得免于追究的法律处罚方式，后者指在一定条件下或者表示臣服而获得释罪。

其一，赎罪。赎刑制度是中国古代法律制度的一项重要内容，宋代赎罪政策较为复杂，有关内地汉族百姓、官僚贵族赎罪的规定非常之多，根据《宋刑统》及有关法律政策，宋代赎罪制度的适用范围、赎刑物品、罚赎期限等与唐代基本相同但有所变化，而且针对少数民族犯人的赎罪，在适用范围、赎刑物品等方面较为宽泛。北宋前期，有关西北边区蕃民犯法者的主要赎罪形式有纳赀赎罪、纳马赎罪和技能赎罪三种。纳赀赎罪就

---

① 《续资治通鉴长编》卷257，熙宁七年十月壬申，第6272页。
② 《宋会要辑稿》第199册《蕃夷》6之26，中华书局1957年版，第7831页。

是用交钱的办法获得免罚，"先是，蕃部有罪纳赀为赎"①。大中祥符二年（1009），由于"西州进奉回纥卒顺与西南蕃人贡提人斗死"，礼宾院押赴开封府，依蕃部例和断"收偿命价"。② 即蕃族之间杀伤致死，以纳赀偿命价的方式处理。第二种赎罪方式就是纳马（或羊）赎罪，"旧羌杀边民以羊赎其死"③，"黠羌杀人，辄以羊马自赎"④，即羌民杀汉民致死，以纳羊或纳马而赎罪。景德元年（1004），"先叛去蕃官茄罗、兀臧、成王等三族及者移军主率属归顺，请献马赎罪"，⑤ 真宗特诏"宥之，给其马直"。⑥ 除了这两种赎罪，拥有了某项技能或技术的蕃族犯法者也可获得免罪或减刑的机会，种世衡知环州时，"凡边民有过，则使之射，四发二中者，释其罪"。⑦ 这种情况在北宋后期也有，农忙季节，"善种稻者"⑧获得了迁配他处免罪或减刑的机会。这三类赎罪方式中，其实后一种与当代刑事犯罪案中的"立功"赎罪有些相似，它所体现出来的"人文"精神，具有一定的历史进步意义。

纵观中国上下几千年的历史，刑罚制度不可谓不严厉，很多处罚手段在今天看来仍然足以令人触目惊心。正是在这样的法治状态的夹缝中，一些减刑制度的存在犹如一缕暗夜中的光明，昭示出统治者的"仁慈"。

其二，赦免。宋代的赦免较为复杂，常见的有大赦、曲赦和德音三种，"本朝之制，凡需宥，大赦、曲赦、德音三种，自分等差。宗衮言：德音非可名制书，乃臣下奉行制书之名。天子自谓'德音'，非也。予按唐常衮集，赦令一门，总谓之'德音'"。⑨ 北宋前期对西北边区的蕃民法律处罚中，常见的赦免主要有赦"寇边罪"：太平兴国三年（978），秦州

---

① 《续资治通鉴长编》卷60，景德二年五月辛亥，中华书局1992年版，第1335页。

② 《宋会要辑稿》第73册《职官》25之7，中华书局1957年版，第2917页。

③ （宋）曾巩：《隆平集》卷9，影印文渊阁《四库全书》本，上海古籍出版社1987年版，第96页。

④ （宋）宋庠：《元宪集》卷34之5，《曹玮墓志铭》，影印文渊阁《四库全书》本，台湾商务印书馆1972年版，第665页。

⑤ 《续资治通鉴长编》卷57，景德元年八月丁亥，第1255页。

⑥ 同上。

⑦ （宋）曾巩：《隆平集》卷19，影印文渊阁《四库全书》本，上海古籍出版社1987年版，第193页。

⑧ 《续资治通鉴长编》卷239，熙宁五年十月甲辰，第5822页。

⑨ （宋）宋敏求：《春明退朝录》下，中华书局1980年版，第48、49页。

内属三簇戎人等屡寇边，癸丑诏："悉赦其罪。"① 赦"谋叛者"：咸平五年（1002），泾原部署絷拿内属蕃部的谋叛蕃民九十一人到京，请求诛杀。真宗说："戎心反复，贳之可矣"②，获赦的原因是国家"恩信招怀"政策，同时由于蕃族的"反服无常"，宋廷采取了"攻心软化"措施，将他们迁配内地各州，并分给闲田、赐予种子使之从事农业耕作，借以分散瓦解其反叛势力。赦"叛逃者"：景德元年（1004），朝廷告谕灵、夏、绥、银、宥等州蕃族万山万遇、庞罗逝安等，能率部下归顺者则授予团练使等，赐银万两，"其自有朝廷叛去者并释罪甄录"③。诸种赦免，其主要目的在于稳定边疆，减少不必要的边境摩擦。

赦免作为一种恤民的手段，可以给犯罪人以改过自新的机会，这说明统治者也意识到，赦免对于民心的教化是极有帮助的，所以赦免也是帝王们的一种政治手段，而一旦下层民众违犯了封建统治者的根本利益，那就要予以严惩，赵宋王朝亦不例外。因此，熟户蕃人犯罪获释免罚也并不是无原则、无条件的，如太平兴国三年（978），秦州内属三族吐蕃多次侵掠边境，宋廷诏"赦其罪"，但同时严申："自今敢复肆侵掠者，吏捕之寘于法，不须以闻"④，清楚地表明了赵宋王朝对那些屡教不改者的法律立场。

自首制度就是指犯罪后未官府捕获或犯罪事实未被发觉之前，官府对于主动投案坦白的犯罪人，予以从轻、减轻或免于处罚的制度。唐代律法有关自首的规定已相当完备，自首的种类有亲首、共同犯罪的自首和职务犯罪的自首等，自首者一般可免除刑罚。自首的原则有：首重罪得原原则、首余罪得原原则、自首不实不尽，以不实不尽之罪罪之原则和知人欲告及亡叛而自首，予以减罪原则。

宋承唐制，但自首制度更具体化和科学化。首先，将"坦白"纳入自首减刑范畴，这无疑给予了犯罪者更多自首改过之路。其次，宋代扩大了自首的范围，尤其在西北、西南等民族边区，自首免刑的情况更多。元丰四年（1081），宋神宗下诏，令陕西诸路州军逃亡的厢禁军、汉蕃弓箭

---

① 《续资治通鉴长编》卷19，太平兴国三年正月辛亥，中华书局1992年版，第421页。
② 《续资治通鉴长编》卷53，咸平五年十月辛巳，第1156页。
③ 《续资治通鉴长编》卷56，景德元年二月戊午，第1229页。
④ 《续资治通鉴长编》卷19，太平兴国三年正月辛亥，第421页。

手、蕃兵义勇及其保甲人夫等，一月之内自首者"免罪"，"厢禁军重执兵器复本营，而义勇、保甲、蕃汉人户仍归原处"。① 元符二年（1099）十一月，宋哲宗令熙河、秦凤路："限百日许逃亡军人自首，与依旧收管，弓箭手仍免降配。"② "弓箭手"既是宋代乡兵的一种，又是北宋西北屯田劳动力的主要来源，随着神宗时期对西北边区的开拓经营，熙州、河州成为屯田区，需要大量的屯田劳动，为了解决这种劳动急需和短缺的现状，一方面政府将诸路罪犯中的"少壮者"配往西北屯耕，"河州作过蕃部近城川地招弓箭手"③，每人给地一顷。"自来陕西、洛边归顺熟户蕃作过者，编置东南州军，乞选少壮堪任战斗者，刺充弓箭手"④。另一方面，对于逃亡弓箭手采用免罪收纳的措施，"逃去弓箭手并营田地土，昨多方设法如人请佃"⑤，这可能也是对弓箭手逃亡免罪的一个重要原因。元祐二年（1087）八月，西蕃大首领鬼章青宜被擒，宋廷诏谕"应随顺犯边羌户，安存免罪，依旧住止"。⑥ 元祐五年（1090）七月，"诸人违制典买蕃部田土，许以免罪，自二顷五十亩以下，责其出刺弓箭手及买马备边用各有差"。⑦

冒功领赏也可自陈改正。《长编》卷三百三十七记载：鄜府路蕃部有因立功妄冒父祖职名，以就酬奖，诏自陈与免罪改正，并限"一季自言，许人告，以其人职名、俸给赏之"。⑧ 就是说，冒功者若自首可获免罪，否则，若是别人告发，则以其职和俸禄赏于告发者。《长编》卷五百一十二记载：哲宗时期，秦凤路招诱到西人伽凌等三人，却发现原来是"环庆路熟户蕃捉生伪冒改名、剃发、穿耳、戴环诈作诱到西界大小首领"。⑨ 对此伪冒诈名事件，由于本将张恩、张德同知情诈冒，故被先后罢官。

尽管自首从轻处罚，但宋法律规定，犯者若不愿自首者或者自首不主

① 《续资治通鉴长编》卷321，元丰四年十二月戊午，中华书局1992年版，第7738页。
② 《续资治通鉴长编》卷518，元符二年十一月己卯，第12327页。
③ 《宋会要辑稿》第121册《食货》2之4，中华书局1957年版，第4827页。
④ 《宋会要辑稿》第173册《兵》4之28，第6834页。
⑤ 《宋会要辑稿》第121册《食货》2之4，第4827页。
⑥ 《宋会要辑稿》第199册《蕃夷》6之21，第7829页。
⑦ 《宋史》卷17《哲宗本纪》，中华书局1985年版，第331页。
⑧ 《续资治通鉴长编》卷337，元丰六年七月壬子，第8117页。
⑨ 《续资治通鉴长编》卷512，元符二年七月丙午，第12187页。

动而被别人告发则要严办。如元丰六年七月，宋神宗诏鄜府路蕃部，有因立功妄冒父祖职名以就酬奖者，许自陈免罪改正，但如果不主动自首，"许人告，以其人职名、俸给赏之"。① 就是说，以被告者之职和俸禄赏于告发者。张公咏尹益部日，李顺党中有杀耕牛避罪亡逸者，公许其首身。拘母十日，不出，释之。复拘其妻，一宿而来。公断云："禁母十夜，留妻一宵。倚门之望何疏？结发之情何厚？旧为恶党，因之逃亡。许令首身，犹尚顾望。就市斩之。"②

第三节　司法实践中的地域性

北宋中央设大理寺掌管司法审判大权，负责审理地方上报的刑事案件以及京师与中央百官犯罪案件。同时也参与皇帝直接交办的重大刑事案件，与刑部和御史台共同审理，并上报皇帝批准执行。刑部是尚书省六部之一，掌管全国刑狱政令，复核大理寺详断的全国死刑案件，以及官员犯罪除免、经赦叙用、定夺昭雪等事。御史台是宋朝中央监察机关，也具有部分司法审判职能。御史台的主要官员大都参与司法审判，主要是处理命官犯罪大案、司法官受贿案、地方官府不能决断的疑难案件以及地方重大案件等。

宋中央司法机构，除设传统的大理寺和刑部外还新设了审刑院。大理院负责审判，刑部负责复核。大理寺是朝廷司法事务机构，北宋前期并不直接审案，"凡狱讼之事，随官司决劾，本寺不复听计，但掌天下奏狱（也称奏案，指需要上奏朝廷裁决的案狱），送审刑院详（覆）讫，同书以上于朝"，也就是"谳天下奏狱而不治狱"。设详断官六员，后增为十二员，又设检法官、法直官。可见，大理寺只是依据各地上报的"奏狱"案件材料进行审断，然后报刑部。后又改为报审刑院详覆，大理寺的详断官还每日轮差到审刑院商议上奏案件的文字。刑部是宋朝司法政务机构，掌"律令、刑法、案覆、谳禁之制，覆天下大辟（死刑），举其违失而驳正之"及其他司法行政事务。设详覆官六员、法直官一员。审刑院设于淳化二年（991），为从"中书五房"的刑房之职

---

① 《续资治通鉴长编》卷337，元丰六年七月壬子，中华书局1992年版，第8117页。

② （宋）吴处厚：《青箱杂记》卷10，中华书局1985年版，第107页。

权中分设，掌复核须奏报皇帝的案件，为临时性机构。"大理寺、刑部断、覆以闻，乃下审刑院详议。"其权力超越大理寺和刑部，是宋代加强中央集权的产物。

宋代地方司法机构中，开封府是一个特殊的京畿地区的司法机构，提点刑狱司是宋代路一级司法机构，监督管理所辖州府的司法审判事务，地方独立性较强的机构。宋朝实施司法、行政合一的州、县两级审判机构，北宋后期及南宋的各级地方司法机构，大体与北宋前期相同，首都"行在所"临安府司法机构，有左司、右司理院及府院，南宋殿前司、马军司、步军司，以及建康、镇江、鄂州等各地御前屯驻大军，都设有"推狱"，称为"后司"。

北宋州的长官为知州，通判为副贰。按历史沿革分节度、观察、防御、团练、刺史（军事）州五等。又按实际户口分雄、望、紧、上、中、中下、下七等。幕僚有判官、推官，辅佐知州处理政务；录事参军、司理参军、司法参军掌刑法（录事参军以处理民事诉讼为主。司理参军掌推鞫，司法参军掌议法断刑）；司户参军掌户籍、赋税、仓库受纳之事。北宋于军事、交通要道而不成州之地设军，军的长官、文官称为知军，武官称为军使。宋代於矿冶、铸钱、牧马、产盐地设监，知监或监使为长官。有州级、县级之别。县的长官为知县或县令，分赤、畿、望、紧、上、中、中下、下八等。知县（县令）拥有司法权，得决杖刑以下，徒刑以上则须申报於州。县的幕僚有县丞、主簿、县尉。县尉的职责，是率领弓手（由百姓服差役充任之）维持治安，捕捉盗贼。县以下有镇、市，为商业集中之地，由监镇官管理，"镇寨凡杖罪以上，并解本县，余听决遣"。亦即监镇官有杖罪以下（笞刑）的司法权。

宋律规定的审判原则，首先要求中央司法机关审判案件时长官必须亲自参加，对地方的审判活动也作出了类似的规定。其次，审讯官与犯人有亲戚关系者必须回避。再次，重大案件要摘抄"录本"呈送上级审核，上级可以索取原状对照。

对于少数民族地区案件，在司法实践中，程序上并不严格依据宋律之规定。在汉区，各府置知府为升官，通判为副贰。幕僚有判官、推官，辅佐知府处理政务；司户参军掌户籍、赋税、仓库受纳之事；司录参军、司理参军、司法参军掌刑狱。司法参军仅掌议法断刑，至於审问案情，则由司理院的司理参军负责；府院的司录参军，则以处理民事案件为主，此谓之"鞫谳分司"，类似今日检察官、法官分立。而在广南、四川等偏远地区，若仅以司户参军兼录事、司法参军，也须按"鞫谳分司"的原则，这位司户参军如负责审问，就要另选官员来议法断刑，反之亦然。这主要由于蕃部地处边疆、民族情状复杂，因此，对蕃汉民众之间纠纷的法律处置比较慎重。北宋统治者曾多次颁布减释内属蕃部死罪、流配诏令，并要求沿边诸州军寨，有犯法之蕃人应仔细鞫之，不得辄断，以免枉法杀人。如宋太祖就曾多次强调法律的公正、公平问题。建隆二年八月，宋太祖下诏："缘边诸寨，有犯大辟者，送所属州军鞫之，无得辄断。"① 为严肃法纪，规范司法程序，建隆三年十二月，宋太祖诏中书门下于县级机构中设专职法官——县尉一名，掌理每县的盗贼、讼狱事宜，并于县令一道审理诉讼刑狱，还规定县尉"俸禄与主簿同。凡盗贼、斗讼，先委镇将者，诏县令及尉复领其事"。② 如果司法机关悖逆司法程序、徇私枉法，即立行核查论罪，并诏令诸州"决大辟"，讫录案闻奏，委刑部详覆之。宋仁宗曾下诏："天下知县、县令，若差推勘刑狱及应副军期或权知繁剧者，具奏闻。其闲慢处辄差者，不奏者以违制故失论。被差之官亦行责罚，差出日月仍不理为资考。"③

地方审判机构主要有州（府、军、监）和县两级。北宋州的法定刑事案件审判机关为司理院，对此审理有不服的，移送州院（专司民事案件）复审。宋代的县是司法审判活动的基层单位。县级的刑事案件审判由知县或县令兼理。县对刑事案件的判决权仅限于杖以下罪，徒罪以上的刑狱县仅有预审权，将案情审理清楚，然后提出处理意见，送州复审断决。州由知州很通判主掌审判权，可以接受县呈报的徒罪以上刑事案件。北宋中前期，州拥有徒、流罪及无疑死罪案件的终审权，在元丰改制后，规定诸州大辟罪案"情理昭然不应奏者，具奏款申提刑司详复论决"，因此虽然州依然有独立的审判权，但是死刑的判决权已经归于提刑司，州只剩下徒、流罪的判决权。由于边远地区奏报复审的案件，有的拖延很久造成淹狱久系，所以哲宗下诏，命令四川、两广、福建、荆南几路的犯人，有案情较轻但适用的处罚很重的罪犯，申请安抚使或钤辖司斟酌定罪后再

---

① 《续资治通鉴长编》卷2，建隆二年八月辛亥，中华书局1992年版，第52页。
② 《续资治通鉴长编》卷3，建隆三年十二月癸巳，中华书局1992年版，第76页。
③ 《续资治通鉴长编》卷170，皇祐三年三月乙卯，第4083页。

上奏。然州县禁系,往往犹以根穷为名,追扰辄至破家。因此,刑部命官前往决遣,冤滞则降黜州县官吏,募告者赏之。

总之,对于少数民族地区的案件,宋司法部门在程序上并不一定严格依据宋律之规定。尤其是宋朝皇帝依然掌握司法审判之大权,皇帝经常亲自审案、"御笔断罪",史载:宋太宗"在御,常躬听,在京狱有疑者多临决之",宋孝宗也"究心庶狱,每岁临轩虑囚"。宋代法律规定,审理法无明文规定的案件,必须奏报皇帝裁决,违者有罪,以保证皇帝审判权的不可侵犯性。这就造成皇帝审理的案件,无人纠正的司法结果,而皇帝不受法律约束至于发展为判决不依法和法制的混乱,这种情况依然是北宋边疆司法中的一个重要方面,边地许多案件都需上报朝廷由皇帝裁决,通过法律严打、结合恩惠迫使其蕃族"知畏威而识朝廷之惠",从而最终实现其长治久安的目的。

综上诸述,宋代民族法制的内容十分庞杂而具体,几乎涉及了宋朝廷处理边疆少数民族地区及其缘边汉区行政、经济、军事和文化事务的各个方面。这些民族立法及其蕴含的法律文化,是宋代文化的重要组成部分之一,它是宋朝政治上层建筑中有关法律思想、法律规范、法律设施、法律艺术等一系列法律实践及其成果的总和。它既包括宋以前民族法律实践的结晶,又标志着两宋时期民族法律实践的状态和发展程度,也是宋代法律文化发展和进步的重要标志之一,其历史意义深远。

首先,宋代民族法制充分反映了宋政府因时而异、因地制宜的民族统治思想和人文关怀。从允许蕃部土地买卖使"蕃民得其所欲"到地少"依旧例禁止",都无疑体现出这点。北宋前期,针对"边人多市属羌之田,致单弱不自给"以及"奸倬侵欺"等现象,政府对藏区土地买卖实行禁令。但到了北宋后期,随着边疆开拓范围的扩大,宋朝的治藏政策发生了重大变化,统治者把允许蕃汉民户土地买卖看作实现变夷为汉、同化蕃族的途径和手段,正如王安石所说:"今三十万众若能渐以文法调驭,非久遂成汉人,缘此本皆汉人故也。……蕃部既得为汉人,蕃部贱土贵货,汉人得与蕃部交易,即汉得土,蕃部得货,两各得所欲而田畴垦,贷殖通。"① 既然"变夷为汉",政府允许蕃汉土地买卖也就不再是对蕃人的

---

① 《续资治通鉴长编》卷233,熙宁五年五月辛卯,中华书局1992年版,第5655页。

体恤，而且也不会造成蕃汉间因典买土地"互相混争，致开边隙"① 的情况，因此"素有旧例"的土地买卖禁令被废除了。然而，鉴于陕西环、庆等州与外界交边地区田土"大多贫乏"等情况，宋王朝仍然"依旧例"禁止在这些地区的土地买卖，以确保缺地少地蕃民的基本生存。按照宋朝的有关规定："边郡不得聚集饥民"②，但对于主要居住在边地的少数民族，此项政策却例外，这是一种对蕃民在边地生活尤其是困难时期的特别照顾政策，反映了北宋民族边区民族政策的务实、时效和灵活。

其次，宋代民族法制一定程度上反映了宋王朝对少数民族认识观的进步。宋朝是一个多民族的社会，民族问题始终是其内外政策的重点。从历史传统看，以汉族为主体的中原王朝历来都遵奉"华夷之辨"，少数民族从一开始就被视为"非我族类"的异类。辽宋夏金时期，由于少数民族及其统治者所建立的政权对中国历史面貌起着重要的作用，从而使其民族史观产生了一定的变化与发展，这些变化与发展在受客观历史决定的同时，也在不同程度上促进或制约着民族融合的历史进程，影响着统一多民族国家的政治面貌与文化特征。尽管宋朝统治者在总体认识上并未摆脱传统范畴，但随着民族间交往的增多，其认识上也逐渐有了明显变化，大中祥符三年（1010），黎州溪峒积聚粟粮因战火毁于一旦，宋真宗说，"彼虽蛮貊，然亦吾民，虑其乏食，易委转运使贷其口粮，无使失其所"。③这说明在宋人眼里，对少数民族的看法已逐渐客观与人性化。

再次，不论法律政策如何调整演变，它终归是统治阶级意志的反映，赵宋王朝对少数民族各项法律规范的制定和实施，其出发点自然同属一辙。历史上，大多数中原王朝政权对边疆少数民族及外部政权推行朝贡政治，倾向于以德义服人，在对方承认自己天朝中心地位和称臣属、奉正朔的前提下，以和平的朝贡方式维系和处理彼此的关系，怀柔羁縻成为比较常见的政治选择。但这种民族、外交政策反映在军事上，就是制定战略方针时侧重于绥靖和防御，如慑之以兵威，和之以婚姻，通之以货利，等等。宋王朝依然如此，对民族边区蕃汉各族，宋廷通过打拉结合迫使其就

---

① 《续资治通鉴长编》卷245，熙宁六年五月辛未，第5963页。
② （宋）苏轼：《乞减价粜常平米赈济状》，《古今图书集成·食货典》卷97，巴蜀书社1985年版，第83202页。
③ 《宋会要辑稿》第198册《蕃夷》5之16，中华书局1957年版，第7774页。

范，从而最终实现其长治久安的目的，因此，宋朝对边疆少数民族的政策导向依然是恩威并施。出于政治军事需要，宋朝统治者对西北、西南边疆少数民族在恩抚笼络的同时，对那些不愿臣服宋朝统治或用恩怀、威慑不足使其归服或改过的蕃部，依然采用暴力甚至武力方式，制其骄诈、"威慑"惩治，采用"予以严惩甚至杀戮"①的暴力方式，"曹公（玮）在边，蕃部有过恶者，皆平定之"。②

根据宋史文献记载，北宋政府采用暴力方式使蕃部诸族变为熟户的事实是非常多的：建隆二年，秦州首领尚波于"伤杀采造务卒，知州高防捕系其党四十七人"。③景德元年（1004）三月，宋师恭破羌贼于柳谷川，"驱其帐族千余人以还。"六月，洪德砦言羌部罗泥天王等首领率属来附。又，"宗哥大首领甘遵治兵于任奴川，玮遣间杀遵，及破鱼角蝉所立文法于吹麻城。既而河州、洮、安江、妙敦、邈川、党逋诸城皆纳质为熟房户"。④景德元年（1004）八月，野鸡族侵掠环庆界，真宗明确诏边臣，如和断不从，则"胁以兵威"。⑤太平兴国二年（977），秦州安家族寇长山，"巡检使韦韬击走之"。次年，秦州诸族数又来寇掠宋三阳、弓门等砦，监军巡检使任德明、耿仁恩等"会兵击败之，斩首数十级，腰斩不用卒九人于境上。……是年，秦州内属三族等又寇八狼砦，巡检刘崇让击败之。枭其帅王泥猪首以徇"。⑥

宋神宗熙宁年间王韶拓熙河的过程中，吐蕃各部惊恐不定，反叛时有发生。如熙宁八年（1075）五月，"熙河路蕃官殿直顿埋谋叛伏诛"，十二月，"熙河路木宗城首领结彪谋叛"。⑦战争带来了扰乱和不稳定的因素。熙河之役王韶号令严明，但民族迫害的现象不可否认地存在着。史载此役杀蕃部老弱不可胜计。当王赡等进攻西北河湟地区时，民族关系严重恶化，屠杀政策代替了和平战略。王赡领兵进入青唐城后，"即开封府库，以给散将士为名，尽取其金珠、犀玉，妄杀无辜，赡又掠蕃妇六人为

①　刘建丽：《宋代吐蕃研究》，甘肃文化出版社1998年版，第255页。

②　（宋）范镇：《东齐记事》补遗，中华书局1980年版，第46页。

③　《宋史》卷492，《吐蕃传》，中华书局1985年版，第14152页。

④　《宋史》卷258，《曹彬传》，中华书局1985年版，第8986—8987页。

⑤　《宋史》卷491，《党项传》，第14146页。

⑥　《宋史》卷492，《吐蕃传》，第14153页。

⑦　《宋史》卷15，《神宗本纪二》，第289页。

婢"，引起青唐诸蕃族的强烈反抗，他们不断围攻青唐、邈州二城，而王赡率军进行镇压，斩获蕃族四千人，尽杀大首领结呱龊、心牟钦毡等九人，"杀戮兵民甚众"①。由于北宋王朝自身民族政策的失误，使熙、河边疆地区的建设丧失了最基本的前提——稳定。尽管北宋皇帝也曾多次强调了"毋专以迫胁"方式招附蕃部，如元符二年七月二十八日，宋哲宗累降朝旨诏：招纳蕃族"毋专以兵马迫胁"，以使其"知畏威而识朝廷之惠"②，但边疆地区威杀蕃人的现象依然时有发生。

最后，宋朝统治者不但重视法律"禁人为非"、镇压不法的重要作用，而且还十分关心民疾，强调为政以宽、恤狱慎刑。在法律上，对边疆民族地区实行恤狱慎刑、宽缓刑罚是宋朝历代君主所遵守的基本边区法律精神，他们多次下诏减释甘青、荆南、岭南和川广等地死罪、流配之犯人，并令诸州军寨断案需慎刑，有犯法之民应仔细鞫之，不得辄断，以免枉法杀人，"禁臣下不得专杀"③，"郡国断大辟，录案朱书格律断词、收禁月日、官典姓名以闻，取旨行之"。④ 诏窃盗至死合奏裁者，"并部送赴阙"。⑤ 严禁诸道巡检捕盗使臣抓获寇盗"先行考讯"和刑部断案"不公"，违者"当行朝典"。⑥ 正是由于这些法律政策中的"人文"关怀和感化，才使缘边各部族时不时帮助宋朝打击来犯之敌并长期拥戴宋廷，如凉州吐蕃在北宋的支持下，多次遣使约定出兵攻讨李继迁，终致其身亡。⑦ 而且，宋代民族法制规范中体现出来的"人文"精神以及法规对少数民族合法权利的重视，体现了一种历史的进步。由此可见，宋朝对西北、西南边疆民族地区的治理，民族政策与法律政策相得益彰，规范制约与宽政恤民互为补充，使赵宋王朝在边疆少数民族地区的统治逐渐纳入法制化轨道，并在制度上形成法治与民族政策互动统治的新格局，对边疆民

---

① 《宋会要辑稿》第 99 册《职官》67 之 34，中华书局 1957 年版，第 3904 页。

② 《宋会要辑稿》第 186 册《兵》28 之 44，第 7291 页。

③ （宋）王栐：《燕翼诒谋录》卷 3，中华书局 1981 年版，第 29 页。

④ 同上。

⑤ 《续资治通鉴长编》卷 11，开宝三年七月丙辰，中华书局 1992 年版，第 247 页。

⑥ （宋）佚名：《宋大诏令集》卷 200，《刑法上》，中华书局 1962 年版，第 739 页。

⑦ 《宋史》卷 492《吐蕃传》云：咸平六年（1003）十一月，李继迁攻西凉吐蕃，潘罗支伪降。未几，潘罗支集六谷诸豪及者龙族兵数万人，合击党项军，李继迁大败，"中流矢遁死"，中华书局 1985 年版，第 14156 页。

族社会的稳定和发展起到了重要的历史作用。

宋代民族法制，不仅是当时政治关系和经济关系的反映，也是民族观念、法律思想在民族政策上的必然体现，其根本目的是稳定和巩固其封建统治，客观上推动了西北、西南边疆少数民族社会的有序发展，有利于民族地区的社会稳定和经济文化发展。

参考文献

（一）古代文献

（元）脱脱：《宋史》，中华书局1985年版。

（元）脱脱：《辽史》，中华书局1974年版。

（元）脱脱：《金史》，中华书局1975年版。

（宋）李焘：《续资治通鉴长编》，中华书局1992年版。

（清）徐松辑：《宋会要辑稿》，中华书局1957年版。

（宋）曾巩：《隆平集》，影印文渊阁《四库全书》本，台湾商务印书馆1972年版。

（宋）杜大珪：《名臣碑传琬琰集》，影印文渊阁《四库全书》本，台湾商务印书馆1972年版。

（宋）彭百川：《太平治绩统类》，影印文渊阁《四库全书》本，台湾商务印书馆1972年版。

（宋）王辟之：《渑水燕谈录》，中华书局1981年版。

（清）陈梦雷编纂：《古今图书集成·食货典》，巴蜀书社1985年版。

（宋）邵伯温：《邵氏闻见录》，中华书局1983年版。

（宋）赵汝愚：《宋朝诸臣奏议》，上海古籍出版社1999年版。

（宋）王安石：《临川文集》，影印文渊阁《四库全书》本，台湾商务印书馆1972年版。

（宋）宋庠：《元宪集》，影印文渊阁《四库全书》本，台湾商务印书馆1972年版。

（宋）庄绰：《鸡肋编》，中华书局1983年版。

（宋）叶梦得：《石林燕语》，中华书局1984年版。

（宋）蔡絛：《铁围山丛谈》，中华书局1983年版。

（宋）张方平：《乐全集》，影印文渊阁《四库全书》本，台湾商务印书馆 1986 年版。

（宋）曾公亮：《武经总要》，影印文渊阁《四库全书》本，台湾商务印书馆 1986 年版。

（宋）江少虞：《宋朝事实类苑》，上海古籍出版社 1981 年版。

（宋）司马光：《涑水纪闻》，商务印书馆 1936 年版。

（宋）魏泰：《东轩笔录》，中华书局 1983 年版。

（宋）欧阳修：《归田录》，中华书局 1981 年版。

（宋）吕陶：《净德集》，影印文渊阁《四库全书》本，台湾商务印书馆 1986 年版。

（宋）王称：《东都事略》，影印文渊阁《四库全书》本，台湾商务印书馆 1986 年版。

（宋）罗大经：《鹤林玉露》，中华书局 1983 年版。

《宋大诏令集》，中华书局 1962 年版。

（宋）叶绍翁：《四朝闻见录》，中华书局 1989 年版。

（明）杨士奇：《历代名臣奏议》，影印文渊阁《四库全书》本，台湾商务印书馆 1986 年版。

（宋）文莹：《玉壶清话》，中华书局 1984 年版。

（宋）文莹：《湘山野录》，中华书局 1984 年版。

（宋）文莹：《续湘山野录》，中华书局 1984 年版。

（宋）张载：《张载集》，中华书局 1978 年版。

（宋）徐梦莘：《三朝北盟会编》，影印文渊阁《四库全书》本，台湾商务印书馆 1986 年版。

（宋）苏轼：《东坡全集》，影印文渊阁《四库全书》本，台湾商务印书馆 1986 年版。

（宋）尹洙：《河南集》，影印文渊阁《四库全书》本，台湾商务印书馆 1986 年版。

（宋）钱若水撰，燕永成点校：《宋太宗实录》，甘肃人民出版社 2005 年版。

（宋）王铚：《默记》，中华书局 1981 年版。

（宋）王栐：《燕翼诒谋录》，中华书局 1981 年版。

（宋）方勺：《泊宅编》，中华书局 1983 年版。

（宋）张世南：《游宦纪闻》，中华书局 1981 年版。

（宋）赵彦卫：《云麓漫钞》，中华书局 1996 年版。

（宋）吴处厚：《青箱杂记》，中华书局 1985 年版。

（宋）范镇：《东斋记事》，中华书局 1980 年版。

（宋）宋敏求：《春明退朝录》，中华书局 1980 年版。

（宋）李心传：《旧闻证误》，中华书局 1981 年版。

（元）马端临：《文献通考》，影印文渊阁《四库全书》本，台湾商务印书馆 1986 年版。

（宋）欧阳修：《文忠集》，影印文渊阁《四库全书》本，上海古籍出版社 1987 年版。

（宋）孔平仲：《孔氏谈苑》，《宋元笔记小说大观》第二册，上海古籍出版社 2001 年版。

《庆元条法事类》：续修《四库全书》本，上海古籍出版社 1995 年版。

（清）戴锡章撰，罗矛昆校点：《西夏纪》，宁夏人民出版社 1988 年版。

（宋）沈括：《梦溪笔谈》，《传世藏书》第 5 卷，华艺出版社 1997 年版。

（宋）苏辙：《奕城集》，影印文渊阁《四库全书》本，上海古籍出版社 1987 年版。

（宋）田锡：《咸平集》，影印文渊阁《四库全书》本，上海古籍出版社 1987 年版。

（宋）范纯仁：《范忠宣集》，影印文渊阁《四库全书》本，上海古籍出版社 1987 年版。

（宋）窦仪等：《宋刑统》，中华书局 1984 年版。

（二）今人著作

［日］佐口透：《新疆民族史研究》，新疆人民出版社 1993 年版。

［日］前田正名撰，陈俊谋译：《河西历史地理学研究》，中国藏学出版社 1993 年版。

［日］岩崎力：《西夏国的建立与宗哥族的动向》，《中村治兵卫先生七十寿辰纪念东洋史论丛》，刀水书房 1986 年版。

［日］岩崎力：《西凉府政权的衰落及宗哥族的发展》，《铃木俊先生

七十寿辰纪念东洋史论丛》，山川出版社 1975 年版。

［日］佐藤长：《日本西藏历史研究的起源和发展》，《国外藏学译文集》第 12 辑，西藏人民出版社 1995 年版。

黄麟书：《边塞研究》，香港造阳文学社 1979 年版。

［美］马伯良著，杨昂、胡雯姬译：《宋代的法律与秩序》，中国政法大学出版社 2010 年版。

李鸣：《中国民族法制史论》，中央民族大学出版社 2008 年版。

徐晓光：《中国少数民族法制史》，贵州民族出版社 2002 年版。

徐晓光：《藏族法制史研究》，法律出版社 2001 年版。

方慧：《中国历代民族法律典籍》，民族出版社 2004 年版。

马大正主编：《中国古代边疆政策研究》，中国社会科学出版社 1990 年版。

马大正、华立：《古代中国的北部边疆》，内蒙古人民出版社 1993 年版。

马大正：《边疆与民族——历史断面研考》，黑龙江教育出版社 1993 年版。

刘建丽：《宋代吐蕃研究》，甘肃文化出版社 1998 年版。

刘建丽、汤开建：《宋代吐蕃史料集》（一）（二），四川民族出版社 1987 年、1989 年版。

吴宗金主编：《中国民族法学》，法律出版社 1997 年版。

刘建丽：《宋代西北民族文献与研究》，甘肃人民出版社 2004 年版。

曾宪义主编：《中国法制史》，中国人民大学出版社 2000 年版。

郑定：《中国法制史教学参考书》，中国人民大学出版社 2003 年版。

张传玺、杨济安：《中国古代史教学参考地图集》，北京大学出版社 1984 年第 2 版。

谭其骧：《中国历史地图集》，地图出版社 1982 年版。

包伟民主编：《宋代制度史研究百年》，商务印书馆 2004 年版。

包伟民：《宋代地方财政史研究》，中国人民大学出版社 2011 年版。

周密：《中国刑法史》，群众出版社 1985 年版。

王钟翰：《中国民族史》，社会科学出版社 1994 年版。

翁独健主编：《中国民族关系史纲要》（上、下），中国社会科学出版社 2005 年版。

杨建新：《中国西北少数民族史》，民族出版社 2003 年版。

朱瑞熙、张邦炜等：《辽宋西夏社会生活史》，中国社会科学出版社 1998 年版。

王曾瑜：《宋朝军制初探》（增订本），中华书局 2011 年版。

王雷鸣：《历代食货志注释》，农业出版社 1985 年版。

苗书梅：《宋代官员选任和管理制度》，河南大学出版社 1996 年版。

林耀华主编：《民族学通论》，中央民族大学出版社 1997 年版。

张晋藩主编：《清朝法制史》，中华书局 1998 年版。

张晋藩：《中国古代法律制度》，中国广播电视出版社 1992 年版。

赵晓耕：《宋代法制研究》，中国政法大学出版社 1994 年版。

戴建国：《宋代法制初探》，黑龙江人民出版社 2000 年版。

戴建国：《唐宋变革时期的法律与社会》，上海古籍出版社 2010 年版。

翟同祖：《中国法律与中国社会》，中华书局 2003 年版。

龚荫：《中国民族政策史》，四川人民出版社 2006 年版。

邓小南等：《宋史研究论文集》（2010），湖北人民出版社 2011 年版。

邓广铭、漆侠、朱瑞熙等著：《宋史》，中国大百科全书出版社 2011 年版。

张其凡：《宋代史》（上、下），澳亚周刊出版有限公司 2004 年版。

李华瑞：《王安石变法研究史》，人民出版社 2004 年版。

朱瑞熙、王曾瑜、李清凌：《宋史研究会论文集》第十辑，兰州大学出版社 2004 年版。

柳立言：《宋代的家庭和法律》，上海古籍出版社 2008 年版。

郭东旭：《宋代法律与社会》，人民出版社 2008 年版。

郭东旭：《宋代法制研究》，河北大学出版社 1997 年版。

戴建国：《宋代刑法史研究》，上海人民出版社 2008 年版。

肖建新：《宋代法制文明研究》，安徽人民出版社 2008 年版。

陶晋生：《宋辽关系史研究》，中华书局 2008 年版。

李晓：《宋代茶业经济研究》，中国政法大学出版社 2008 年版。

陈峰：《宋代军政研究》，中国社会科学出版社 2010 年版。

张明：《宋代军法研究》，中国社会科学出版社 2010 年版。

陈世松：《宋元战争史》，内蒙古人民出版社 2010 年版。

廖寅：《宋代两湖地区民间强势力量与地域秩序》，人民出版社 2011 年版。

游彪：《庙堂之上与江湖之间：宋代研究若干论题的考察》，北京师范大学出版社 2011 年版。

曾问吾：《中国经营西域史》，新疆维吾尔自治区地方志总编室 1986 年版。

费孝通等：《中华民族多元一体格局》，中央民族学院出版社 1989 年版。

江应梁：《中国民族史》，民族出版社 1990 年版。

陈育宁：《宁夏通史》（古代卷），宁夏人民出版社 1993 年版。

吴天墀：《西夏史稿》，四川人民出版社 1980 年版。

徐杰舜：《中国民族政策通论》，广西教育出版社 1994 年版。

薛宗正：《安西与北庭》，黑龙江教育出版社 1995 年版。

袁祖亮：《中国古代边疆民族人口研究》，中州古籍出版社 2001 年版。

马曼丽：《中国西北边疆发展史研究》，黑龙江教育出版社 2001 年版。

赵云田：《中国边疆民族管理机构沿革史》，中国社会科学出版社 1993 年版。

顾颉刚、史念海：《中国疆域沿革史》，商务印书馆 1999 年版。

王晓燕：《官营茶马贸易研究》，民族出版社 2004 年版。

秦永章：《甘宁青地区多民族格局形成史研究》，民族出版社 2005 年版。

黄烈：《中国古代民族史研究》，人民出版社 1987 年版。

葛剑雄：《中国人口发展史》，福建人民出版社 1991 年版。

云南省社会科学院历史研究所编：《云南地方民族史论丛》，云南人民出版社 1986 年版。

赵云田：《中国边疆民族管理机构沿革史》，中国社会科学出版社 1993 年版。

淮建利：《宋朝厢军研究》，中州古籍出版社 2007 年版。

胡小鹏：《古代甘肃的茶马互市》，《西北民族文献与历史研究》，甘肃人民出版社 2004 年版。

费孝通等：《中华民族多元一体格局》，中央民族学院出版社 1989 年版。

江应樑：《中国民族史》，民族出版社 1990 年版。

徐杰舜：《中国民族政策通论》，广西教育出版社 1994 年版。

秦永章：《甘宁青地区多民族格局形成史研究》，民族出版社 2005 年版。

李昆声：《南诏史话》，文物出版社 1985 年版。

方国瑜：《中国西南历史地理考释》，中华书局 1987 年版。

徐嘉瑞：《大理古代文化史稿》，中华书局 1984 年版。

方国瑜：《云南史料目录概况》，中华书局 1984 年版。

马暇主编：《云南各族古代史略》，云南人民出版社 1977 年版。

马曜：《云南简史》，云南人民出版社 1983 年版。

何耀华主编：《西南民族研究·彝族专集》，云南人民出版社 1987 年版。

尤忠：《中国西南民族史》，云南人民出版社 1985 年版。

曾问吾：《中国经营西域史》，上海商务印书馆 1936 年版。

魏良弢：《喀喇汗王朝史稿》，新疆人民出版社 1986 年版。

张正明：《契丹史略》，中华书局 1979 年版。

陈述：《契丹政治史稿》，人民出版社 1986 年版。

陈述：《契丹社会经济史稿》，生活·读书·新知三联书店 1963 年版。

（三）今人论文：

［日］中岛敏：《宋朝与西夏、西羌部落之争》，日本《历史研究》 1934 年第 1 卷第 6 册。

［日］榎一雄：《王韶对熙河的征服》，《蒙古学报》1940 年。

［日］岩崎力：《宋代青唐部落史料》，《中央大学大学院论丛》1973 年第 5 卷第 1 期。

［日］岩崎力：《宗哥城唃厮啰政权的特点及结构》，《中央大学亚洲史研究》1978 年第 2 期。

［日］岩崎力：《北宋时期西藏族部落之研究》，《东洋文库研究所研究报告》1986 年第 44 期。

〔日〕铃木隆一：《青唐阿里骨政权的建立与契丹公主》，《史滴》1983 年第 4 期。

〔日〕铃木隆一：《唃厮啰——青唐吐蕃王国之名》，《安田学院研究纪要》1985 年第 25 期。

〔日〕铃木隆一：《青唐吐蕃唃厮啰王朝与青海藏族部落：以乔家族为研究重点》，《安田学院研究纪要》1986 年第 26 期。

〔日〕铃木隆一：《青唐大酋青宜结鬼章与熙河》，《安田学院研究纪要》1987 年第 27 期。

〔日〕廖隆盛：《北宋对吐蕃的政策》，《台湾师大历史学报》1976 年第 4 期。

罗球庆：《宋夏战争中的蕃部与堡寨》，《崇基学报》1967 年第 2 期。

邓小南：《近年来宋史研究的新进展》，《中国史研究动态》2004 年第 9 期。

李华瑞：《北宋仁宗时期联蕃制夏政策论述》，《河北学刊》1989 年第 6 期。

李华瑞：《论北宋与河湟吐蕃的关系》，《河北青年管理干部学院学报》2000 年第 2 期。

李华瑞：《北宋仁宗时期联蕃制夏政策论述》，《河北学刊》1989 年第 6 期。

李华瑞：《2007 年辽宋西夏金元经济史研究述评》，《中国经济史研究》2008 年第 2 期。

梁建国：《2007 年宋史研究综述》，《中国史研究动态》2008 年第 11 期。

戴建国：《宋代赎刑制度述略》，《法学研究》1994 年第 1 期。

戴建国：《宋代法律制定、公布的信息渠道》，《云南社会科学》2005 年第 2 期。

戴建国：《"主仆名分"与宋代奴婢的法律地位——唐宋变革时期阶级结构研究之一》，《历史研究》2004 年第 4 期。

戴建国：《宋朝对西南少数民族归明人的政策》，《云南社会科学》2006 年第 2 期。

徐晓光：《唃厮啰政权的"立文法"与宋朝藏汉关系立法》，《西藏民族学院学报》2004 年第 4 期。

安国楼：《宋代蕃法和蕃汉关系法》，《中南民族学院学报》1997 年第 3 期。

安国楼：《论宋朝对西北边区民族的统治体制》，《民族研究》1996 年第 1 期。

安国楼：《王安石的民族思想和民族政策》，《广西民族研究》2002 年第 1 期。

安国楼：《论宋代"蕃兵"制》，《郑州大学学报》1997 年第 1 期。

安国楼：《论北宋西北开边以后的民族关系》，《郑州大学学报》2003 年第 1 期。

汪天顺：《关于宋仁宗时期弓箭手田的几个问题》，《中国边疆史地研究》2010 年第 3 期。

汪天顺：《北宋前中期的西北边疆经略》，《甘肃理论学刊》2004 年第 6 期。

汪天顺：《北宋西北蕃市贸易述论》，《青海民族研究》1999 年第 3 期。

汪天顺：《熙河开发与北宋国家统一述评》，《云南社会科学》2002 年第 3 期。

汪天顺：《北宋对西北民族政策的转变及其指导下的西北边疆经营述评》，《贵州民族研究》2008 年第 3 期。

顾吉辰：《宋代蕃官制度考述》，《中国史研究》1987 年第 4 期。

黄纯艳：《北宋西北沿边的入中》，《厦门大学学报》1998 年第 1 期。

刘复生：《宋朝西南边疆民族地区的土地赋税政策》，《中国边疆史地研究》2005 年第 3 期。

祝启源：《唃厮啰政权对维护中西交通线的贡献》，《中国藏学》1998 年第 1 期。

汤开建、李蔚：《唃厮啰政权兴起的原因及其历史作用》，《中央民族学院学报》1982 年第 4 期。

汤开建：《北宋与西北各族马贸易》，《西北民族文丛》1983 年第 2 辑。

汤开建：《宋〈岷州广仁禅院碑〉浅谈——兼谈熙河之役后北宋对吐蕃的政策》，《西北民族文丛》1984 年第 3 辑。

汤开建：《宋代甘青人口的发展及其原因》，《民族研究》1986 年第

5 期。

汤开建：《关于唃厮啰统治时期青唐吐蕃政权历史考察》，《中国藏学》1992 年第 1 期。

汤开建：《公元十一—十三世纪安多藏族部落社会经济考察》，《西北民族研究》1990 年第 2 期。

林文勋：《宋王朝边疆民族政策的创新及其历史地位》，《中国边疆史地研究》2008 年第 4 期。

游彪：《小人物与大历史：一个被遗忘的北宋将官》，《北京师范大学学报》2008 年第 4 期。

程民生：《宋代户数探研》，《河南大学学报》2003 年第 6 期。

程民生：《宋初和平统一战略及实践》，《史学集刊》2007 年第 2 期。

王晓燕：《宋代官营茶马贸易兴起的原因分析》，《中国藏学》2008 年第 3 期。

王晓燕：《论宋与辽、夏、金的榷场贸易》，《西北民族大学学报》2004 年第 4 期。

梁建国：《2006 年宋史研究综述》，《中国史研究动态》2007 年第 11 期。

梁建国：《2007 年宋史研究综述》，《中国史研究动态》2008 年第 11 期。

梁建国：《2008 年宋史研究综述》，《中国史研究动态》2009 年第 6 期。

祁琛云：《北宋前期朝野对联蕃制夏策略的非议及其原因》，《宁夏大学学报》2007 年第 1 期。

郭声波：《试论宋朝的羁縻州管理》，《中国历史地理论丛》2000 年第 1 期。

佟建荣：《宋夏沿边蕃部生存环境研究》，《宁夏大学学报》2003 年第 4 期。

任树民：《从〈岷州广仁禅院碑〉看河陇吐蕃佛教文化的特色》，《西藏大学学报》2003 年第 2 期。

顾吉辰：《宋代蕃官制度考述》，《中国史研究》1987 年第 4 期。

林荣贵：《北宋与辽的边疆经略》，《中国边疆史地研究》2000 年第 10 卷第 1 期。

孙悟湖：《宋代汉藏民间层面宗教文化交流》，《西藏研究》2006 年第 4 期。

张文：《两宋政府的少数民族赈济措施刍议》，《民族研究》2002 年第 2 期。

张文：《两宋时期西南地区的民族冲突与社会控制》，《西南师范大学学报》2004 年第 6 期。

郭正忠：《宋代私盐律述略》，《江西社会科学》1997 年第 4 期。

郭声波：《试论宋朝的羁縻州管理》，《中国历史地理论丛》2000 年第 1 期。

何玉红：《宋朝边防图书与情报控制述论》，《社会科学辑刊》2004 年第 4 期。

金勇强：《北宋西北沿边堡寨商业化研究》，《延安大学学报》2006 年第 6 期。

吕卓民：《简论北宋在西北近边地区修筑城寨的历史作用》，《西北大学学报》1998 年第 3 期。

胡建华：《北宋前期"以夷制夷"政策初探》，《中州学刊》1988 年第 1 期。

陈柏萍：《北宋政权与西北吐蕃各部的关系》，《青海民族学院学报》2003 年第 4 期。

刘建丽：《两宋时期西北少数民族政权特色述论》，《西域研究》2007 年第 3 期。

刘建丽：《略论宋代西北吐蕃与周边政权的关系》，《西藏研究》2004 年第 4 期。

刘建丽：《略论西北吐蕃与北宋的关系》，《兰州大学学报》2002 年第 6 期。

刘建丽：《北宋御边政策的调整》，《甘肃社会科学》2000 年第 3 期。

刘建丽、王照年：《宋代西北少数民族百年研究综述》，《甘肃社会科学》2004 年第 5 期。

张明：《北宋军法基本内容考略》，《青海社会科学》2003 年第 3 期。

姚兆余：《论北宋对西北地区少数民族的政策》，《甘肃社会科学》1995 年第 3 期。

林平：《略论宋代禁事涉边机政事图书流入异族政权》，《四川师范大学学报》2006 年第 6 期。

林平：《论北宋禁书》，《四川大学学报》2003 年第 5 期。

李景寿：《宋代东南与西北市场差异性析论》，《思想战线》2003 年
第 5 期。

陈旭：《北宋西北沿边区域市场的形成与功能》，《西北第二民族学院
学报》2003 年第 4 期。

罗军飞、李健华：《从道德信仰到法律信仰——中国法治化过程中的
民族心态转换》，《中南工业大学学报》2000 年第 3 期。

安群英：《中国古代少数民族法律文献概述》，《西南民族学院学报》
2001 年第 3 期。

刘秋根、柴勇：《宋代销金禁令与销金消费》，《河北大学学报》2004
年第 3 期。

曾代伟：《民族法文化与中华法系》，《现代法学》2003 年第 25 卷第
5 期。

杨蕤、冯璐璐：《宋夏时期河陇地区民族关系格局简论》，《青海民族
学院学报》2003 年第 3 期。

杨蕤：《北宋初期党项内附初探》，《民族研究》2005 年第 4 期。

郭尚武：《论宋代保护奴婢人身权的划时代特征》，《晋阳学刊》2004
年第 3 期。

黄宽重：《唐宋基层武力与基层社会的转变——以弓手为中心的观
察》，《历史研究》2004 年第 1 期。

葛兆光：《宋代"中国"意识的凸显——关于近世民族主义思想的一
个远源》，《文史哲》2004 年第 1 期。

赵河清：《赵宋王朝特质之时空背景考析》，《贵州教育学院学报》
2004 年第 5 期。

尹娜、黄纯艳：《论北宋杨允恭盐法改革》，《云南社会科学》2004
年第 2 期。

蔡家艺：《辽宋金夏境内的沙陀族遗民》，《中国经济史研究》2004
年第 3 期。

袁波澜、敏生兰、黄丽：《唐、宋民族政策——羁縻问题之比较研
究》，《西北民族大学学报》2004 年第 5 期。

白建灵：《论宋元及以后新兴少数民族的特点》，《青海民族研究》

2004 年第 1 期。

吕英亭：《高丽王朝与辽、宋政治关系之比较》，《东岳论丛》2004 年第 6 期。

史继刚：《论宋代官府的食盐零售体制及其对消费者利益的侵害》，《盐业史研究》2004 年第 4 期。

吴小凤：《试论宋代广西社会经济的发展》，《中国社会经济史研究》2004 年第 4 期。

梁中效：《宋代蜀道城市与区域经济述论》，《西南师范大学学报》2004 年第 5 期。

郑维宽：《宋代广西人口数量考证》，《广西社会科学》2004 年第 9 期。

陈默：《浅析宋代茶文化繁盛的原因》，《文史杂志》2004 年第 3 期。

杨芹：《宋代流刑考》，《中山大学学报》2005 年第 1 期。

赵旭：《论宋代民间诉讼的保障与局限》，《史学月刊》2005 年第 5 期。

程龙：《论北宋对夏作战中的引兵就粮》，《中国史研究》2005 年第 4 期。

李锡厚：《宋辽金时期中原地区的民族融合》，《中州学刊》2005 年第 5 期。

吴晓萍：《宋代国信所考论》，《南京大学学报》2005 年第 2 期。

郑琪：《浅议两宋时期中越之间的战事》，《河南社会科学》2005 年第 3 期。

陈旭：《宋夏之间的走私贸易》，《中国史研究》2005 年第 1 期。

马强：《地理体验与唐宋"蛮夷"文化观念的转变——以西南与岭南民族地区为考察中心》，《西南师范大学学报》2005 年第 5 期。

李清凌：《宋朝西北经济开发的动力》，《中国社会经济史研究》2005 年第 1 期。

李清凌：《北宋的西北人口》，《河西学院学报》2002 年第 4 期。

王菱菱：《从铁钱铁兵器胆铜的生产看宋政府对铁需求的增长》，《郑州大学学报》2005 年第 1 期。

孔学：《宋代书籍文章出版和传播禁令述论》，《河南大学学报》2005 年第 6 期。

韦兵：《竞争与认同：从历日颁赐、历法之争看宋与周边民族政权的关系》，《民族研究》2008 年第 5 期。

陶玉坤：《北宋对契丹归明人的安置》，《辽宁师范大学学报》2008 年第 4 期。

杨文：《试论河湟区域民俗及宗教文化形态对北宋制夏的影响》，《青海民族研究》2008 年第 2 期。

杨晓青：《北宋王朝与西北边陲吐蕃间的"贡赐贸易"摭议》，《中国藏学》2008 年第 4 期。

谢天开：《宋代蜀地茶马互市特殊形式刍议》，《农业考古》2008 年第 3 期。

杨瑾：《于阗与北宋王朝的贸易路线初探》，《新疆大学学报》2008 年第 4 期。

陈瑞青：《黑水城文献所见宋代蕃兵制度的新变化》，《民族研究》2010 年第 3 期。

金勇强：《气候变化对宋夏战事的影响述论》，《宁夏社会科学》2010 年第 1 期。

刘兴亮：《宋代西北吐蕃联姻问题探析》，《西藏大学学报》2010 年第 2 期。

裴一璞、唐春生：《宋代四川与少数民族市马交易考述》，《重庆师范大学学报》2010 年第 3 期。

赵永春：《试论"澶渊之盟"对宋辽关系的影响》，《社会科学辑刊》2008 年第 2 期。

赵永忠：《宋朝对西南民族冲突的和断——以成都府路和梓州路为例的考察》，《贵州民族研究》2010 年第 1 期。

赵永忠：《宋朝对西南民族上层的官封——以成都府路和梓州路为例的考察》，《西南边疆民族研究》2010 年第 7 辑。

杨军：《北宋时期河北沿边城市的对辽间谍战》，《军事历史研究》2006 年第 4 期。

侯爱梅：《试论北宋对西夏归明人的政策》，《宁夏社会科学》2006 年第 3 期。

刘永生：《两宋王朝与大理国关系研究》，《佳木斯大学社会科学学报》2006 年第 1 期。

章深：《宋朝统一岭南的战争——兼论古代"合纵连横"传统的湮没》，《学术研究》2007 年第 10 期。

刘建丽、陈武强：《略论北宋对西边区蕃民的法律保护》，《内蒙古社会科学》2006 年第 2 期。

陈武强：《论北宋前期对西北边区蕃民犯罪的处罚》，《西藏研究》2006 年第 2 期。

陈武强：《宋代蕃兵制度考略》，《西藏研究》2008 年第 4 期。

陈武强：《北宋后期吐蕃内附族账考》，《西藏研究》2012 年第 3 期。

陈武强：《北宋前中期吐蕃内附族账考》，《西藏大学学报》2010 年第 4 期。

陈武强：《北宋后期关于西北蕃部的民族立法述略》，《贵州民族研究》2006 年第 6 期。

陈武强：《试论北宋西北边区的蕃官行政法制》，《黑龙江民族丛刊》2007 年第 4 期。

陈武强：《北宋西北边区民族法规中的罚则制度》，《西北第二民族学院学报》2007 年第 4 期。

陈武强：《北宋后期惩治西北蕃部违法犯罪及相关问题研究》，《重庆师范大学学报》2007 年第 4 期。

陈武强：《北宋对蕃民经济犯罪的惩治——以西北边区为中心》，《甘肃理论学刊》2006 年第 1 期。

陈武强：《宋代蕃法及其向汉法的过渡论略》，《青海民族研究》2006 年第 4 期。

陈武强：《北宋神哲时期对西北蕃部的民族立法》，《青海民族研究》2008 年第 1 期。

陈武强：《论北宋对西北边防军政情报的控制——从法制的视角》，《青海民族研究》2010 年第 3 期。

陈武强：《从法制层面谈宋太祖对川贵、湖广边区的经略》，《广西社会科学》2010 年第 8 期。

李琛：《从李元昊对情报的利用看西夏对宋三场战争的胜利》，《军事历史》2007 年第 3 期。

符云辉：《浅析两宋时期广南西路的边防战略地位——以邕州区域为中心》，《军事历史研究》2007 年第 3 期。

李文军:《试论北宋西北边区的民事经济法令》,《天中学刊》2007年第 3 期。

陈峰:《北宋御辽战略的演变与"澶渊之盟"的产生及影响》,《史学集刊》2007 年第 3 期。

王文光、黄传坤:《宋王朝统治下的乌蛮及其民族关系》,《云南师范大学学报》2007 年第 6 期。

吴松弟:《中国大陆宋代城市史研究回顾(1949—2003)》,《来中研究通讯》2008 年第 2 期。